DAVID RICARDOS
GRUNDRENTENTHEORIE

DARSTELLUNG UND KRITIK

VON

FRANZ OPPENHEIMER

DR. PHIL. ET MED.

PRIVATDOZENT AN DER UNIVERSITÄT BERLIN

BERLIN

DRUCK UND VERLAG VON GEORG REIMER

1909.

Inhaltsverzeichnis.

Erster Teil.

(Darstellung.)

Zweiter Teil.

(Kritik.)

ERSTER TEIL.

DARSTELLUNG.

EINLEITUNG.

Die Grundrententheorie David Ricardos ist so überaus knapp und in sich geschlossen, daß ihre Darstellung in wenigen Zeilen ausreichend, in wenigen Seiten erschöpfend erfolgen kann.

Dennoch wird sich zeigen, daß die Lehre nicht selten, und zwar gerade in neuerer Zeit, auch von hervorragenden Fachleuten, mißverstanden worden ist. Die Ursache dieser Erscheinung ist zunächst darin zu suchen, daß Ricardo sich in der Regel einer außerordentlich knappen, zuweilen aphoristischen Form befleißigte, die an seine Leser überaus große Ansprüche des Mitdenkens stellt; vor allem aber darin, daß gerade diese Teillehre von der Grundrente dem Leser eine besonders harte Zumutung stellt.

Der naive Beobachter des wirtschaftlichen Lebens ist nämlich a priori davon überzeugt, daß die Grundrente, als der dem Eigentümer des Bodens zufließende Anteil an dem Gesamtertrage der Bodennutzung, natürlich auch eine Folge des Eigentums, der Aneignung des Bodens sein müsse. Gerade das aber bestreitet Ricardo. Nach seiner Lehre hat das Eigentum mit der Entstehung und Entwicklung der Grundrente nicht das mindeste zu tun.

Diesen Standpunkt haben die Nachfolger nicht immer festhalten können. Immer wieder gleiten sie, ohne es zu bemerken, von der strengen Auffassung, die sie zu vertreten glauben, zu der naiven Auffassung herab und verwirren sich in Trug- und Fehlschlüsse, wobei der Gebrauch doppeldeutiger Ausdrücke eine verhängnisvolle Rolle spielt, namentlich des Wortes „Okkupation", das bald in seiner einen Bedeutung als juristische Aneignung, bald in seiner zweiten Bedeutung als wirtschaftliche Nutzung gebraucht wird. Wir werden unten charakteristische Beispiele dieser Verwirrung näher beleuchten.

Aus diesen Gründen steht die Sache heute so, daß man die reine Ricardosche Lehre sozusagen erst aus dem Schutt, den die Irrtümer des verflossenen Jahrhunderts auf sie gehäuft haben, neu ausgraben muß. Das will der erste Teil dieser Abhandlung, die „Darstellung", zu leisten versuchen, um dem zweiten, der „Kritik", gesicherte Grundlagen zu bereiten.

Demnach ist dieser erste Teil folgendermaßen disponiert worden:

Der erste Abschnitt schildert die strategische Position der beiden zu jener Zeit um die Herrschaft ringenden wissenschaftlichen Hauptschulen, der bürgerlichen und der sozialistischen; und leitet daraus das dem bürgerlichen Protagonisten Ricardo gestellte Thema probandum her.

Der zweite Abschnitt zeigt in einer möglichst kurzen und klaren Darstellung der Theorie, wie Ricardo seine Aufgabe gelöst hat.

Der dritte und vierte Abschnitt dienen gemeinsam der Reinigung der Lehre von späteren Mißdeutungen und Irrtümern. Da diese sich nirgend klarer nachweisen lassen als in denjenigen Schriften, die Ricardo gegen den Rodbertusschen Angriff verteidigen wollen, so habe ich es für zweckmäßig gehalten, diesen Angriff im dritten Abschnitt ausführlich darzustellen, um dann im vierten die Rettungsversuche der beiden bedeutendsten Verteidiger Ricardos kritisch zu beleuchten. Dieses vielleicht etwas umständliche Verfahren rechtfertigt sich hoffentlich dadurch, daß der Kern des Problems im Hin und Wider der streitenden Meinungen von allen Seiten scharf ins Licht gestellt werden kann, und vor allem dadurch, daß, wie wir zeigen werden, der Rodbertussche Angriff, der schärfste, den Ricardos Lehre bis heute erfahren hat, bisher noch nicht abgewiesen worden war.

Der fünfte Abschnitt verteidigt die Priorität Ricardos gegen die Dogmenhistoriker, die andern Forschern die Ehre der Entdeckung zuerkennen wollen. Er ist nicht nur bestimmt, den Haupttitel dieser Arbeit zu rechtfertigen, sondern wird hoffentlich auch, indem die Ricardosche Lehre noch einmal als Gesamtkonzeption mit ähnlichen Theorien verglichen wird, dazu beitragen, die „Darstellung" zu vollenden.

Erster Abschnitt.

Das Thema probandum.

David Ricardos Grundrententheorie ist entstanden als Abwehr gegen die Angriffe des immer mehr erstarkenden zeitgenössischen Sozialismus. Sie schloß die letzte theoretische Lücke in der Rüstung der bürgerlichen Ökonomik. Nichts kann besser in ihr Verständnis einführen, nichts besser als leitender Faden durch das labyrinthische Gewirre der miteinander um den Sieg ringenden Theorien über diesen wichtigen Gegenstand dienen, als eine Darlegung der strategischen Position, in der sich damals Angreifer und Angegriffene befanden.

Der Kampf, den um die Wende des achtzehnten Jahrhunderts der neu belebte Sozialismus der Godwin, Wallace, Owen usw. gegen die bürgerliche Ökonomik führte, ist grundsätzlich nichts anderes als die Fortsetzung des Kampfes, den eine Generation zuvor der Frühliberalismus, nämlich die Physiokraten und Ad. Smith [1]), gegen den Feudalstaat geführt hatte.

A. Der Früh-Liberalismus und der Feudalstaat.

(„Monopol" und freier Wettbewerb.)

Der Wesenskern der liberalen Weltauffassung läßt sich, unter Abstraktion von allen Einzelheiten ihrer theoretischen Ausgestaltung, folgendermaßen umschreiben:

[1]) Daß Physiokratie und A. Smith „im wesentlichen" identisch sind, hat A. Wagner (Grundlegung der pol. Ök., Leipzig 1892, S. 7 ff.) mit Recht festgestellt. Die Physiokraten selbst faßten das Verhältnis schon so auf. So schreibt Dupont de Nemours an J. B. Say: „Vous êtes, par la branche de Smith, un petit-fils de Quesnay et un neveu du grand Turgot" (abgedruckt in den „Physiocrates", ed. S. Daire. Paris 1846, S. 395).

Nach dem „Naturrecht“ [1]) hat jeder Mensch den gleichen Anspruch auf volle wirtschaftliche Bewegungsfreiheit, soweit dadurch das gleiche Recht der andern nicht gebrochen wird[2]). Das gesellschaftliche Ideal ist mit andern Worten der freie, völlig entfesselte Wettbewerb: „laissez faire, laissez passer!“ [3]) Wenn dieses Ideal erreicht ist, wird sich die „Harmonie aller Interessen“ [4])

---

[1]) Das Naturrecht, im Keime bereits in der platonischen Philosophie enthalten (Aug. Oncken, Gesch. d. Nationalökonomie, I. Leipzig 1902, S. 32), ist von der stoischen Schule ausgebaut worden (ib. S. 47). Die scholastischen Kanoniker bilden es mit katholischem Einschlag weiter aus, fußend namentlich auf Augustinus (ib. S. 87 ff.); von ihnen übernimmt es in der Neuzeit zuerst Hugo Grotius, der es fortbildet (ib. S. 191), und von hier aus geht die Lehre wieder auf Quesnay und A. Smith über (vgl. die grundlegende Abhandlung von W. Hasbach: „Die philosophischen Grundlagen der von François Quesnay und Adam Smith begründeten politischen Ökonomie“ [Bd. X, Heft 2 der Staats- und sozialwissenschaftl. Forschungen. Herausg. Schmoller, Leipzig 1890] und Oncken, l. c. S. 69 und 348). Vgl. ferner zur Charakteristik der naturrechtlichen Theorie: Taine, „Die Entstehung des modernen Frankreich“, deutsch von L. Katscher. 2. Aufl. Leipzig o. J. I. S. 262/3, 284. Zur Geschichte des Naturrechts vgl. ferner Gumplowicz, „Geschichte der Staatstheorien“, Innsbruck 1905. — Eine treffliche historische Skizze und Charakteristik gibt G. Schmoller, „Grundriß der allgemeinen Volkswirtschaftslehre“. I. Bd. Leipzig 1900. S. 82 ff.

[2]) „Da mithin sämtliche Bevorzugungs- und Beschränkungssysteme vollständig wegfallen, stellt sich das klare und einfache System natürlicher Freiheit von selbst her. Jeder Mensch genießt, so lange er die Gesetze des Rechtsstaates nicht übertritt, vollkommene Freiheit, sein eigenes Interesse auf seinem eigenen Wege zu verfolgen und seinen Fleiß sowohl wie sein Kapital mit dem eines jeden anderen Menschen oder jeder anderen Menschenklasse in Konkurrenz zu setzen.“ (Ad. Smith. Volkswohlstand. Übersetzt von Loewenthal. Berlin 1879. II. 200.)

[3]) Vgl. zur Entstehung der Maxime und der Formel: Aug. Oncken: „Die Maxime laissez faire et laissez passer etc.“ Bern 1886.

[4]) „Ein Paradies der Gerechtigkeit und der Freiheit, des Glückes und des Reichtums aller, wie Morus es ausmalt, erfüllt auch die Träume des jungen Liberalismus: die Ungerechtigkeit, die durch staatliche Gunst oder historisch überkommene Lebensformen bewirkte Ungleichheit, soll verschwinden. Weg mit den Privilegien, welche die einen bevorteilen, die anderen schädigen; her mit dem „Recht der Arbeit“, die auf eigenen Füßen steht und schafft aus eigener Kraft. Weg mit den Steuern, welche die misera contribuens plebs schwer bedrücken; her mit den „impôts justement répartis“ (Boisguillebert). Dies

verwirklichen nach dem gleichen Gesetze, nach dem Schnee und Regen sich in mathematischen Ebenen anordnen, und nach dem die Materie im freien Raume sich zur vollkommenen Kugel formt. So wie hier die eine Schwerkraft die unzähligen, scheinbar regellos bewegten Teilchen in die vollendete Form zwängt, weil jedes auf jedes wirkt: so wirkt im Gesellschaftsleben die eine Kraft des wirtschaftlichen Selbstinteresses gleichmäßig auf die unzähligen, scheinbar regellos bewegten Wirtschaftssubjekte und läßt, weil jeder auf jeden wirkt, doch keinem einen andern Weg der Betätigung offen als den, der zur Harmonie, d. h. zu unendlich vermehrtem und sehr gleichmäßig verteiltem Reichtum, führt.

Um dieses Ziel des Glücks der Menschheit in Freiheit und Wohlstand zu erreichen, ist nichts anderes erforderlich, als den Wettbewerb völlig zu entfesseln, alle ihm im Wege stehenden Hindernisse zu beseitigen, d. h. alle historisch durch Verletzung des Naturrechts entstandenen und durch die Staatsgewalt aufrecht erhaltenen Machtpositionen, die einzelne Personen oder einzelne Klassen zum Schaden aller andern bevorrechten.

Der Nachweis im einzelnen, daß diese feudalen Machtpositionen es sind, die die „Strömung zum Gleichgewicht" hemmen, die Produktion ablenken und lähmen und namentlich die Verteilung der von der Gesamtgesellschaft geschaffenen Genußgüter bis zur krassesten Ungerechtigkeit verzerren, so daß sie allein an der Armut und Not der großen Masse die Schuld tragen, — dieser Nachweis ist das Hauptthema der frühen liberalen Ökonomik. Sie entwickelt zum Zweck dieses Nachweises die Lehre von den „Monopolen" und den „Monopolpreisen".

Jene „Machtpositionen" fallen nämlich, das bedarf keiner weiteren Erörterung, unter den Oberbegriff des „Monopols", d. h.

---

sind die großen Ziele der „edelsten Geister" gewesen, welche im 18. Jahrhundert das Programm des laissez faire begründeten" (Dietzel, Theor. Sozialökonomik, S. 135). Vgl. über Boisguilleberts Harmonielehre, die übrigens noch stark theologisch fundiert ist („La Nature qui n'est autre chose que la providence, hat die Dinge so geordnet, daß alles von selbst in sein gehöriges Gleichgewicht kommt") Oncken, l. c. I. S. 251.

einer Übermacht im wirtschaftlichen Konkurrenzkampfe, die nicht auf einer Überlegenheit der persönlichen Begabung beruht. Darum steht die Erörterung der Monopole und Monopolpreise im Mittelpunkt der liberalen Ökonomik; und ihre genaue Auffassung bildet geradezu den Hauptschlüssel für das Verständnis aller großen Probleme und namentlich des uns hier beschäftigenden Problems der Grundrente. Die grundlegende Anschauung läßt sich in aller Kürze etwa folgendermaßen darstellen:

Es gibt zweierlei Arten von „Monopolen", natürliche, wie z. B. das Eigentum an Weinbergen besonders geschätzter Lage oder an Werken besonders geschätzter verstorbener Künstler [1]); — und rechtliche, „verliehene", auf historischen Rechten beruhende. Der Wert der einen wie der andern für ihre Nutznießer besteht in den „Monopolpreisen", die sie ihnen abwerfen.

Unter dem Begriffe „Monopolpreis" erscheinen bei A. Smith zwei nahe verwandte, aber doch deutlich zu unterscheidende Dinge, je nachdem es sich um Waren oder Produktionsmittel handelt, die unter dem Schutze des Monopols stehen.

Monopolisierte Waren haben einen Preis, der mehr oder weniger hoch über dem „natürlichen Preise", d. h. demjenigen naturgesetzlich notwendigen und naturrechtlich gerechten Preise steht, der sich bei freiem Wettbewerbe aus dem Spiel von Angebot und Nachfrage ergeben würde. Der Monopolpreis ist der „höchste Preis, der dem Käufer abgepreßt werden kann". Die Differenz zwischen natürlichem und Monopolpreise ist der Übergewinn des Verkäufers, den ihm die Konkurrenz nicht abjagen kann. Solche Vorteile haben z. B. die Inhaber von Produktions- (Bannmühlen usw.) und Handelsprivilegien (indische Kompanien, die Nutznießer der Zollpolitik usw.) und von „Naturmonopolen".

An anderer Stelle bezeichnet Smith als „Monopolpreis" den Preis, den der Benutzer für die Leihe eines Produktions-

---

[1]) Die beiden in der Literatur immer wiederkehrenden Beispiele finden sich schon bei den Physiokraten, z. B. schreibt Le Trosne (Physiocrates, ed. Daire, S. 892): „Les cantons qui donnent du vin supérieur sont rares", und zwei Seiten später: „Comme personne ne nous apportera des tableaus de Rubens ou de Le Sueur, le prix ne sera qu'augmenter."

m i t t e l s zu zahlen hat. „Die Bodenrente ist somit naturgemäß ein Monopolpreis. Sie steht in gar keinem Verhältnis zu dem, was der Besitzer für den Anbau des Bodens angelegt haben mag, oder zu dem, womit er sich billig begnügen könnte, sondern einzig und allein zu dem, was der Pächter zu bezahlen imstande ist" [1]). Vorher sagt er ungefähr das Gleiche vom „Arbeiter" im allgemeinen[2]).

Drückt bei den Waren der Monopolpreis auf den Konsumenten, so bei dem Produktionsmittel auf den Produzenten. Von seinem Arbeitsmittel durch das Monopol a u s g e s p e r r t , muß er sich Abzüge von seinem „natürlichen Arbeitslohn", dem vollen Ertrage seiner Arbeit, gefallen lassen, nur um leben zu können.

Soweit jene natürlichen Monopole in Frage kommen, ist der Monopolpreis sehr harmlos. Denn die dadurch begünstigten Erzeugnisse sind lediglich Luxusbedürfnisse sehr reicher Klassen. Dagegen sind die rechtlichen Monopole überaus gefährliche Schädlinge des Wirtschaftslebens, weil sie zugunsten weniger, Bevorrechteter, die große Masse durch die Monopolpreise, die sie ihr „abpressen", ausbeuten und dadurch die Strömung zum Gleichgewicht heillos zerstören. Sie müssen daher aus dem Gesellschaftsorganismus ausgemerzt werden. Ihre Nutznießer dürfen sich nicht auf das historische Recht berufen: denn das Verdammungsurteil ist von der höheren und höchsten Instanz, gleichsam dem Oberappellationsgericht, dem Naturrecht, gefällt worden.

B. Der Bourgeois-Liberalismus und der Sozialismus.

Dieses Urteil war in dem zwischen Adam Smith und Ricardo verflossenen Menschenalter in Westeuropa vollstreckt worden. Die als solche erkennbaren Machtpositionen des Feudalstaates waren im wesentlichen beseitigt: Standesvorrechte, Zunft- und Bannrechte, Privilegien einzelner Berufsklassen, Zölle und Prämien, Beschränkungen des freien Zuges, Taxen usw. usw. Aber die „Harmonie" aller Interessen wollte sich dennoch nicht einstellen.

Freilich: der Gewinn des Kapitaleigentümers und die Grundrente des Grundeigentümers waren beide ins Unermeßliche ge-

[1]) a. a. O. I. S. 157.
[2]) a. a. O. I, S. 69.

stiegen, und so war in der Tat die Prophezeiung des Liberalismus glänzend bestätigt worden, daß die Wirtschaft des freien Wettbewerbes gewaltige Quellen des Reichtums neu zum Sprudeln bringen werde: — aber die dritte Art des Einkommens, der Lohn, war augenscheinlich eher gesunken als gestiegen. Die Masse des Volkes litt unendlich; der Sozialismus trennte sich immer entschiedener von dem Liberalismus und forderte immer lauter und drohender, daß nunmehr grundstürzende wirtschaftliche Reformen das Werk der Menschheitserlösung vollenden sollten, das die politischen nur erst eingeleitet hätten. Das individuelle Grund- und Kapitaleigentum sollte fallen, alle Produktionsmittel in das Eigentum der Gesamtheit übergehen.

Um diese Forderungen zu begründen, bediente sich der Sozialismus, der echte Sohn und gelehrige Schüler des Liberalismus, der von diesem selbst geschmiedeten Waffen. Er forderte den Gegner vor ein Tribunal, vor dem er sich unmöglich weigern konnte, zu erscheinen, vor das Höchstgericht des Naturrechts, und erhob hier die Anklage gegen Grund- und Kapitaleigentum als — Monopole, die durch ihre Monopolpreise, Profit und Grundrente, die Volksmasse ausbeuteten, die Produktion lähmten und in falsche Bahnen drängten und die Strömung zum Gleichgewicht heillos störten. Diese wirtschaftlichen Monopole seien in ihrer Wirkung auf die Gesundheit des gesellschaftlichen Organismus die nur noch schlimmeren Gegenstücke der durch den Liberalismus fortgeräumten politischen Monopole, seien daher dem gleichen Verdammungsurteil verfallen und ihnen in den Orkus nachzusenden.

Wie man sieht, legen die Sozialisten weitaus das größte Gewicht ihrer Anklage auf die zweite Art der oben von uns unterschiedenen Monopole. Während A. Smith und vor allem seine Nachfolger in der Regel nur den dem Käufer abgepreßten Monopolpreis der Waren ins Auge fassen, als Geschäftsleute, die unter bevorzugten Konkurrenten, und als Bürger, die unter dem hohen Preise zollgeschützter Lebensbedürfnisse leiden: ist den Sozialisten das monopolistische Eigentum an den Produktionsmitteln, an Boden und Kapital, die Wurzel aller Übel. Aus allen ihren Schriften klingt immer wieder die eine Klage über den „Monopolpreis" im zweiten Sinne, als den dem Arbeiter abgepreßten Tribut eines großen Teiles seines „natürlichen Lohnes", den er bewilligen muß, weil er sonst, von seinem Produktionsmittel abgesperrt, verhungern müßte.

Wenn man genau hinschaut, sind diese Argumente, mit denen der jüngere antikapitalistische Sozialismus dem Bourgeoisliberalismus zu Leibe geht, noch älter als der Frühliberalismus. Sie entstammen in allem Grundsätzlichen bereits dem älteren, antiagrarischen Sozialismus, der — das Kapital spielte damals noch kaum eine Rolle im Wirtschaftsleben — mit ganz der gleichen naturrechtlichen Begründung das Gemeineigentum an Grund und Boden forderte. Nach G. Adler [1]) „wurzelt dieser urwüchsig dem Volke entstammte Sozialismus in der naturrechtlichen Anschauung vom Staate, die durch die politischen Schriften Miltons [2]) (1608 bis 1674) rasch populär geworden waren"[3]). Und bereits das Jahr 1649 sah den Versuch der „wahren Leveller" unter Führung Gerard Winstanleys [4]) und William Everards, das Gemeineigentum durch Okkupation eines fremden Grundstücks in die Praxis einzuführen. Zwei Jahre später folgte die theoretische Begründung durch Winstanley in seiner „Law of freedom in a platform or true magistracy restored". Spence, in dem dieser ältere antiagrarische Sozialismus gipfelt, schrieb 1775 die folgenden Worte, die die Aussperrung von den Produktionsmitteln und den daraus folgenden Monopolpreis als Ursache aller gesellschaftlichen Übel brandmarken: „So kommt es, daß die Menschen in keinem Teil der Welt, selbst nicht da, wo sie geboren sind, anders leben können denn als Fremdlinge

---

[1]) Einleitung zu Spence's „Das Gemeineigentum am Boden", übersetzt von v. Eichmann. Leipzig 1904 (Hauptwerke des Sozialismus und der Sozialpolitik. 1. Heft).

[2]) Über Milton vgl. Gumplowicz, Geschichte der Staatstheorien. Innsbruck 1905, S. 203 ff.

[3]) Zur „Evolution des Gleichheitsgedankens", vgl. Jul. Wolf, „Sozialismus und kapitalistische Gesellschaftsordnung". Stuttgart 1892, S. 30 ff., namentlich über den kontinentalen Agrarsozialismus des hohen Mittelalters.

[4]) So schreibt Adler den Namen an der genannten Stelle. In seiner „Geschichte des Sozialismus und Kommunismus" (Leipzig 1899) S. 229/31 schreibt er ihn aber unter Berufung auf W. Hasbach: Gerrard Winstanly.

und auf Grund einer Erlaubnis derjenigen, die sich als die Eigentümer des Bodens ausgeben; eine Erlaubnis, für die in den meisten Fällen ein unverhältnismäßig hoher Preis gezahlt werden muß, — wobei schon jetzt viele sich derart einschränken müssen, daß man glauben kann, wenn es so weiter geht, werden nur wenige übrig bleiben, denen diese Vergünstigung zuteil werden kann" [1]).

Ganz dieselbe Anklage mit der gleichen Begründung, durch Aussperrung von seinem Produktionsmittel von dem Arbeiter den „Monopolpreis" zu erpressen, erhebt nun der jüngere antikapitalistische Sozialismus gegen den Bourgeoisliberalismus [2]) und fordert mit den gleichen naturrechtlichen Argumenten die Abschaffung der Monopole. Das ist so sehr das durchgängige Leitmotiv aller sozialistischen Sekten, so verschieden sie auch sonst in Theorie und Praxis sein mögen, daß wir uns weitere Belege sparen können.

Dieser Anklage konnten die Verteidiger der bürgerlichen Wirtschaftsordnung nicht anders als durch den Nachweis begegnen, daß das Kapital- und das Grundeigentum nicht abstellbare „Monopole", sondern notwendige Schöpfungen des Naturrechts selbst sind. Nur so konnte Profit und Grundrente gerettet werden: denn das naturrechtlich Notwendige ist immer auch das ewig Gerechte. Das ist das Thema probandum der

---

[1]) Spence, l. c., S. 26. Ähnlich Hall i. J. 1805 nach G. Adler: „Mehrwertlehre und Bodenreform in England im 18. Jahrhundert und Charles Hall". (Einleitung zum 4. Heft der „Hauptwerke des Sozialismus" usw. Leipzig 1905. S. 23). „Ein kleiner Teil der Nation — hebt Hall an — hat sich in allen Staaten durch Gewalt des Bodens bemächtigt und hat dadurch die Macht, den besitzlosen Klassen — die ohne Arbeitsmittel sind und darum nur mit Erlaubnis der Eigentümer arbeiten können — die Bedingungen der Existenz vorzuschreiben. Und von dieser Macht machen die Eigentümer rücksichtslos Gebrauch, wie die Betrachtung der sozialen Zustände unter dem Regime der Zivilisation zeigt."

[2]) Vgl. z. B. Sismondi, Etudes sur l'économie politique (Paris 1837, I. S. 44/5): „C'est la condition d'hommes qui doivent vivre de leur travail, qui ne peuvent travailler qu'autant que les capitalistes les emploient, et qui dans leur oisiveté doivent retomber à la charge de la société. Cette société qui prête tout son appui aux riches ne permet point au prolétaire de travailler à la terre si le propriétaire ou son fermier ne l'y appellent pas. Elle ne lui permet point de travailler aux métiers si le fabricant ou son facteur ne l'appellent pas."

zweiten Generation der deduktiven Theoretik: der „Bourgeois-Ökonomie".

1. Das Gesetz vom sinkenden Nahrungsspielraum.

Um diesen Nachweis zu führen, mußte eine neue Prämisse in den Bestand der „Axiome" der politischen Ökonomie aufgenommen werden: das „Gesetz vom sinkenden Nahrungsspielraum", wie ich es genannt habe.

Schon Turgot hat die Erfahrung der landwirtschaftlichen Rentabilitätsrechnung formuliert, die später als das „Gesetz vom abnehmenden Bodenertrag" (auch „Gesetz der sinkenden Erträge" genannt) eine ausschlaggebende Stelle in der volkswirtschaftlichen Theoretik einnehmen sollte, die Erfahrung, daß, von einem gewissen Punkte an, dem auf einen gegebenen Acker verausgabten Mehraufwand an Arbeit und Kapital unter sonst gleichen Umständen kein verhältnismäßiger Mehrertrag entspreche[1]). Dieses unbestreitbar richtigen Satzes bemächtigte sich die Bourgeois-Ökonomie; sie erhob ihn aus der Sphäre der privatwirtschaftlichen Rentabilität in diejenige der volkswirtschaftlichen Produktivität, indem sie das „Gesetz des sinkenden Nahrungsspielraums" —

---

[1]) „Saat, die man auf einen Boden wirft, der von natürlicher Fruchtbarkeit, aber gar nicht zugerichtet ist, würde eine fast gänzlich verlorene Auslage sein. Ist der Boden einmal gepflügt, dann wird der Ertrag schon größer sein, — wenn man ihn ein zweites, ein drittes Mal pflügt, so wird der Ertrag nicht nur verdoppelt und verdreifacht, sondern vervierfacht und verzehnfacht, welcher Ertrag sich auf diese Weise in viel stärkerem Verhältnisse vermehrt, als die Auslagen wachsen, und dies bis zu einem bestimmten Punkte, zu welchem das Produkt so groß als möglich ist, verglichen mit den Auslagen.

Ist dieser Punkt überschritten, so wird sich der Ertrag noch vermehren, wenn die Auslagen noch vermehrt werden, aber um weniger, und um immer weniger und weniger, bis die Fruchtbarkeit der Erde erschöpft ist, und die Kunst unfähig ist, noch irgend etwas hinzuzufügen, dann wird ein weiterer Zusatz zu den Auslagen nichts mehr zur Vergrößerung des Ertrages beitragen."

Turgot: Observations sur le mémoire de M. de Saint-Peravy en faveur de l'impôt indirect, couronné par la Société royale d'agriculture de Limoges. Zitiert nach Diehl, „Sozialwissenschaftliche Erläuterungen zu David Ricardos Grundgesetzen usw.". Leipzig 1905. I. p. 218.

nicht etwa aus ihm deduzierte, sondern einfach als sein Corollarium aussprach. Als der „gegebene Acker" erschien hier das gesamte Feldland einer Nation bzw. eines ganzen Wirtschaftskreises; auf dieses kann ein an Zahl vermehrtes Volk zwar, entsprechend seinem Wachstum, mehr Arbeit und Kapital verwenden, erhält aber nur einen proportional minderen Gesamtertrag; mit andern Worten: wachsende Völker stehen unter dem Gesetz des sinkenden Nahrungsspielraums.

Es ist hier noch nicht der Ort, zu untersuchen, ob dieses Gesetz in der Tat als Corollarium des Bodengesetzes ausgesprochen werden darf[1]). Wir wollen die Frage vorläufig offen lassen, ob bei dem Vergleich zweier Perioden im Dasein eines wachsenden Volkes jene einschränkende Bedingung: „unter sonst gleichen Umständen" ohne weiteres als erfüllt betrachtet werden kann; oder ob nicht vielleicht mit dem Wachstum eines Volkes selbst gewisse andere Entwicklungen regelmäßig verbunden sind, die jene Bedingung einzutreten verhindern; ob nicht vielleicht die Kapitalbewaffnung jeder einzelnen Arbeitskraft, ob nicht vielleicht der Wirkungsgrad jeder einzelnen Arbeitskraft durch vermehrte Arbeitsteilung und Arbeitsvereinigung, ob nicht vielleicht die durchschnittliche fachmännische Tüchtigkeit jeder einzelnen Arbeitskraft bei einem wachsenden Volke normalerweise so sehr zunehmen, daß der Ertrag, trotz dem Bodengesetz, proportional der Zahl der Arbeiter oder vielleicht noch stärker wächst. Wäre das etwa der Fall, so dürfte man, ohne das Bodengesetz in seiner Sphäre zu bezweifeln, dennoch ein „Gesetz des steigenden Nahrungsspielraums" formulieren[2]).

---

[1]) Vgl. mein „Bevölkerungsgesetz des T. R. Malthus", Berlin-Bern 1901, S. 55 ff. und meine Abhandlung: „Das sog. Gesetz vom abnehmenden Bodenertrage", Jahrb. d. Bodenreform, 1907. III. Bd., 3. Heft, S. 184.

[2]) K. Diehl, der (a. a. O. I, S. 229/30) gegen den Autor mit der seltsamen Behauptung polemisiert, dieser greife das Gesetz des sinkenden Bodenertrages an, das er doch an anderer Stelle ausdrücklich anerkenne, wird jetzt wohl einsehen, daß für die Verwirrung nicht der Autor, sondern sein Rezensent die Verantwortung trägt. Man kann eben dieses Gesetz anerkennen und dennoch sein angebliches Corollar, das Gesetz des sinkenden Spielraums, bestreiten.

Senior zum Beispiel, der bekanntlich dem „Gesetz der sinkenden Erträge" seine bekannteste Fassung gegeben hat[1]), war durchaus geneigt, daneben das „Gesetz vom steigenden Spielraum" gelten zu lassen. Er schreibt: „The improvements in the art of agriculture always accompany that increase (of agricultural labour) when it is accompanied by an increase of the capital as well as of the population of a Country; and they always counteract, and often outweigh the inferiority or diminished proportional powers of the soil to which they are applied" [2]).

Ob die Physiokraten außer Turgot, ob Adam Smith samt seiner Generation das Bodengesetz kannten oder nicht, anerkannten oder nicht: jedenfalls glaubten sie, daß mit dem Wachstum der Bevölkerung und des Marktes und mit der Arbeitsteilung nicht nur die gewerbliche, sondern auch die landwirtschaftliche Gütererzeugung stärker wachse als die Kopfzahl; sie glaubten daher an das Gesetz vom steigenden Spielraum[3]). Daher ihr freudiger Optimismus in bezug auf die Zukunft der Menschheit!

Die zweite Generation der deduktiven Schule aber, allen voran Malthus und Ricardo, nahm im Gegenteil das angebliche „Naturgesetz" vom sinkenden Spielraum als Axiom an und schufen sich dadurch eine ganz neue Prämisse für ihre Deduktionen. Dadurch vor allem unterscheidet sich die zweite Generation von der ersten, scheidet sich die „Bourgeois-Ökonomie" von dem Sozialliberalismus [4]); hier allein steckt die logische Wurzel des tiefen Pessimis-

---

[1]) Vgl. Ad. Wagner, Grundlegung, S. 654.

[2]) Zitiert nach Berens, Versuch einer krit. Dogmengesch. d. Grundrente. Leipzig 1868. S. 208.

[3]) Z. B. schreibt Smith (l. c. S. 189): „Der infolge der Bodenverbesserung eintretende Überfluß an Nahrungsmitteln, welcher viele Menschen in den Stand setzt, einen Überschuß über den eigenen Gebrauch an andere abgeben zu können"... Vgl. a. S. 178, 190 usw. Und James Anderson steht noch 1801 verbis expressis auf diesem Standpunkt, den er auch 1777 einnahm. Vgl. L. Brentanos Ausgabe seiner „Drei Schriften über Korngesetze und Getreidezölle", Sammlung älterer und neuerer staatsw. Schr. d. In- und Ausl., Nr. 4. Leipzig 1893, S. 146, 166/7 ff.

[4]) Vgl. Hasbach, Geschichte der engl. Landarbeiter in den letzten hundert Jahren, S. 58: „So steigen die Preise. Die steigenden Preise reizen zu neuen

mus, den sie an die Stelle des freudigen Optimismus ihrer Vorgänger setzte, des Pessimismus, der die „frohe Botschaft“ des Sozialliberalismus in die „trübe Wissenschaft“, die „dismal science“ verwandelte[1]).

Aber: ob pessimistisch oder nicht, die neue Prämisse war notwendig, um Kapital- und Grundeigentum, Profit und Grundrente gegen die sozialistische Anklage zu verteidigen.

2. Die Verteidigung des Profits.

Die Theorie, mit der der Profit verteidigt wurde, fällt anscheinend aus dem Rahmen unserer Aufgabe heraus. Dennoch werden wir sie in aller gebotenen Kürze betrachten müssen, weil sie, wie sich zeigen wird, auch für die Verteidigung der Grundrente von entscheidender Bedeutung ist; wie denn überhaupt in dieser deduktiven Theoretik jede Einzellehre immer in jeder andern ihre Stütze findet.

Die Verteidigung des Profits war eine verhältnismäßig leichte Aufgabe. Denn hier konnten sich die bürgerlichen Vorkämpfer auf eine sozusagen kanonische Theorie stützen, die das Kapital und den Profit grundsätzlich aus naturrechtlichen Prämissen ableitete und rechtfertigte: es war die bereits von A. Smith im wesentlichen entwickelte Lohnfondstheorie. Sie bedurfte nur

---

Einhegungen, und deren Wirkungen verändern und gestalten allmählich in den Köpfen der Theoretiker drei Lehren unserer Wissenschaft: die Lehre von der Grundrente, dem sinkenden Bodenertrage und der Bevölkerung.“

[1]) Vgl. Eisenhart, Geschichte der Nationalökonomik. Jena 1881, S. 100: „Denn wenngleich Smith noch des guten Glaubens war, daß der treibende Eigennutz des einen immer in der Wachsamkeit des anderen naturgesetzliche Schranken finden und wie „von einer höheren Hand über ihm“ zum Gemeinwohl zurückgeführt werden würde, und der eine wie der andere auf die Länge den natürlichen Preis seiner Ware oder Arbeit finden werde, so wurde doch bereits Malthus zur pessimistischen Anerkennung eines natürlichen Übervölkerungsprinzips mit allen seinen Greueln und Ricardo eines „ehernen Lohngesetzes“ geführt, das die unteren Klassen schließlich immer und überall zum Elende verdamme; nur daß beide diesen Verlauf als das natürliche Verhängnis der menschlichen Geschicke hinnehmen zu müssen glaubten.“

gewisser Korrekturen durch das „Gesetz vom sinkenden Spielraum", um wieder ganz brauchbar zu werden.

Für Adam Smith ist das Kapital die notwendige Vorbedingung jeder weiter ausschauenden, d. h. jeder höheren Produktion. Der zum Unterhalt der Arbeiter während der Produktionsperiode notwendige Stamm von Subsistenzmitteln, der Lohnfonds, muß aufgehäuft sein, ehe die Produktion beginnen kann: „Diese Ansammlung muß augenscheinlich bereits stattgefunden haben, bevor er sich für eine so lange Zeit einer besonderen Beschäftigung widmen kann" [1]).

Woher stammt dieser „Lohnfonds"? Aus wirtschaftlichen Tugenden! Er ist Ersparnis [2]) des Kapitalbesitzers oder seiner Vorfahren aus dem Ertrage früherer Arbeit. Vielleicht war dieser Ertrag besonders hoch: dann ist das Kapital auch den wirtschaftlichen Tugenden des Fleißes, der Intelligenz usw. verdankt; aber jedenfalls ist es außerdem das Ergebnis vorsichtig wirtschaftender Enthaltsamkeit.

Was kann den Menschen bestimmen, einen Teil seines Arbeitsertrages zu kapitalisieren, statt unmittelbar zu genießen? Nur die Gewißheit größeren Genusses in der Zukunft! Dieser Genuß ist der Kapitalgewinn, der Profit. Gäbe es also keinen Profit, so gäbe es kein Kapital, und gäbe es kein Kapital, so bestünde keine höhere Wirtschaft.

Wie bestimmt sich nun in der Wirtschaft der freien Konkurrenz die Höhe des Profits? Auf das einfachste durch das Verhältnis von Nachfrage und Angebot auf dem Markte! Das gesellschaftliche Gesamtkapital stellt, als Gesamtlohnfonds, die Nachfrage nach Arbeit, die Gesamtheit der arbeitsfähigen und arbeitswilligen

---

1) Ad. Smith l. c. I., 281.

2) Auch dieser Gedanke ist bereits physiokratisch. So z. B. sagt Mercier de la Rivière (L'ordre naturel des sociétés politiques, éd. Daire, S. 603): „Tout homme qui ne dépense que le quart ou la moitié de son revenu doit certainement augmenter sa fortune: quel que soit un agent de l'industrie, il ne peut s'enrichir que par cette voie, s'il ne vend des ouvrages qu'à leur prix nécessaire." Auch der Bezug der Grundrente, des produit net, wird regelmäßig mit den „privations" der ersten Okkupanten und Urbarer gerechtfertigt.

Arbeiter stellt das Angebot von Arbeit dar. Danach bestimmt sich der Durchschnittslohn, wie der Preis jeder andern Ware; was nach seiner Auszahlung vom Gesamtertrage der Arbeit übrig bleibt, gehört, als Profit, dem Kapital. (Von der Grundrente, als dem den beteiligten Grundeigentümern zufallenden Anteil am Ertrage, kann hier um so mehr abgesehen werden, als, wie sich zeigen wird, Smith über diesen Anteil zu keiner klaren Vorstellung gelangt ist.)

Diese Konstruktion war in allem Grundsätzlichen für die Bourgeois-Ökonomik noch durchaus verwendbar, wie sie denn auch den eigentlich bürgerlichen, vom Klasseninteresse diktierten Bestandteil der Smithschen Theoretik ausmacht. Sie leistete alles, was man verlangen konnte, indem sie Kapital und Profit naturrechtlich erklärte und rechtfertigte.

Aber Smith war von diesen Prämissen aus zu einer Ableitung gelangt, die Wasser auf die Mühle des Sozialismus leitete:

Er nahm an, eine Folgerung aus dem von ihm angenommenen Gesetz des steigenden Spielraums, daß in jeder fortschreitenden Gesellschaft der Lohnfonds viel schneller wachsen müsse als die Zahl der Arbeiter, und daß daher der Lohn schnell und dauernd steigen werde[1]).

Nun war in der Tat — niemandem konnte es einfallen, das leugnen zu wollen — das gesellschaftliche Gesamtkapital viel schneller gewachsen als die Zahl der Arbeiter: — aber der Lohn war eher gesunken als gestiegen. Wie das erklären, ohne die gesamte Naturrechtstheorie des Kapitals zu opfern?

Hier half Malthus mit dem „Gesetz vom sinkenden Spielraum", das er als das „Bevölkerungsgesetz" formulierte. Danach erschien das Angebot von Arbeit auf dem Markte, dank der „Unvorsichtigkeit der Arbeiter", ungeheuer groß, und es war erklärt, warum der Quotient des Bruches: Kapital dividiert durch Arbeiterzahl ($K : p$) so beklagenswert klein blieb. Ricardo stützte diese Deduktion, was hier erwähnt werden mag, obgleich es nicht streng zur Sache gehört, noch dadurch, daß er die Nachfrage nach Arbeit viel kleiner erscheinen ließ, als Smith angenommen hatte. Zu

[1]) Vgl. A. Smith, l. c. I., S. 73.

dem Zwecke spaltete er das Kapital in zwei Teile, von denen nur noch einer, relativ immer mehr sich vermindernder, das „zirkulierende“ (für Löhne, Roh- und Hilfsstoffe bestimmte) Kapital, die Nachfrage nach Arbeit ausübte, während das „fixe“ (in Gebäuden und Maschinen angelegte) Kapital keine Nachfrage ausüben sollte[1].

So war denn durch diese Doppelkorrektur die Lohnfondstheorie des Frühliberalismus den Zwecken der Bourgeois-Ökonomie entsprechend umgestaltet worden: K erschien viel kleiner, p viel größer als bei Smith, und die Verteidigung des Profits war vollendet[2].

3. Die Verteidigung der Grundrente.

a) Der Stand der Rententheorie.

Viel schwerer war die Verteidigung der Grundrente, weil hier noch keine unzweideutige naturrechtliche Theorie existierte. Adam Smith, der sich im allgemeinen mehr durch die gewaltige Weite seines alle menschlichen Beziehungen umspannenden Blickes, als durch logische Konsequenz auszeichnete[3], war im besonderen

---

[1]) Marx hat bekanntlich diese Spaltung noch in dem Sinne verstärkt, daß der Lohnfonds noch kleiner erschien. Sein „variables“ Kapital, das einzig Nachfrage nach Arbeit ausüben soll, umfaßt nur noch das Lohnkapital allein; die Roh- und Hilfsstoffe hat er dem Ricardoschen fixen Kapital zugeschlagen und bezeichnet diese ganze Masse als das „konstante“ Kapital.

[2]) Man findet häufig die Auffassung, die Lohnfondstheorie sei Schöpfung erst der Epigonen von Smith (vgl. z. B. G. Adler, Art. Lohn in Elsters Wörterbuch d. Staatswissensch. 2. Aufl., II. Bd., S. 428). Das scheint mir nur cum grano salis zuzugeben. Die Elemente der Division: gesellschaftliches Kapital und Arbeiterzahl, finden sich bereits bei Smith, z. B. sofort in der Einleitung: „Die Anzahl dieser nützlich und produktiv Arbeitenden aber steht ... stets im Verhältnisse zu der Größe des Kapitals, welches dazu angewendet wird, ihnen Beschäftigung zu geben“ (l. c. S. 2). Nur die pessimistische Ausbildung und die törichte Überspitzung der Theorie ist das Werk der Epigonen gewesen.

[3]) „It cannot be denied that there is occasionally a great want of precision and distinctness in the definitions, and in the strictly scientific parts“, Mc. Culloch „Introductory Discourse“ (ed. Ward, Loch and Co., London, New York, ohne Jahr, S. 61), vgl. A. Oncken, l. c. S. 80..

gegenüber dem Problem der Grundrente zu keiner festen Stellung gelangt [1]).

Fünf Ableitungen der Grundrente sind bekannt, und ich zweifle, ob mehr möglich sind; von diesen lag eine noch unter dem wissenschaftlichen Horizont, die modernste, die Ableitung aus der Grenznutzenlehre, wie sie namentlich v. Böhm-Bawerk [2]) und H. von Schullern-Schrattenhofen [3]) vertreten. Die zweite, die zuerst von Turgot und Dupont de Nemours angedeutete[4]), später von Carcy (und Bastiat) zum Mittelpunkt eines neuen Systems gemachte Lehre, die die Grundrente als Einkommensquelle sui generis leugnet, indem sie sie als den Profit des Urbarungskapitals erklärt, hat Smith mit knapper, scharfer Begründung als falsch abgewiesen[5]). Die drei übrigen aber finden sich in seinem System unvermittelt nebeneinander. Es sind die „Naturrechtstheo-

---

[1]) There are few chapters in Dr. Smith's great work more unsatisfactory than his chapter on rent." (Mc. Culloch, Notes and Dissertations, l. c., S. 19, Note III.

[2]) Kapital und Kapitalzins. Innsbruck 1884/89. II. 381 ff.

[3]) Untersuchungen über Begriff und Wesen der Grundrente. Leipzig 1899.

[4]) Hier erscheint die Rente als Entgelt derjenigen Ausgaben an Arbeit und beweglichen Gütern, die der erste Okkupant auf die Urbarung eines Landgutes angewendet hat (avances foncières). „Ces avances ont été l'œuvre des premiers propriétaires et forment le titre en vertu duquel ils ont droit au produit net du sol" (Daire, l. c. XLI). Der Unterschied dieser Keimform gegen die ausgebildete Theorie besteht darin, daß in jener die Rente noch nicht als Spezialfall des Profits erscheint, dem gegenüber die Physiokraten sich noch völlig naiv verhalten, der ihnen noch kein Problem ist.

[5]) „Die Bodenrente, so könnte man denken, ist oft nichts weiter als der billige Gewinn oder Geldzins für das Kapital, welches der Gutsbesitzer auf die Urbarmachung oder Verbesserung des Bodens verwendet hat. Ohne Zweifel mag dies teilweise, aber kaum je mehr als teilweise, bei manchen Gelegenheiten der Fall sein. Der Gutsbesitzer verlangt eine Rente auch für unangebautes Land, und der vorausgesetzte Zins oder Gewinn auf die Kosten des Anbaues wird dieser ursprünglichen Rente gewöhnlich hinzugeschlagen. Außerdem geschieht dieser Anbau nicht immer auf Kosten des Gutsbesitzers, sondern oft auf die des Pächters; trotzdem aber verlangt auch in letzterem Falle der Besitzer gewöhnlich bei Erneuerung des Pachtvertrages dieselbe Erhöhung der Rente, als ob er all die Kosten selbst bestritten hätte." A. Smith l. c. I., S. 156.

rie", wie wir die Lehre von der Grundrente als Differentialrente in diesem Werke bezeichnen werden, die physiokratische Lehre von der „Produktion" der Grundrente durch den Boden selbst, und schließlich die Monopoltheorie.

α) Die Naturrechtstheorie der Rente.

Die Naturrechtstheorie von der Grundrente als Differentialrente, diejenige, die eine Generation später Ricardo ausbaute, findet sich in ihren Elementen fast vollständig schon bei A. Smith skizziert. Ricardo selbst stellt das in der Einleitung zu dem 24. Hauptstück seiner „Grundsätze" fest, in dem er sich mit der Smithschen Grundrentenlehre auseinandersetzt. Nachdem er die kennzeichnende Stelle angeführt hat, in der der Altmeister allerdings die Hauptsätze seiner (Ricardos) eigenen Theorie in unzweideutigster Formulierung ausspricht, fährt er fort: „Diese Stelle würde natürlich den Leser glauben machen, ihr Verfasser könne die Natur der Rente nicht mißverstanden haben." Da diese Naturrechtstheorie den eigentlichen Gegenstand unserer Untersuchung bildet, können wir uns an dieser Stelle mit dem bloßen Hinweis genügen lassen.

β) Die physiokratische Rentenlehre.

Die Lehre der Physiokraten im allgemeinen beruht bekanntlich auf der naiven Vorstellung, daß die landwirtschaftliche Produktion sich grundsätzlich von der gewerblichen dadurch unterscheide, daß nur jene einen „Überschuß" über die Auslagen gewähre, das „produit net", während die Gewerbsarbeit gerade so viel koste, wie sie hervorbringe, also „steril" sei. Die physiokratische Rentenlehre im besonderen, dadurch läßt sie sich wohl am kürzesten darstellen und gleichzeitig widerlegen, beruht auf der Verwirrung einer privatwirtschaftlichen Tatsache aus der Kategorie der Rentabilität und einer volkswirtschaftlichen Tatsache aus der Kategorie der Produktivität[1]):

[1]) Diese Verwirrung ist eine Hauptursache fast aller Irrtümer der Theoretik. Die Physiokraten selbst kämpften gegen einen solchen Irrtum des Merkantilismus, der die Privatvorteile der Fabrikanten, Kaufleute und Reeder für National-

Im Mittelpunkt ihres Systems stand nämlich die überaus wichtige und fruchtbare Erkenntnis, daß alle höhere Wirtschaft und Gesellschaft, daß also Gewerbe, Handel, Wissenschaft und Kunst nur in dem Maße entstehen und wachsen können, wie die landwirtschaftliche Produktion Nahrungsüberschüsse herstellt und vermehrt. Sie werden nicht müde, diesen grundlegenden volkswirtschaftlichen Zusammenhang darzulegen[1]). Sie stehen mit andern Worten grundsätzlich auf dem einzig möglichen und fruchtbaren Standpunkt des von mir so genannten „Geozentrismus": es war eine Hauptwurzel fast aller Irrungen der späteren Theorie, daß sie zum „Industriezentrismus" überging, dem ganz aussichtslosen Versuche, „aus den Erscheinungen der Industrie allein diese selbst und die Agrikultur zu begreifen und zu erklären" [2]).

Aber die Physiokratie verfiel in einen andern Irrtum, nämlich diesen volkswirtschaftlichen Überschuß der Nahrungsmittelerzeugung gleichzusetzen dem privatwirtschaftlichen Überschuß des Grundeigentümers[3]). Das ist schon an und für sich ungenau, weil der zur Verfügung der Gewerbe usw. stehende Überschuß eine andere Größe ist als die Rente. Sehen wir von dem „Durchgang durch die Geldform" ab, nehmen wir an, daß der Ertrag eines Grundstücks nur in Getreide bestehe und in natura unter Arbeit, Kapital und Grundeigentum geteilt werde, so ist der zur Verfügung der städtischen Elemente stehende Überschuß jene Menge Korn, die Arbeiter, Kapitalist und Eigentümer nicht selbst verzehren, sondern gegen Gewerbswaren usw. vertauschen. Die privatwirtschaftliche Rente aber ist der Kornvorrat, den der Grundeigentümer

vorteile ausgab. „Il faut distinguer le pécule des commerçants de celui de la nation; ces deux parties n'ont rien de commun" (Quesnay, Oeuvres; zitiert nach Oncken, Gesch. d. Nationalökonomie, S. 367).

[1]) Vgl. z. B. Quesnay, Oeuvres, ed. Oncken, Frankfurt-Paris, 1888, S. 208, 331; Abbé Baudeau bei Daire, l. c. S. 735, Le Trosne, ebenda S. 1023 usw.

[2]) Vgl. mein „Grundgesetz der Marxschen Gesellschaftslehre". Berlin 1903. S. 68 f.

[3]) Nirgend wohl ist diese naive Verwechslung deutlicher erkennbar als in folgenden Sätzen Quesnays (a. a. O. S. 222): „L'état des habitants des villes est établi s u r l e s r e v e n u s , et les villes ne sont peuplées qu' à proportion des revenus des provinces."

allein erhält, den Teil eingeschlossen, den er nicht zu Markte bringen, sondern selbst verzehren wird. Das sind also schon der Größe nach ganz verschiedene Dinge.

Wir werden der physiokratischen Lehre noch einige Male begegnen; sie spukt mehr oder weniger verhüllt bis auf unsere Tage in der Theoretik. Hier interessiert uns nur, wie Adam Smith sich zu ihr verhält. Es ist bekannt, daß er sie ex professo bekämpfte und glänzend mit seinem Nachweis widerlegte, daß nur die Arbeit „produziere", die Naturkraft aber, und zwar in allen menschlichen Produktionen in gleicher Art, nur durch die Produktion benützt werde[1]). Und dennoch konnte er sich von Rückfällen in diese Theorie nicht ganz freihalten. Sie schlägt mehrfach durch, nirgend wohl deutlicher als in dem folgenden Satze: „Die Bodenrente wird für die Benutzung eines produktiven Gegenstandes bezahlt; der Boden, der sie zahlt, produziert sie" [2]). Wir werden im zweiten Teile diese physiokratischen Reste in der Smithschen Theorie noch genauer betrachten müssen.

Wie kommt nun nach der physiokratischen Lehre der Grundeigentümer in den Besitz dieses produit net als seines Privateinkommens, der Grundrente?

Diese Erklärung findet sich in den physiokratischen Schriften wohl nirgends klarer und bei aller Knappheit umfassender als in Turgots berühmtem Schriftchen „Réflexions sur la formation et la distribution des richesses" [3]). Ich setze die Stelle unverkürzt hierher:

---

[1]) Vgl. namentlich das neunte Kapitel des vierten Buches, „Von den Agrikultursystemen usw."

[2]) Smith, l. c., II., S. 356; Berens, l. c., S. 66 stellt eine Reihe ähnlicher Stellen zusammen. Mc. Culloch schreibt (Principles p. 36): „His leaning to the system of the Economists — a leaning perceptible in any part of his work — made him so far swerve from the principles of his own system."

[3]) Übersetzt von V. Dorn, eingeleitet von Heinrich Waentig. Jena 1903. S. 7 ff. Turgot war, wie A. Oncken gezeigt hat, nicht Physiokrat im strengsten Sinne eines Quesnay-Apostels. T. selbst sagte von sich: „Je ne suis point économiste, car je ne voudrais pas de roi "(Oncken, l. c. S. 322), und sogar der wenig kritische Dupont de Nemours, der ihn anbetet, nennt ihn einen „philosophe éclectique" (ib. S. 473). T. weicht in manchen Dingen von Quesnay ab (ib.

„In den ersten Zeiten muß der Grundeigentümer vom Landwirt nicht verschieden gewesen sein.

„Bisher haben wir den Grundeigentümer vom Landwirte noch nicht unterschieden, und ursprünglich waren sie es in der Tat nicht. Durch die Arbeit derjenigen, welche als die ersten die Felder bebaut und diese, um sich der Ernte zu versichern, eingezäunt haben, hat das Land aufgehört, Gemeingut aller zu sein, und das Grundeigentum ist entstanden.

„Ehe jedoch die Gesellschaft gefestigt und die öffentliche Gewalt oder das Gesetz der Macht des einzelnen soweit überlegen geworden war, um jedem den ruhigen Besitz seines Eigentums gegen alle fremden Eingriffe zu sichern, konnte man das Eigentum an einem Felde nur in der Weise erhalten, wie man es erworben hatte, d. h. indem man fortfuhr, es zu bebauen. Es würde nicht sicher gewesen sein, sein Feld von einem anderen bearbeiten zu lassen, der, nachdem er doch alle Mühe gehabt, nicht verstanden haben würde, daß nicht die ganze Ernte ihm gehören sollte. Außerdem konnte in dieser ersten Zeit, wo jeder arbeitsame Mann soviel Boden fand, als er wollte, niemand sich bewogen finden, für andere zu arbeiten. Jeder Eigentümer mußte also sein Feld selbst bearbeiten oder es ganz aufgeben.

„Fortschritt der Gesellschaft. Alle Grundstücke haben einen Herrn.

„Die Erde bevölkerte sich, und man machte sie mehr und mehr urbar. Die besten Grundstücke fanden sich mit der Zeit alle besetzt; es blieb für die zuletzt gekommenen nur unfruchtbarer Boden übrig, den die früheren zurückgewiesen hatten. Aber endlich fand jedes Stück Land seinen Herrn, und jene, welche keinen Grundbesitz erwerben konnten, hatten zuerst keinen anderen Ausweg, als den, ihrer Hände Arbeit unter Leitung der „besoldeten“ Klasse

---

S. 465): aber in der hier in Frage kommenden Konstruktion von der Entstehung der Gesellschaft ist seine Lehre orthodox: es ist der alte Traum der Stoa vom goldnen Zeitalter als dem Anfang aller Entwicklung, das erst später durch Verderbnis zerstört wird, der allen Physiokraten als Ausgangspunkt dient.

gegen den Überfluß an Gütern des landbauenden Grundbesitzers einzutauschen.

„Die Eigentümer fangen an, die Bearbeitung des Bodens auf bezahlte Landarbeiter abzuwälzen.

„Da das Land indessen dem Besitzer, der es bearbeitete, nicht allein seinen Unterhalt gewährte, und dazu wessen er bedurfte, um auf dem Tauschwege die Mittel zur Befriedigung seiner anderen Bedürfnisse zu erwerben, sondern überdies noch einen beträchtlichen Überschuß abwarf, so konnte er damit Leute bezahlen, die seinen Boden bearbeiteten, und für die Lohnarbeiter war es gleichgültig, ob sie ihren Unterhalt in diesem oder jenem Berufe gewannen. Das Grundeigentum mußte sich also von der Bodenbearbeitung trennen und tat es auch bald.

„Ungleichheit in der Verteilung des Grundeigentums. Gründe, die sie unvermeidlich machen.

„Die ersten Grundeigentümer nahmen, wie bereits gesagt, zunächst soviel Boden in Beschlag, wie sie mit ihrer Familie bearbeiten konnten. Ein Mann, der stärker, arbeitsamer und um die Zukunft besorgter war, nahm mehr als einer von entgegengesetztem Charakter; und derjenige, dessen Familie zahlreicher war, der also mehr Arme zur Verfügung hatte, dehnte seinen Besitz weiter aus. Das war schon eine erste Ungleichheit.

„Nicht aller Boden ist gleich fruchtbar; zwei Personen, die gleich viel Land besitzen und gleich viel arbeiten, können davon doch einen sehr verschiedenen Ertrag erzielen: zweite Quelle der Ungleichheit.

„Die Besitzungen, die von den Vätern auf die Kinder übergehen, teilen sich in mehr oder minder kleine Teile, je nachdem die Familie mehr oder weniger zahlreich ist. In dem Maße, als die Generationen einander folgen, teilen sich die Erbgüter noch weiter, oder sie vereinigen sich aufs neue durch Aussterben der Linien: dritte Quelle der Ungleichheit.

„Der Kontrast zwischen der Einsicht, der Tatkraft und vor allem der Sparsamkeit der einen und der Sorglosigkeit, Untätigkeit und Verschwendung der anderen bildet einen vierten Grund der Ungleichheit, und zwar den mächtigsten von allen.

„Der nachlässige und sorglose Eigentümer, der schlecht wirtschaftet und in den guten Jahren seinen ganzen Überfluß auf nichtige Dinge verschwendet, sieht sich bei dem geringsten Unfall gezwungen, seinen weiseren Nachbar um Hilfe zu bitten und von Schulden zu leben. Wenn er infolge neuer Unfälle oder fortgesetzter Nachlässigkeit sich außerstande sieht, zurückzuzahlen, wenn er gezwungen ist, neue Anleihen aufzunehmen, wird er endlich kein anderes Rettungsmittel haben, als einen Teil oder selbst sein ganzes Eigentum seinen Gläubigern zu überlassen, die es als Entgelt hinnehmen werden, oder er muß es an einen anderen abtreten im Austausch gegen Werte, mit denen er sich dann von seinen Verpflichtungen freimachen kann.

„Folge der Ungleichheit. Der Landwirt vom Grundeigentümer unterschieden.

„So gelangen denn die Grundstücke in den Verkehr, werden gekauft und verkauft. Der Anteil des verschwenderischen oder unglücklichen Eigentümers trägt zum Wachstum desjenigen des Glücklicheren oder Weiseren bei, und bei der Ungleichheit der ins Unendliche veränderten Besitzgrößen müssen notwendig viele Grundeigentümer mehr Boden haben, als sie bebauen können. Außerdem ist es nur natürlich, daß ein Mensch den ruhigen Genuß seines Reichtums wünscht und, anstatt seine Zeit mit mühsamen Arbeiten auszufüllen, es vorzieht, einen Teil seines Überflusses Leuten zu geben, die für ihn arbeiten.

„Teilung der Produkte zwischen dem Landwirt und dem Grundbesitzer. „Reinertrag" oder „Einkommen".

„Infolge dieser Einrichtung spaltet sich der Bodenertrag in zwei Teile. Der eine umfaßt den Unterhalt und den Gewinn des Landmanns, die das Entgelt für seine Arbeit und die Bedingung darstellen, unter der er es übernimmt, das Feld des Eigentümers zu bebauen. Was übrig bleibt, ist jener unabhängige und verfügbare Teil, den die Erde über seine Vorschüsse und den Lohn für seine Arbeit hinaus als reines Geschenk demjenigen gibt, der sie bebaut, es ist der Anteil des Eigentümers oder das „Einkommen", mit dem dieser ohne Arbeit leben und das er tragen kann, wohin er will."

Das ist die Lehre von der „previous accumulation" in ihrer reinsten klassischen Form, soweit sie die Entstehung des Grundeigentums und der Grundrente anbetrifft. Streng nach dem Naturrecht, ohne das Dazwischentreten irgendeiner außerökonomischen Gewalt, vollzieht sich die Aneignung des Grund und Bodens, bis „endlich jedes Stück Land seinen Herrn gefunden hat".

Dann freilich sind diejenigen, die erst kommen, wenn „die Welt fortgegeben ist", gezwungen, einen Teil des Ertrages abzugeben. Aber das ist nicht im mindesten ein Raub an ihrer Arbeit [1]). Sie erhalten ihren „natürlichen Arbeitslohn", denn „der Lohn des Arbeiters ist infolge der Konkurrenz der Arbeiter untereinander auf seinen notwendigen Lebensunterhalt beschränkt. Er fristet gerade sein Dasein" [2]). Was aber der Eigentümer erhält, das ist nicht etwa ein Teil des von Naturrechts wegen dem Arbeiter zukommenden Arbeitsertrages, sondern lediglich derjenige Teil des Gesamtertrages, der nicht der Arbeit, sondern der mitschaffenden Produktivität der Natur verdankt wird, „den die Erde über seine Vorschüsse und den Lohn für seine Arbeit hinaus als reines Geschenk demjenigen gibt, der sie bebaut" [3]).

γ) Die Monopoltheorien der Rente.

Von hier aus mußte A. Smith, trotzdem er die naturrechtliche Konstruktion von der Entstehung der Rente fast immer vertrat, zur Monopoltheorie gelangen.

---

[1]) „La quantité de revenu que l'on peut acquérir par l'achat d'une terre n'est donc ni arbitraire ni inconnue; c'est une mesure manifeste et limitée par la nature qui fait la loi au vendeur et à l'acheteur." (Quesnay l. c. p. 401.)

[2]) Turgot S. 5.

[3]) Vgl. Dupont de Nemours (ed. Daire p. 373) „la livraison gratuite" und (p. 375): „l'excédant, que la nature accorde en pur don au delà des frais de la culture". Hier steckt der kanonische Begriff des „census reservativus" (Oncken, Gesch. der Nat.-Oek. I, 133).

Er leugnete nämlich die naive Vorstellung von der Mitwirkung der Natur an der Ackerproduktion ex professo, wie wir sahen. Nur die Arbeit erkannte er als produktiv an. Ihm mußte daher der ganze Ackerertrag als der „natürliche Lohn" des Arbeiters erscheinen [1]). Diesen natürlichen Lohn konnte dieser aber offenbar nur so lange erhalten, als noch nicht alles Land „seinen Herrn gefunden hatte". War dieser Zeitpunkt aber erst einmal eingetreten, so war das Grundeigentum ein „Monopol" geworden und erzwang seinen „Monopolpreis", die Grundrente.

Zumeist hat Smith dieses Monopol augenscheinlich als naturrechtlich entstandenes „Naturmonopol" angesehen. Wir werden aber im zweiten Teile eine Auslassung anführen, in der es sicher als rechtliches, verliehenes, gegen das Naturrecht entstandenes Monopol aufgefaßt wird.

Somit haben wir bereits zwei verschiedene Monopoltheorien in bezug auf die Entstehung des Bodenmonopols. Smith trägt aber, wahrscheinlich verführt durch die Doppelbedeutung des Wortes „Monopolpreis", wie schon angedeutet, auch noch zwei verschiedene Theorien in bezug auf die Wirkung des Bodenmonopols vor.

Das eine Mal läßt er den Produzenten, den Landbauer, durch das Monopol ausgebeutet werden. Hier ist die Rente Abzug von dem „natürlichen Arbeitslohne" und wird (unter englischen Verhältnissen) in der Pacht realisiert, wobei es freilich im dunkeln bleibt, wie sich der kapitalistische Pächter mit den eigentlichen Arbeitern abfindet.

Das andere Mal läßt er den Konsumenten durch das Monopol ausgebeutet werden. Hier ist die Rente Aufschlag auf den „natürlichen Preis" des Urprodukts und wird bei dessen Verkauf realisiert.

Dort also ist die Rente selbst der Monopolpreis, hier entsteht die Rente aus dem Monopolpreise der Nahrungsmittel.

---

[1]) Der Satz ist im Grunde schon physiokratisch. Quesnay schreibt (a. a. O. S. 366): „Le droit naturel de chaque homme se réduit .. à la portion qu'il peut se procurer par son travail." Ohne ihre unglückliche Rententheorie hätte auch die Physiokratie die Smithschen Konsequenzen aus diesem Satze gezogen.

Die Tatsache, daß Smith diese beiden sehr verschiedenen Monopoltheorien nebeneinander vorträgt, ist natürlich der Aufmerksamkeit seiner Schüler und Gegner nicht ganz entgangen [1]). Aber niemand hat, soweit ich sehen kann, mit voller Klarheit erkannt, daß hier eine schärfste begriffliche Unterscheidung nötig ist, die durch entsprechende terminologische Bezeichnungen festgelegt werden muß. Es wird sich im Verlaufe dieser Untersuchung herausstellen, daß nur eine solche begriffliche Unterscheidung den Schlüssel zur Theorie der Grundrente liefern kann.

Ich werde darum im folgenden die zuerst charakterisierte Lehre, die den Produzenten durch einen Abzug von seinem natürlichen Arbeitslohn als geschädigt erklärt, die Monopol-Lohn-Theorie nennen.

Die zweite Lehre, die den Konsumenten durch Aufschlag auf den natürlichen Getreidepreis als geschädigt erklärt, werde ich die Monopol-Preis-Theorie nennen.

Diese beiden Theorien finden sich also nebeneinander bei Smith. Die Monopol-Preis-Theorie liegt seiner allgemeinen Wertlehre zugrunde, die bekanntlich eine Kostenwertlehre ist: der Preis der Waren bestimmt sich durch ihren natürlichen Arbeitswert mit Aufschlag des üblichen Gewinnstsatzes und der durchschnittlichen Grundrente. Die Monopol-Lohn-Theorie andererseits findet sich mehrfach in schärfster Formulierung:

„Sobald der Grund und Boden eines Landes Privateigentum ward, verlangten die Besitzer, welche, gleich allen anderen Menschen, gern da ernten, wo sie nicht gesät haben, selbst für den natürlichen Ertrag des Bodens eine Rente“ [2]). „Diese . . Rente bildet den ersten Abzug von dem Erzeugnisse der auf den Boden verwendeten Arbeit“ [3]). „Die Bodenrente ist somit naturgemäß ein Monopolpreis. Sie steht in gar keinem Verhältnisse zu dem, was der Besitzer

---

[1]) Vgl. z. B. Sismondi: „Die Rente beruht auf dem Rechte des Eigentums oder dem von der Gesellschaft garantierten Monopol, das jeder Grundeigner einerseits den Konsumenten, andererseits den Pächtern gegenüber ausübt . . .“ (zit. nach Berens l. c. S. 97).

[2]) l. c. I. S. 52/3.

[3]) l. c. I. S. 69.

für den Anbau des Landes angelegt haben mag, oder zu dem, womit er sich billig begnügen könnte, sondern einzig und allein zu dem, was der Pächter zu zahlen imstande ist“ [1]).

Von solcher Grundauffassung des Wesens der Rente aus konnte Smith nicht anders als zu Schlußfolgerungen auf ihre Berechtigung gelangen, die einer runden Verurteilung mindestens sehr nahe kamen: „Die Grundeigentümer sind die einzigen unter den drei Ständen, deren Einkünfte ihnen weder Arbeit noch Sorge kosten, sondern ihnen sozusagen von selbst und unabhängig von irgendwelchen besonderen Plänen oder Unternehmungen zufließen“ [2]); und dennoch: „Jede Verbesserung der Gesellschaftsverhältnisse ist geeignet, entweder direkt oder indirekt eine Erhöhung der wirklichen Bodenrente, des wirklichen Reichtums des Grundbesitzers, seiner Macht, die Arbeit oder das Arbeitserzeugnis anderer zu erkaufen, herbeizuführen“ [3]).

Es war nur natürlich, daß sich der jüngere englische Sozialismus dieser — ihrem Ursprung nach ja dem älteren Sozialismus entstammenden — Sätze des Meisters bemächtigte, um scharfe Angriffe gegen die bürgerliche Wirtschafts- und Gesellschaftsordnung zu begründen [4]).

Ganz gleichgültig, ob das Grundeigentum ein „natürliches“ oder ein „rechtliches“ Monopol war [5]); es mußte fallen.

---

[1]) l. c. I. S. 157. Es ist scharf zu beachten, daß Smith hier, obgleich er von der Rente selbst als einem „Monopolpreis“ spricht, nicht die Monopolpreis-, sondern die Monopollohntheorie vorträgt. Rente ist ihm hier Abzug vom Arbeitslohn.

[2]) l. c. I. S. 270.

[3]) l. c. I. S. 269.

[4]) Bastiat (Harmonies économiques, Oeuvres choisies, tome III p. 298, Paris 1863) schildert die Entwicklung ganz treffend: „La théorie appela la propriété ... d'abord monopole nécessaire, puis monopole tout court, ensuite illégitimité, et finalement vol.“

[5]) Bei ganz konsequentem Denken müßten diejenigen Agrarsozialisten, die das „Bodenmonopol“ als ein „naturgesetzlich entstandenes Naturmonopol“ ansehen, Agrarkommunisten —, diejenigen aber, die es als ein Rechtsmonopol ansehen, Bodenreformer sein. Denn ein Naturmonopol wird sich immer wieder durchsetzen: ein Rechtsmonopol aber läßt sich ändern oder beseitigen. Aber, wie schon bei Smith gezeigt, sind die verschiedenen Bedeutungen der Worte

War es wirklich ein ohne Verletzung des Naturrechts entstandenes Monopol, so verletzte es jetzt das Naturrecht, wie Smith selbst zugegeben hatte, das Recht jedes Erdgeborenen auf freien Zugang zu den freien Gaben der Natur. Dieses „mit uns geborene" ging dem ererbten Rechte unter allen Umständen voran. Wenn also das private Grundeigentum zu so groben Verschiedenheiten des Besitzes und Einkommens führen mußte, dann mußte es entweder aufgehoben und durch das Gemeineigentum ersetzt oder derart durch Gesetze eingeschränkt werden, daß es dem obersten Zweck und Recht der Gesellschaft nicht mehr im Wege stand. So begründeten Agrarsozialisten und Bodenreformer (Paine) [1]) ihre Forderungen.

Die meisten aber bestanden darauf, daß mindestens große Teile des Grundeigentums gar nicht nach dem Naturrecht, sondern gegen das Naturrecht entstanden seien. Die großen Güter seien Schöpfungen der erobernden Gewalt, seien „Machtpositionen", die von „Tyrannen" dem arbeitenden Volke auferlegt worden seien. „Ein kleiner Teil der Nation", so zitiert Adler aus Hall [2]), „hat sich in allen Staaten durch Gewalt des Bodens bemächtigt und hat dadurch die Macht, den besitzlosen Klassen — die ohne Arbeitsmittel sind und darum nur mit Erlaubnis der Eigentümer arbeiten können — die Bedingungen der Existenz vorzuschreiben." „Durch die Institution des Privateigentums ist ... der gemeinschaftliche Boden, auf den die ganze Menschheit das Recht der Nutznießung hat, in Beschlag genommen worden; eine Minorität hat ihn an sich gerissen. Die gegenwärtige Einrichtung des Besitzes ist also dem natürlichen Gesetz entgegen und beruht im Grunde auf einer Beraubung." So faßt Considérant Fouriers

Monopol und Monopolpreis bisher nie scharf auseinandergehalten worden, und so hat sich jene reinliche Scheidung nicht vollzogen. Paine z. B. ist Gläubiger des Naturmonopols und dennoch Vertreter einer bodenreformerischen steuerlichen Bodenpolitik, nicht aber des Gemeineigentums an dem Boden.

1) Vgl. G. Adler, Mehrwertlehre und Bodenreform in England im 18. Jahrhundert. Einleitung zu Charles Hall: Die Wirkungen der Zivilisation auf die Massen. Leipzig 1905. S. 20.

2) L. c. S. 23.

Anschauung zusammen [1]). Und Ogilvie schreibt: „Das gegenwärtige System des Grundeigentums ist nicht Zeiten des Handels, der Ordnung und der Ruhe angepaßt, sondern kriegerischen und unruhigen Zeitläufen .... Und der Grundbesitzer, der jetzt die Macht, mit der ihn eine veraltete Einrichtung bekleidete, dazu mißbraucht, den letzten Heller, den seine Ländereien abwerfen können, herauszupressen und im Verein mit anderen ein Monopol auf diesen ... Besitz auszuüben, ist, unbewußt, von allen Bürgern der schädlichste" [2]). Und er wiederholt unter dem Titel 28: [3])

„Allen diesen widrigen Verhältnissen, die in den meisten Ländern Europas in einem noch höheren als dem hier angegebenen Grade vorhanden sind, kann man nachgehen bis zu ihrer Quelle: jenem ausschließlichen Recht auf den kulturfähigen Wert des Bodens, das einige Männer, die in keinem Lande mehr als den hundertsten Teil der Gesamtheit ausmachen, an sich reissen dürfen — ein unerträgliches Vorrecht, durch dessen Wirksamkeit das Glück der Menschheit Menschenalter hindurch in einem höheren Grade gestört und eingeschränkt worden ist als durch alle Tyrannei von Königen, allen Betrug von Priestern, alle Spitzfindigkeiten von Juristen zusammengenommen, obgleich man diese für die größten Übel hält, die die menschliche Gesellschaft quälen."

b) Das Thema probandum.

Mit dieser Darlegung dürfte die strategische Position der beiden kämpfenden Parteien ausreichend gekennzeichnet sein. Der Bourgeois-Ökonomie stellte sich danach eine ganz bestimmte Aufgabe. Sie mußte die in Smiths Werken enthaltene Naturrechtstheorie ausbauen und sichern, indem sie gleichzeitig die daneben vorgetragene Monopoltheorie widerlegte. Diese Aufgabe übernahm Ricardo.

---

[1]) Fouriers System der sozialen Reform. Herausgegeben von G. Adler, übersetzt von Hugo Kaatz. Leipzig 1906, S. 36.

[2]) Das Recht auf Grundeigentum. Herausgegeben von G. Adler, Deutsch von Adolf M. Freund. Leipzig 1906, S. 32.

[3]) Ogilvie l. c. S. 47.

Und zwar durfte er sich bei seiner Kritik der Monopoltheorie gänzlich auf die Monopol-Preistheorie beschränken; denn gegen die Monopol-Lohntheorie war die bürgerliche Theoretik durch die Lohnfondstheorie völlig ausreichend gedeckt. Wird der Lohn durch das (zirkulierende) Gesellschaftskapital einerseits und die Zahl der Arbeiter andererseits bestimmt, so hat die Grundrente auf den Lohn keinen Einfluß, so leidet der Arbeiter als Produzent nicht unter dem Monopol; und Ricardo konnte sich damit begnügen, immer wieder mit Nachdruck festzustellen, daß die Rente mit dem Lohne nichts zu tun habe[1]).

Dagegen war die bürgerliche Theorie gegen einen sozialistischen Angriff aus der Monopol-Preistheorie völlig ungedeckt. Wenn die auf Smith gestützte Behauptung richtig war, daß das Getreide („Getreide" steht hier und im folgenden wie bei den Klassikern selbst immer als Repräsentant aller landwirtschaftlichen Erzeugnisse) auf einem Monopolpreise stehe, dann litt der kleine Mann zwar nicht als Produzent, d. h. als Lohnempfänger, wohl aber als Konsument, als Brotesser, unter dem Grundeigentum.

Das war, volkstümlich ausgedrückt, die Anklage auf Brotwucher, der schwerste und gefährlichste Vorwurf, der gegen eine herrschende Klasse erhoben werden kann.

Demgegenüber unternahm nun Ricardo den Beweis des folgenden Thema probandum:

„Die Grundrente fließt zwar dem Eigentümer des Grund und Bodens zu: aber sie ist keine Folge des Grundeigentums. Sie ist zwar ein Vorteil aus einem Naturmonopol, aber dennoch kein Monopolpreis. Sie wird am Preise verdient, als unerarbeiteter Gewinn, aber sie ist kein Bestimmgrund des Preises, der ohne Aufschlag einer

[1]) Zum Beispiel an folgender Stelle: „Würde der Grundherr auf seine ganze Rente verzichten, so würde davon der Arbeiter nicht den mindesten Vorteil haben. Wäre es den Arbeitern möglich, ihren ganzen Lohn aufzugeben, so würden die Grundherren davon gar keinen Vorteil ziehen; aber der Pächter würde in beiden Fällen alles einnehmen und behalten, was jene nicht genommen hatten." („Grundgesetze", ed. Baumstark, Leipzig 1877, S. 381.)

Rente, ganz wie der Preis von Tuch und Leinwand, lediglich durch Arbeitslohn, Kapitalersatz und üblichen Kapitalgewinn bestimmt wird. Der Zehrer zahlt also nur den natürlichen, d. h. notwendigen und gerechten[1]) Preis."

Die Kunst, mit der Ricardo diese großbürgerliche Theorie der Rente aufbaute und sicherte, ist schlechthin bewundernswert. Sie gilt nicht mit Unrecht für den festesten Teil der bürgerlichen Ökonomik. Sie ist eine in sich geschlossene, nach allen Seiten scheinbar unangreifbar verschanzte wissenschaftliche Theorie von höchster Überzeugungskraft, die in der Tat alle Tatsachen ihres Gebietes vollkommen zu erklären scheint und darum allen auf sie gerichteten Angriffen zum Trotz sich bisher hat behaupten können.

Zweiter Abschnitt.

Die Ricardosche Grundrententheorie.

Die Theorie läßt sich kurz folgendermaßen zusammenfassen:

„Wenn ein Volk seßhaft wird, so nimmt es zuerst den Boden erster Qualität in Anbau, bis dieser dank dem Wachstum der Bevölkerung voll besetzt ist. Wächst das Volk weiter, so sieht es sich, da nach dem „Gesetz der sinkenden Erträge" von einer gegebenen Fläche durch Verwendung von mehr Arbeit nicht entsprechend mehr Nahrungsmittel erzeugt werden können, gezwungen,

---

[1]) „Necessary" heißt er oft bei Malthus und z. B. bei Mc. Culloch (Principles, p. 143), „juste" bei einigen Physiokraten z. B. bei Le Trosne, l. c. p. 892. Der letztgenannte Begriff stammt aus dem kanonischen Recht (Oncken l. c. p. 129ff.), das überhaupt der Physiokratie eine Anzahl von Bestandteilen geliefert hat, außer dem prix juste auch die Lehre von Bodenertrage als einem Geschenk Gottes, von der überwiegenden Verdienstlichkeit des Landbaues und der Sterilität der Gewerbe und des Handels (vgl. A. Oncken l. c. I. 91, 133, 135).

Boden zweiter Qualität zu bebauen. Ist auch dieser besetzt, so kommt der Boden dritter, dann vierter usw. Qualität an die Reihe.

Da nun ceteris paribus, d. h. bei Verwendung gleicher Arbeit und gleichen Kapitals auf die Flächeneinheit, der Boden höherer Qualität einen größeren Reinertrag bringt, als die Böden geringerer Qualität, so entstehen mit dem Wachstum der Volkszahl Ertragsdifferenzen zugunsten der besseren Ländereien.

Wie aus den naturgegebenen Bonitätsunterschieden, so entstehen solche Ertragsdifferenzen auch aus den verkehrsgegebenen Bonitätsunterschieden. Wenn sich nämlich in den mit der Zeit entstehenden Städten ein Markt für Ackerprodukte entwickelt, so haben die dem Markte nähergelegenen Grundstücke einen Vorteil. Denn der städtische Käufer ist gezwungen, dem entferntesten, für die Versorgung des Marktes noch notwendigen, Landwirte außer seinen Gestehungskosten auch noch die Kosten des Transportes bis zum Markte zu vergüten: der näherwohnende Landwirt, der ja den gleichen Marktpreis erhält, hat also aus den ersparten Transportkosten einen Vorteil, der seinen Reinertrag gerade so steigert, als bebaue er Land von entsprechend besserer Qualität.

Im folgenden werde ich naturgegebene und verkehrsgegebene Bonität zusammenfassen in dem Ausdruck: „Rentierung", also von Böden höchster und geringster, höherer und geringerer Rentierung sprechen.

Denn eben die aus den Differenzen der Rentierung entspringenden Ertragsunterschiede stellen nach Ricardo die Rente dar. Der Produktionsvorteil des Bodens höherer Rentierung fließt dem Grundeigentümer zu, da weder der Lohnarbeiter noch der kapitalistische Pächter sich seiner auf die Dauer bemächtigen können. Denn der Arbeiter wird durch die Konkurrenz auf dem Arbeitsmarkte auf den gesellschaftlich durchschnittlichen Lohnsatz, der Pächter durch die Konkurrenz auf dem Kapitalsmarkte auf den durchschnittlichen Profitsatz herabgedrückt: wenn also der Ertrag vom Boden geringerer Rentierung Lohn und Profit ersetzt, so muß auf Boden höherer Rentierung ein Plus übrig bleiben, das als Rente dem Eigentümer zufließt. Sie ist „derjenige Teil des Erzeugnisses der Erde, welcher dem Grundherrn für die Benutzung der ursprünglichen und unzerstörbaren Kräfte [1]) des Bodens bezahlt wird."

Ertragsdifferenzen, die zur Ursache von Rente werden, entstehen aber nicht nur zwischen Grundstücken verschiedener Rentierung, sondern auch auf dem gleichen Grundstück, und zwar durch die mit steigender Volksdichtigkeit dem Eigentümer gebotene Möglichkeit, „Zusatzkapital" auf sein Eigentum zu investieren oder investieren zu lassen.

So lange nämlich nur Boden erster Rentierung im Anbau ist, würde die Investition eines höheren als des durchschnittlich verwendeten Kapitals nur Verlust bringen. Denn nach dem Gesetz der sinkenden Erträge bringt jedes Zusatzkapital einen geringeren Reinertrag als das Originalkapital, und so würde der Pächter ein lucrum cessans zu verzeichnen haben, wenn er sein Zusatzkapital, statt in der Industrie zu höherem Profitsatze, in der Agrikultur zu niedrigerem anwenden wollte. Ein lucrum cessans ist aber in der kaufmännischen Rechnung des reinen „economical man" gleich einem damnum emergens.

Anders, wenn mit dem Wachstum der Bevölkerung schon Boden zweiter Rentierung mit in den Anbau gezogen werden mußte! Dann ist entweder der Produktenpreis derart gestiegen, daß das auf dieses Land verwendete Kapital trotz geringerer Rein-

[1]) Diese Wendung hat, seitdem Liebig die Gesetze der Bodenstatik aufgestellt hat, zu vielen Diskussionen Anlaß gegeben (vgl. Diehl l. c., I. p. 207ff.). Man hat Ricardo den Vorwurf gemacht, daß er die schon zu seiner Zeit vorhandenen Erfahrungen über Raubbau und Bodenanreicherung usw. vernachlässigt habe, ja wollte von diesem Gesichtspunkt aus die ganze Theorie abweisen. Uns will scheinen, als liege hier ein starkes Mißverständnis vor. Ricardo hat augenscheinlich mit dem Worte „unzerstörbar" nichts anderes bezeichnen wollen als den Gegensatz des Ackers, dessen grobe Substanz bleibt, Unterlage der Produktion ist, gegen solches Grundeigentum, dessen grobe Substanz entfernt wird, Gegenstand der Produktion ist, den Gegensatz also des Ackerlandes gegen Bergwerke, Torfstiche, Waldungen usw. Der Eigentümer solcher Grundstücke hat keine unendliche Rentenquelle, sondern sozusagen ein Naturkapital, das nach bestimmter Zeit zerstört sein wird. Und darum ist das Rein-Einkommen, das ihm nach Abzug von Profit und Lohn daraus erwächst, nicht reine „Grundrente".

erträge den alten Profitsatz abwirft, oder der Profitsatz ist in Industrie und Agrikultur gleichmäßig entsprechend gefallen. In beiden Fällen lohnt es jetzt, auf Boden erster Rentierung Zusatzkapital zu investieren, wenn nur dessen Reinertrag mindestens gleich ist dem Reinertrag der auf Boden zweiter Rentierung investierten Originalkapitale.

In diesem Falle entstehen zwischen dem Ertrage des Originalkapitals und dem der sukzessive verwendeten Zusatzkapitale, die auf einem Grundbesitz investiert worden sind, gleichfalls Reinertragsdifferenzen — und auch diese fließen als „Rente" zuletzt und auf die Dauer dem Eigentümer zu, dank der Konkurrenz.

Auf diese drei Weisen entsteht nach Ricardo die Rente. Immer hat der Boden niedrigster Rentierung, dessen Ernte für die Versorgung des Marktes noch nötig ist, eine Rente von Null; d. h. der „Grenzboden" (resp. das „Grenzkapital") erhält im Produktenpreis nur Gestehungs- und Transportkosten erstattet, nicht aber ein Mehr, die Rente. Diese fließt vielmehr nur Böden höherer Rentierung zu, und zwar entsprechend ihrem natur- und verkehrsgegebenen Bonitätsgrade.

Keineswegs aber ist die Rente ein „Monopolpreis". Ricardo äußert sich darüber ausführlich:

„Steht eine Ware auf einem Monopolpreise, so ist dies der allerhöchste Preis, zu dem sie die Verbraucher zu kaufen willens sind. Waren stehen aber nur dann auf einem Monopolpreise, wenn ihre Menge mittels gar keiner Erfindung vermehrt werden kann und deshalb der Mitbewerb ganz auf einer Seite, unter den Käufern, stattfindet...... Der Tauschwert einer Ware, welche auf einem Monopolpreise steht, wird daher nirgend durch die Hervorbringungskosten bestimmt.

„Roherzeugnisse stehen nicht auf einem Monopolpreise, weil der Marktpreis der Gerste und des Weizens ebenso sehr durch ihre Hervorbringungskosten bestimmt wird, wie der Marktpreis von Tuch und Leinwand. Der einzige Unterschied ist der, daß *ein* Teil des landwirtschaftlichen Kapitals, nämlich derjenige, welcher keine Rente bezahlt, den Preis des Getreides bestimmt, während hingegen bei der Hervorbringung von Gewerbswaren jeder Kapitalteil mit demselben Erfolge angewendet wird; und da keiner derselben Rente bezahlt, so ist jeder in gleichem Grade Bestimmungsgrund des Preises; Getreide und andere Bodenerzeugnisse können zudem, durch Anwendung von mehr Kapital auf den Boden, der Menge nach vermehrt werden, und stehen darum auch nicht auf einem Monopolpreise. Da besteht Mitbewerb so gut unter den Verkäufern wie unter den Käufern. Dies aber ist nicht der Fall bei der Hervorbringung derjenigen seltenen Weine und derjenigen Kunstwerke, von denen wir gesprochen haben; ihre Menge kann nicht vermehrt werden, und ihr Preis ist nur durch die Stärke des Vermögens und Willens ihrer Käufer beschränkt. Die Rente dieser Weinberge kann über jede mit Maß und Ziel angebliche Grenze hinaussteigen, weil, da kein anderes Gelände zur Gewinnung solcher Weine geeignet ist, auch kein anderer mit ihnen in Mitbewerb gesetzt werden kann." [1])

Mit dieser scharfen Stellungnahme gegen die Auffassung, daß Rente das Ergebnis eines Monopolpreises des Getreides ist, steht nicht im mindesten in Widerspruch, daß Ricardo selbst den Besitz von Boden höherer Rentierung als ein Naturmonopol, und die Rente als Ergebnis eines solchen bezeichnet: „Ich sehe die Rente immer als Ergebnis eines teilweisen Monopols an und bin der Ansicht, daß sie niemals den Preis bestimmt, sondern eher eine Folge desselben ist." [2])

Der Monopol p r e i s ist nämlich für Ricardo wie für Smith „der höchste Preis, der dem Käufer abgepreßt werden kann". Der Monopolinhaber ist an seiner Festsetzung auf das stärkste beteiligt; er kann, wenn ihn nicht außerwirtschaftliche Rücksichten, die des Gemeinsinns, des Mitleids oder der Furcht, milde stimmen, bei einem so unentbehrlichen Befriedigungsmittel, wie es die Nahrung ist, den Preis bis zur Ausplünderung des Zehrers emportreiben.

Ein solches Monopol hat z. B. der Getreidehändler in einer belagerten Stadt oder während einer Teuerung.

Das Ricardosche Naturmonopol hat einen viel harmloseren Inhalt. Sein Inhaber hat auf die Bestimmung des Preises gar

---

[1]) l. c. S. 218/9.

[2]) l. c. S. 252.

keinen Einfluß. Dieser Preis bestimmt sich, unabhängig von dem bösen oder guten Willen der Produzenten und Grundeigentümer, als „natürlicher Preis" ganz automatisch lediglich aus der Summe von dem Arbeitslohn und dem Kapitalprofit, die auf Herstellung und Transport des auf dem „Grenzboden" erzeugten Produktes verwendet werden müssen, dessen Zufuhr der Markt noch braucht. Kein Teilchen Rente tritt in den Preis ein.

Wenn also auch dem Besitzer von Boden höherer Rentierung aus seinem Naturmonopol ein Vorteil zufließt, so hat dennoch das Getreide keinen Monopolpreis, sondern seinen „natürlichen Preis". Und der „natürliche" ist auch der gerechte Preis. Der Käufer muß sich damit zufriedengeben.

Das gilt indes nur für die regelmäßigen Verhältnisse. Unter gewissen Umständen kann die Rente in der Tat Monopolpreis werden: „Das Getreide und die Roherzeugnisse eines Landes können wohl allerdings für einige Zeit zu einem Monopolpreise verkauft werden, aber sie können es auf die Dauer (permanently) nur dann, wenn nicht mehr Kapital mit Gewinn auf die Ländereien angewendet und darum ihr Erzeugnis nicht mehr vermehrt werden kann. Zu solchen Zeiten wird jedes Stück angebauten Bodens und jeder Teil landwirtschaftlichen Kapitals eine Rente geben, die aber in Wirklichkeit nach der Verschiedenheit des Ertrages verschieden ist." [1])

Diese Einschränkung scheint mir allerdings in ihrem zweiten Teile nur als „casus hypotheticus irrealis" gemeint zu sein. Ricardo will sagen, daß das Getreide auf die Dauer niemals Monopolpreis erlangen kann. Da indessen dieser Satz von hervorragender Seite eine abweichende Deutung erfahren hat, so werden wir ihn unten einer genauesten Betrachtung zu unterziehen haben.

[1]) l. c. S. 219.

Dritter Abschnitt.

Der Rodbertussche Angriff.

a) Rodbertus' Grundrententheorie.

Hatte Ricardo die naturrechtliche Seite der zwiespältigen A. Smithschen Rententheorie in der Richtung ausgebaut, daß das Grundeigentum zwar großenteils als Naturmonopol erschien, insofern nicht alles Land von gleicher Bonität und von gleicher Verkehrslage ist, — daß aber dennoch das Getreide im regelmäßigen Verlaufe nicht einen Monopolpreis, sondern den „natürlichen" und daher gerechten Preis erzielte: so baute Rodbertus die Smithsche Monopol-Lohntheorie aus, während ihn seine Gesamtauffassung daran hinderte, sich der Monopol-Preistheorie zuzuneigen.

Er ist nämlich strenger Anhänger der Arbeitswerttheorie. Danach gravitieren alle Preise gegen denjenigen Wert als Schwingungsmittelpunkt, der durch die auf den Produkten „haftende" (Marx würde sagen: durch die in den Produkten „vergegenständlichte") Kostenarbeit bestimmt wird. Das gilt auch für die Nahrungsmittel. Mithin kann die Grundrente auch nicht, wie Smith annahm, ein Aufschlag auf den natürlichen Preis sein, sie ist vielmehr ein Abzug vom natürlichen Lohn.

Mit andern Worten: Rodbertus faßt das Grundeigentum selbst als Monopol auf, und zwar nicht wie Ricardo als ein harmloses „Naturmonopol", das die Böden höherer Rentierung vor denen niedrigerer Rentierung besitzen, sondern als ein auf allem Boden ruhendes künstliches (rechtliches)[1]) Monopol ganz in dem Sinne, wie A. Smith das Wort zumeist braucht: als feudale Machtposition, die nicht wirtschaftlichen, „natürlichen", naturrechtlichen, sondern außerwirtschaftlichen, politischen, zwangsrechtlichen Wurzeln entstammt.

---

[1]) Rodbertus: Das Kapital, ed. Th. Kozak, Berlin 1884, S. 26.

Um die drei verschiedenen Auffassungen scharf gegeneinander zu stellen: nach der einen, der agrarsozialistischen Rentenlehre Adam Smith's, ist das Grundeigentum ein künstliches Monopol und die Grundrente zwiefach ein Monopolpreis: der Arbeiter wird doppelt, als Produzent und als Konsument, geschädigt; — nach Ricardo ist Grundeigentum höherer Rentierung ein Naturmonopol, die Grundrente aber stellt in keiner Weise einen Monopolpreis dar: der Arbeiter wird weder als Produzent noch als Konsument geschädigt; — nach Rodbertus ist das Grundeigentum ein künstliches Monopol und die Grundrente selbst ein „Monopolpreis" (wie bei Smith); aber dennoch steht (wie bei Ricardo) das Getreide nicht auf einem Monopolpreise — und darum schädigt das Grundeigentum den Arbeiter nicht als Konsumenten —, nach Rodbertus schädigt es ihn nur als Produzenten.

Rodbertus leitet diese Auffassung geschichtsphilosophisch ab. Gleich Karl Marx verwirft er die naturrechtliche „Kinderfibel von der previous accumulation" als eine unhistorische, haltlose Konstruktion. Smith hatte, wie immer schwankend und zwiespältig, Ricardo aber mit seiner ganzen, fast genial zu nennenden Einseitigkeit, alle Erscheinungen der bürgerlichen Wirtschaft abzuleiten versucht aus einem als Anfang aller Kultur supponierten Zustande der Gesellschaft, in der nur Wirtschaftende gleichen politischen Rechtes und gleichen Vermögens miteinander in Arbeitsteilung und Tauschverkehr eintraten. Rodbertus zeigt, daß eine solche Gesellschaft nie und nirgend bestanden hat. Sondern wir finden überall dort, wo die Arbeit einen solchen Grad der Ergiebigkeit erreicht hat, daß sie Abzüge vom Arbeitertrage ermöglicht, als Anfangszustand alles staatlichen und höheren wirtschaftlichen Gemeinlebens einen Zustand ungleicher politischer Rechte und ungleichen Vermögens, erzeugt durch erobernde Gewalt. Er stellt fest unter dem Titel: „Das Rechtsprinzip der Rente" [1]): „daß, seitdem die Teilung der Arbeit existiert, ... Boden und Kapital und deshalb auch das Arbeitsprodukt selbst

---

[1]) Zur Beleuchtung der sozialen Frage. 2. Aufl. Ed. Moritz Wirth, Berlin 1890, S. 120.

niemals den Arbeitern, sondern andern Privatpersonen gehört habe." Und er fährt weiter unten fort: „Die Geschichte vermag uns kein Volk aufzuzeigen, bei dem die ersten Spuren der Teilung der Arbeit und des Ackerbaus nicht auch mit solcher wirtschaftlichen Ausbeutung zusammenfielen, bei dem nicht die Last der Arbeit dem einen und deren Frucht dem andern zugefallen wäre, bei dem mit andern Worten die Teilung der Arbeit sich nicht in der Form der Unterwerfung des einen unter den anderen gebildet hätte..... Die regelmäßige Arbeitsteilung .... ist überall nur im Schutze der Gewalt entstanden, ist das Produkt des Zwanges von seiten der einen und der Unterwerfung von seiten der anderen." [1])

Zuerst ergriff diese Herrschaftsorganisation „nicht bloß Boden, Kapital und Arbeitsprodukt, sondern auch noch die Arbeiter selbst"[2]): die Sklavenwirtschaft des Altertums. Hier, namentlich in den Großoikenwirtschaften, waren alle Produktionsmittel, Boden und Kapital samt den Arbeitern, Eigentum des Herrn, war mithin der gesamte Ertrag, nach Abzug des Kapitalersatzes und der Lebensnotdurft der Sklaven, sein „Herreneinkommen", seine „Rente", die bei Rodbertus beides, den Kapitalgewinn und die Grundrente der späteren Zeit, umschließt.

Die Sklaverei ist verschwunden: aber das Grund- und Kapitaleigentum ist geblieben, und darum hat sich an der Klassenlage der Arbeiter nichts Wesentliches geändert. Denn „nach wie vor gehört ihren früheren Herren der Boden und das Kapital der Gesellschaft, nach wie vor also auch das Arbeitsprodukt, wenn die freien Arbeiter in ihrem Dienste arbeiten. — Werden also die Grund- und Kapitaleigentümer nicht wirtschaftlich und rechtlich in der Lage sein, ... ihnen folgenden kurzen Kontrakt zu diktieren: „Ihr Arbeiter überlaßt uns das ganze Produkt eurer Arbeit, und ihr erhaltet einen Teil davon zu eurem Einkommen zurück"? Sie werden es wirtschaftlich und rechtlich können, und die Arbeiter

---

1) Zur Beleuchtung usw., S. 124/5.

2) Zur Beleuchtung usw., S. 125.

werden es wirtschaftlich und rechtlich sich gefallen lassen müssen, ... um überhaupt nur einen Lebensunterhalt zu bekommen.“ [1])

Kapitalgewinn und Grundrente sind also nach wie vor, beides zusammengenommen, „Herreneinkommen“, „Rente“, d. h. wirtschaftliche Folge eines künstlichen, politisch-rechtlichen Monopols, einer durch „außerökonomische Kräfte“ (Marx) geschaffenen Machtposition, nämlich des usurpatorischen, die Volksmasse ausschließenden Eigentums an allen Produktionsmitteln.

Wie spaltet sich nun diese Gesamtrente in der freien Vertragswirtschaft in Kapitalgewinn und Grundrente? Mit andern Worten: nach welchem Schlüssel verteilt sie sich zwischen Kapital- und Grundeigentümern?

Die Antwort ergibt sich aus Ricardo-Rodbertus' Kostenarbeitstheorie. Danach tauschen sich alle Waren durchschnittlich nach der „auf ihnen haftenden“ Produktionsarbeitssumme. Da der Lohn als konstante Größe unterstellt wird, so entfallen auf gleiche Wertteile auch gleiche Teile der „Rente“ (Gesamtrente).

Nun berechnet der Fabrikant seinen Gewinn, seinen Teil der Rente, auf das gesamte von ihm verwendete Kapital als Prozentsatz. In diesem Fabrikationskapital steckt auch der Vorschuß für das Rohprodukt, das ihm der Grundbesitzer geliefert hat. Einen solchen Vorschuß für das Rohprodukt hat der Grundbesitzer seinerseits nicht zu leisten. Dennoch entfällt auf sein Produkt, wenn es die gleiche Kostenarbeit enthält, die gleiche Menge Rente wie auf das Produkt des Fabrikanten. Sie ergibt also im Verhältnis zu dem aufgewendeten Kapital einen höheren Gewinnsatz oder, was dasselbe sagen will, wenn der übliche Gewinnsatz nach dem Fabrikantenprofit berechnet wird, diesen Satz und ein Mehr darüber: dieses Mehr ist die Grundrente.[2])

---

[1]) Zur Beleuchtung usw., S. 132/3.

[2]) Der Ursprung dieser Theorie dürfte wohl in folgenden Sätzen von A. Smith zu suchen sein: „Das Kapital des Webers z. B. muß größer sein als das des Spinners, weil er nicht nur dessen Kapital samt seinem Gewinne ausbezahlen, sondern auch noch den Arbeitslohn für das Weben vorstrecken muß; und der Gewinn steht immer im Verhältnis zur Größe des Kapitals“ (l. c. I. S. 54).

Diese Grundrententheorie ist unhaltbar, weil sie mit einer von ihr selbst als Tatsache zugegebenen wichtigen Tatsache in Widerspruch steht, nämlich mit dem für das ganze „Fabrikationskapital“ gleichen Gewinnsatze.

Wäre nämlich der Kostenarbeitswert der Schlüssel der Verteilung der „Gesamtrente“ auf die verschiedenen Gruppen von Eigentümern der Produktionsmittel, dann müßte auch der Fabrikant von Halbfabrikaten einen nicht als „Profit“ zu verrechnenden Surplusgewinn haben, ganz wie der Grundeigentümer. Denn der Fertigfabrikant berechnet ja seinen Gewinn als Prozentsatz auf sein gesamtes Kapital; das ist aber verhältnismäßig größer als das des Halbfabrikanten, weil dieser nur das Urprodukt, der Fertigfabrikant aber das Halbfabrikat kaufen muß, das als höhere Produktionsarbeitssumme einen höheren Wert hat. Für gleichen Zusatz von Produktionsarbeit erhalten beide ganz den gleichen Anteil aus der „Gesamtrente“: da aber die Auslagen des Fertigfabrikanten größer sind als die des Halbfabrikanten, so erscheint das Verhältnis von Gewinn zu Kapital, der Gewinnsatz, bei diesem größer als bei jenem.

Rodbertus hat diese fatale Konsequenz schon entweder selbst gezogen oder ist von v. Kirchmann darauf aufmerksam gemacht worden. Er bemüht sich denn auch in dem vierten sozialen Briefe sehr, seine Grundrententheorie zu retten [1]). Er schreibt: „Nehmen Sie an, die Produktion eines Gutes teilte sich in vier Abschnitte, die gleich viel Arbeit erforderten und besondere Unternehmungen ausmachten! Alsdann würde, wenn in jedem dieser Abschnitte der Wert mit der Arbeitsquantität zusammenfiele, auch der Wert des besonderen Produkts jedes Abschnittes gleich dem des andern sein müssen. Allein der letzte Unternehmer würde, obgleich er nicht mehr Arbeiter beschäftigte als der erste oder zweite, dennoch mehr Kapitalgewinn berechnen müssen. Ebenso würde der zweite Unternehmer weniger Kapitalgewinn zu berechnen haben. Denn in der letzten Unternehmung hätte das erforderliche Material, welches das Produkt schon von mehr Arbeit als das Material der

[1]) „Resümee meiner Rententheorie.“ „Das Kapital“ 1 ff.

zweiten Unternehmung sein würde, auch einen um so größeren Wert. Deshalb aber würde auch, wenn sich das Produkt jeder der beiden Unternehmungen genau nach der Kostenarbeit, als in beiden Unternehmungen gleich, verwertete, der für Kapitalgewinn übrigbleibende Wertrest in der letzten Unternehmung einen zu niedrigen, in der zweiten einen zu hohen Gewinnsatz geben."

Hier konstatiert er also selbst, daß der Fertigfabrikant ganz so dem Halbfabrikanten gegenübersteht, wie dieser dem Rohproduzenten. Trotzdem soll hier keine Rente entstehen. Denn:

„Die Konkurrenz verlangt gleichmäßige Gewinne, und so wird allerdings der Satz, daß ein der Kostenarbeit äqualer Produktwert hinreichte, um unsere Kapitalrenten abzuwerfen, infolge des Gesetzes der Gleichmäßigkeit der Gewinne bei den einzelnen Unternehmungen, in welche sich heute die Produktion eines und desselben Gutes teilt, alteriert." [1])

Rodbertus sieht sich hier also, gerade wie Marx im dritten Bande seines „Kapital", schließlich durch die gleiche unleugbare Tatsache der Gewinnausgleichung zwischen den einzelnen Unternehmungen gezwungen, die scharf zugespitzte Arbeitswerttheorie und damit die ganze Grundlage seines Systems so gut wie völlig preiszugeben. Wie Marx erscheint freilich auch ihm diese Einschränkung nur als eine den Kern der Wertlehre nicht berührende Modifikation. Er glaubt, sich darauf berufen zu können, daß er den Wert niemals genau mit dem Preise des Produkts zusammenfallen, sondern nur den Preis gegen den Arbeitswert hin gravitieren läßt:

„Ich bin .... niemals der Ansicht gewesen, daß der nach Arbeit bemessene Wert schon in jedem einzelnen der aufeinander folgenden Produktionsabschnitte, in welche die Herstellung eines Gutes als in ebenso viele Gewerbe zerfällt, genügte, um den landüblichen Gewinn jedes betreffenden Gewerbes immer genau zu decken." [2])

---

[1]) Auch im Original gesperrt. Das Kapital S. 12.

[2]) Das Kapital S. 11.

Wir können hier nicht untersuchen, ob die Arbeitswerttheorie mit dieser Einschränkung noch einen brauchbaren Sinn behält: jedenfalls ist die Rodbertussche Grundrententheorie damit völlig ihrer Grundlage beraubt. Denn das ist eben ihre charakteristische Begründung, daß auch die Rohproduktion lediglich „als ein einzelner der aufeinander folgenden Produktionsabschnitte" erscheint, „in welche die Herstellung eines Gutes .... zerfällt". Was ihr recht ist, muß jedem andern Abschnitte, mit Ausnahme des letzten, billig sein.

Von zweien also eines: entweder sind in einer gegebenen Volkswirtschaft die Kapitalprofite äußerst stark verschieden, je nach der Vollendungsstufe des von dem einzelnen Betriebe verarbeiteten Materials, oder die Rodbertussche Theorie von der Spaltung der Rente ist falsch. Da die erste Ableitung von Rodbertus selbst ausdrücklich für unmöglich erklärt wird, so ist die Theorie auch als ex consequentibus widerlegt abzulehnen.

W. Lexis kommt zu dem gleichen Ergebnis [1]): „Wenn nun aber bei der bestehenden wirtschaftlichen Ordnung der Marktwert der e i n z e l n e n Güterarten, aus denen sich das Nationalprodukt zusammensetzt, wie auch der der Teilprodukte auf den einzelnen Fabrikationsstufen sich nicht einmal der Tendenz nach der Kostenarbeit gleichstellt, so ist auch der Rodbertusschen Grundrententheorie der Boden entzogen. Es ist einigermaßen auffällig, daß er dieselbe in der vorliegenden Schrift noch aufrechterhält, nachdem er unmittelbar vorher zugestanden, daß der Wert der Teilprodukte in den Produktionsabschnitten eines Gutes sich nicht nach der Arbeit bemißt. Denn bei der Ableitung seines Rentenprinzips hat er ausdrücklich vorausgesetzt, daß der Wert sowohl des Rohprodukts wie des zusätzlichen Fabrikationsprodukts durch die Kostenarbeit bestimmt wird."

b) Rodbertus' Angriff auf Ricardo.

Aber mag auch die Rodbertussche Theorie von der Grundrente falsch sein, so ist doch damit durchaus noch nicht gesagt,

[1]) Zur Kritik der Rodbertusschen Theorien. Jahrb. f. Nat.-Ök. u. Stat. N. F. IX, S. 469.

daß die Ricardosche richtig ist. Wir haben also mit allem Ernst die Einwände zu untersuchen, die Rodbertus gegen Ricardo geltend macht.

Er gibt zu, daß, das Privateigentum an Grundstücken verschiedener Rentierung einmal als gegeben vorausgesetzt, die Ricardosche Lehre die Tatsachen der Grundrentendifferenzen völlig genügend erklärt; aber er wirft ihr vor, daß sie über die Ursache der Grundrente nichts aussage: „Diese Aufstellung läßt sich nicht von dem Grundsatz trennen, daß ein solches unter den ungünstigsten Produktionsverhältnissen angelegtes Kapital niemals Grundrente, sondern immer nur Arbeitslohn und üblichen Kapitalgewinn abwerfen kann, denn würfe dies ungünstiger angelegte Kapital selbst schon Grundrente ab, so wäre zwar jener Mehrgewinn des günstiger angelegten Kapitals die größere Grundrente, aber nicht die Grundrente.“ [1]) .... „Dieser Umstand“ (die Existenz von Böden verschiedener Rentierung) „erzeugt die Differenz der Grundrente, aber doch nicht die Grundrente. Letzteres würde nur dann geschehen, und also nur dann hätte Ricardo recht, wenn jedesmal der letztangebaute Boden.... zwar Kapitalgewinn, aber keine Grundrente abwürfe.“ [2])

Gestützt auf diese Darstellung der Theorie glaubt Rodbertus Ricardo dadurch widerlegen zu können, daß er einen Fall konstruiert, wo alle Differenzen der Rentierung ausgeschlossen sind — und dennoch Grundrente erhoben wird. Die berühmt gewordene Konstruktion ist die folgende [3]):

„Nehmen wir eine von aller Welt abgesonderte kreisförmige Insel an — auch einen „isolierten Staat“ —, in welchem das heutige Grund- und Kapitaleigentum herrscht.

„Im Zentrum der Insel liegt die Stadt, in der alle Fabrikation betrieben wird: der Umkreis, das Weichbild der Stadt, dient ausschließlich der Rohproduktion.

„Der Staat ist nicht groß. Der Halbmesser vom Mauerring der Stadt bis zum Meeresufer ist nur so lang, daß jeder der neben-

---

[1]) Beleuchtung usw., S. 90.

[2]) Beleuchtung usw., S. 211.

[3]) Beleuchtung usw., S. 170 Anm.

einander liegenden landwirtschaftlichen Gutskomplexe von der Stadtmauer bis zum Ufer reicht. Die Güter mögen — wie unsere größeren norddeutschen Latifundien — 5000 Magdeburger Morgen enthalten und werden je von einem Wirtschaftshofe aus bewirtschaftet.

„Der Acker ist überall von gleicher Bonität. Die Rohprodukte werden an die Städter verkauft und die Fabrikate von den Landwirten wieder zurückgekauft.

„Der Wert sowohl des Rohprodukts wie des zusätzlichen Fabrikationsprodukts soll sich genau nach der auf ihnen haftenden Produktionsarbeitssumme richten — d. i. der aufgewendeten Quantität unmittelbarer Arbeit und der nach Maßgabe der Abnutzung der Werkzeuge hinzuzurechnenden Quantität mittelbarer Arbeit — und nach diesem Wert sollen Rohprodukt und Fabrikationsprodukt gegeneinander vertauscht werden.

„Die nationale Produktivität ist sowohl im ganzen wie je in der Rohproduktion und Fabrikation so groß, daß über Kapitalersatz und Arbeitslohn hinaus noch ein bedeutendes nationales Einkommen übrigbleibt, das natürlich dem Besitz zufällt oder richtiger, ihm verbleibt, da das Grund- und Kapitaleigentum es mit sich bringt, daß alles Arbeitsprodukt von seiner Entstehung an den Besitzern gehört. Der Satz des städtischen Kapitalgewinns ist natürlich das Ergebnis einer Proportion — derjenigen Proportion, die durch den Wertbetrag, der als Gewinn dem Fabrikbesitzer übrigbleibt, zu dem Wertbetrage, den er zur Erzielung dieses Gewinns hat auslegen müssen, gebildet wird.

„Dieser Satz bestimmt natürlich auch den Satz des Kapitalgewinns, nach welchem die Grundbesitzer sich vom Gutsertrage einen Teil als Gewinn von ihrem aufgewendeten Kapital berechnen müssen.

„In der vorliegenden Hypothese sind mithin — um die Frage rein zu erhalten — alle Momente ausgeschlossen, die in bezug auf Absatz und Wert der Rohprodukte den einen Grundbesitzer vor dem andern zu begünstigen geeignet sind: sowohl die Verschiedenheit der Güte der Äcker wie die Entfernung vom Absatzorte wie die sogenannte zunehmende Unproduktivität des Bodens. Selbst der Wert sowohl des Rohprodukts wie des Fabrikationsprodukts ist hier als der denkbar normalste vorausgesetzt, denn läßt man diesen Wert bei einem oder dem andern Produkt willkürlich steigen oder fallen, so ist es leicht, Grundrente oder Kapitalgewinn verschwinden zu lassen.

„Man kann auch aus dieser abgesonderten Insel ein großes isoliertes Land machen, das ganz und gar aus solchen kreisförmigen Fabrikations- und Ackerbaukommunen besteht, und sich vorstellen, daß die zwischen ihnen liegenden Ausschnitte — die „Subseziven" dieses agrarischen Zustandes — mit Holz bestanden wären. Auf dieser Insel nun oder in solchem Lande, in welchem, wie man sieht, keine der Voraussetzungen, die nach Ricardo allein erst die Grundrente zu erzeugen imstande sind, existieren, behaupte ich,

fällt dennoch Grundrente ab,

weil den Grundbesitzern jedenfalls noch ein ihren Kapitalgewinn überschießender Reinertrag verbleibt.

Weshalb fällt hier dennoch Grundrente ab?

„Die Antwort auf diese Frage enthält nach meiner Ansicht allein das sogenannte Grundrentenprinzip, denn man verwechselt dann nicht mehr akzidentelle und wesentliche Erscheinungen, nicht mehr die Grundrente mit der Differenz der Grundrenten.

„So weit mein Problem."

Rodbertus hielt sein Problem vom Standpunkte der Ricardoschen Theorie aus für völlig unlösbar und diese dadurch für widerlegt. Er schließt triumphierend:

„Kein Anhänger Ricardos hat mir hierauf geantwortet oder dies Problem erörtert.

„Solange das nicht geschieht, nehme ich an, daß es keiner vermag."

Vierter Abschnitt.

Der Lexis-Diehlsche Rettungsversuch.

a) Das Problem der isolierten Insel.

Nur zwei deutsche Forscher haben, soweit wir zu sehen vermögen, sich eingehender mit dem von Rodbertus aufgestellten Problem beschäftigt: W. Lexis und K. Diehl.

Lexis schreibt[1]): „Auf der von Rodbertus angenommenen Insel .... gibt es allerdings jedenfalls eine volkswirtschaftliche Grundrente, ein Mehrprodukt der landwirtschaftlichen Arbeit. Ob aber bei der Verteilung derselben die landwirtschaftlichen Unternehmer mehr als den normalen Gewinn von ihrem Kapital, also eine privatwirtschaftliche Grundrente beziehen, läßt sich gar nicht allgemein beantworten, sondern hängt von den besonderen tatsächlichen Umständen ab. Gäbe es etwa auf der Insel zerstreute, noch unbenützte Staatsländereien mit gleich guter Marktlage, ... die jeder, der mit genügendem Betriebskapital ausgestattet wäre, unentgeltlich als Eigentum erhalten könnte, so würde ganz gewiß für niemanden Grundrente abfallen. Aber auch, wenn alles Land bereits unter die Grundbesitzer als Eigentum verteilt, aber noch nicht vollständig angebaut wäre, würde sich im allgemeinen keine Grundrente für dieselben ergeben. Eine solche könnte nur dann erzielt werden, wenn die Grundbesitzer in so geringer Zahl vorhanden wären, daß sie imstande wären, eine Koalition zu bilden, um durch eine absichtliche Beschränkung der Produktion gegenüber der steigenden Nachfrage den Produktpreis emporzutreiben. Von diesem Falle wollen wir jedoch absehen und annehmen, daß die Grundbesitzer zahlreich genug seien, um sich stets ernstliche Konkurrenz zu machen. Jeder wird dann sein ganzes Gut möglichst vorteilhaft zu bewirtschaften suchen, anfangs extensiv und bei steigender Bevölkerung immer inten-

---

[1]) Zur Kritik der Rodbertusschen Theorien. Jahrb. f. Nat.-Ök. u. Stat. N. F. IX. (1884), S. 472.

siver. .... Das in der Landwirtschaft angelegte Kapital wird immer größer, aber so lange der Naturalertrag proportional dem Mehraufwande von Kapital steigt, werden die Grundbesitzer — wieder eine Folge ihrer Konkurrenz — nur den auch in der gewerblichen Produktion üblichen Gewinnsatz von ihrem Kapital und nichts darüber hinaus als Grundrente erhalten. Wenn aber die Grenze der der neuen Kapitalzufuhr proportionalen Ertragssteigerung derselben Fläche erreicht ist, wenn also die selbständige Bedeutung des Bodens als Produktionsmittel sich geltend macht, wird bei weiter zunehmender Bevölkerung die privatwirtschaftliche Grundrente auftreten, und zwar von Anfang an auf Grund einer monopolistischen Preissteigerung. Es besteht also auf der Rodbertusschen Insel entweder gar keine Grundrente oder eine monopolistische, während Rodbertus behauptet, daß die Besitzer Grundrente ohne monopolistische Preiserhöhung beziehen."

Diehl schreibt zu demselben Thema in seinem verdienstvollen Kommentar zu Ricardo[1]): „Was das von Rodbertus aufgeworfene Problem anlangt, warum in dem von ihm angenommenen isolierten Staate eine Grundrente abfalle, obwohl alle von Ricardo angenommenen Voraussetzungen, die allein eine Grundrente zu erzeugen imstande sind, fehlen, so dürfte es doch den Anhängern der Ricardoschen Rententheorie nicht allzu schwer fallen, darauf zu erwidern. Allerdings die Bonität der verschiedenen Grundstücke ist hier als gleich angenommen, insofern kann eine aus Fruchtbarkeitsdifferenzen herrührende Differenzialrente nicht entstehen; wohl aber ist die Grundrente in diesem Falle sehr einfach aus einem Prinzip zu erklären, das Ricardo nicht völlig übersehen hat. Ricardo ging bei der Ableitung seines Rentengesetzes ausdrücklich von der Voraussetzung aus, daß noch freier, unangebauter Boden zur Okkupation vorhanden sei — läßt man diese Voraussetzung fallen, wie Rodbertus es tut, indem er eine isolierte Insel annimmt, auf der alles Land bereits vergeben ist und die keinen Verkehr mit dem Auslande hat —: hier ist die Grundrente einfach eine reine

[1]) Sozialwissenschaftliche Erläuterungen zu David Ricardos Grundgesetzen der Volkswirtschaft und Besteuerung. I. Teil, zweite, neu verfaßte Auflage. Leipzig 1905. S. 279.

Monopolrente, die aus dem Monopol des Bodens als notwendigen Produktionsfaktors entspringt. Die Möglichkeit einer solchen Rente unter solchen völlig veränderten Voraussetzungen hat Ricardo nie bestritten, vielmehr ausdrücklich wiederholt, wie ich oben nachwies, auf die Eventualität einer solchen absoluten Rente hingewiesen."

Wenn man diese beiden Äußerungen zu dem Problem vergleicht, so zeigen sich sowohl Unterschiede wie Übereinstimmungen.

Der erste Unterschied ist der, daß Diehl augenscheinlich mit Rodbertus annimmt, daß auf der Insel unter allen Umständen für die Eigentümer der großen Güter Grundrente abfallen müsse. Im Gegensatz dazu macht Lexis Entstehung und Vorhandensein einer Grundrente erst von dem Eintritt bestimmter Bedingungen abhängig: aller Grund und Boden muß in Anbau genommen und vom Privateigentum okkupiert sein, und das Gesetz vom abnehmenden Bodenertrage muß in Wirksamkeit getreten sein. Lexis, der sich hier überhaupt stark von Rodbertusschen Ideen beeinflußt zeigt (die Unterscheidung zwischen der volkswirtschaftlichen Rente, die vorhanden sein könnte, noch ehe die Grundeigentümer privatwirtschaftliche Rente ziehen könnten, ist ganz rodbertisch), macht dem Weisen von Jagetzow hier noch eine weitere Konzession; er nimmt nicht ohne weiteres mit Ricardo an, daß das Gesetz des sinkenden Bodenertrages von allem Anfang an — abgesehen von kurzdauernden Rückschlägen dank verbesserter Technik — wirksam sei: sondern er läßt es wie Turgot erst von einem gewissen, nicht näher bestimmten und auch nicht generaliter näher zu bestimmenden Optimum an wirksam werden. Jedenfalls wollen wir festhalten, daß Lexis Bedingungen für denkbar hält, unter denen hier die Handvoll Großgrundbesitzer, die das ganze Areal dieser volkreichen und gewerbetätigen fruchtbaren Insel besitzen, keine Grundrente bezieht[1]).

[1]) Die Maximalzahl der hier möglichen Güter läßt sich übrigens aus den von Rodbertus angegebenen Bedingungen annähernd berechnen. Sie kann nur sehr gering sein. Die Güter sollen einen Flächeninhalt von 5000 Magdeburger Morgen = 1250 ha oder 12,5 qkm haben und, wie ausdrücklich bemerkt wird, von einem Wirtschaftshofe aus bebaut werden. Aus landwirtschaftlich-techni-

Der zweite Unterschied zwischen Lexis und Diehl ist von viel größerer Wichtigkeit. Lexis führt die Verteidigung Ricardos dadurch, daß er das Problem für falsch gestellt erklärt. Wenn Rente entstehen könne, so könne sie nur als Monopol-Preisrente entstehen. Rodbertus aber habe verlangt, daß man hier das Entstehen von Rente erklären solle, obgleich das Urprodukt auf seinem „natürlichen Preise" stehe. Das sei unmöglich und daher das Problem falsch gestellt.

Auf der andern Seite glaubt Diehl das Problem, gegen dessen richtige Stellung er keine Einwände erhebt, wirklich gelöst zu haben, wenn er das Entstehen der Grundrente hier aus einem Monopolpreise ableitet. Es kann keinem Zweifel unterliegen, daß er damit einem schweren Irrtum verfallen ist. Seine vermeintliche Lösung verletzt eine der von Rodbertus formulierten wesentlichen Bedingungen des gedanklichen Experiments. Rodbertus sagt: „Der Wert sowohl des Rohprodukts wie des zusätzlichen Fabrikationsprodukts soll sich genau nach der auf ihnen haftenden Produktionsarbeitssumme richten .... nach diesem Wert sollen Rohprodukt und Fabrikationsprodukt gegeneinander getauscht werden." Das heißt: er schließt den Monopolpreis ausdrücklich aus! In der Diehlschen „Lösung" aber hat das Urprodukt Monopolpreis, steht über dem Wert der auf ihm haftenden Produktionsarbeitssumme: ergo hat Diehl die Lösung des Problems

schen Gründen ergibt sich, daß die Länge dieser ohne großen Fehler als gleichseitige Dreiecke aufzufassenden Kreissektoren nicht mehr als höchstens 12½ km betragen kann, so daß sie bei einer durchschnittlichen Breite von 1 km das angegebene Flächenmaß haben. Unter der Voraussetzung dieser Länge und Breite sind die Güter schon sehr schlecht arrondiert, da die entferntesten Äcker mehr als 6 km vom Hofe, d. h. selbst bei sehr gutem Boden auf oder jenseits der Rentabilitätsgrenze liegen. Geben wir der zentralen Stadt noch einen Radius von 1 km (3,14 qkm Wohnfläche ist übermäßig reichlich berechnet), so hat die ganze Insel einen Umfang von rund 85 km und einen Flächeninhalt von rund 572 qkm, von denen 569 als Ackerfläche in Betracht kommen, faßt also 45 bis 46 solcher Großgüter zu je 12,5 qkm. Sollen die Güter besser arrondiert sein, etwa zur halben Länge und doppelten Breite, so sinkt der Flächeninhalt auf ein Viertel, und es sind nur noch 11 bis 12 solcher Großgüter vorhanden. Danach mag man ermessen, ob die Koalition zwischen den Grundeigentümern zum Zwecke der monopolistischen Preissteigerung möglich ist, die Lexis erwägt.

verfehlt. Und das ist ein schwer begreifliches Versehen. Denn gerade darauf legt Rodbertus den allergrößten Wert, ja es ist geradezu der Kern seiner von Diehl selbst korrekt und liebevoll dargestellten Lehre, daß die Grundrente schon dann entsteht, wenn der Preis des Urprodukts genau mit seinem Kostenarbeitswert übereinstimmt. Ist doch seine ganze Kapitals- und Grundrententheorie eine charakteristische Monopol-Lohntheorie: sein „Herreneinkommen" entsteht durch Abzug vom natürlichen Arbeitslohn, nicht durch Aufschlag auf den Nahrungsmittelpreis (Monopol-Preistheorie); der Arbeiter wird als Produzent, nicht aber als Konsument geschädigt. Das hätte Diehl in Rechnung ziehen müssen.

So viel von den Unterschieden der Auffassung. Die Übereinstimmung der beiden Forscher besteht namentlich darin, daß sie vom streng Ricardoschen Standpunkte aus zu argumentieren glauben, wenn sie Rodbertus mit der Monopol-Preistheorie angreifen. Es fragt sich, ob dieser Glaube berechtigt ist.

Die Frage ist nicht nur für unser Problem von entscheidender Bedeutung, sondern auch von größter allgemeintheoretischer Wichtigkeit. Wir glauben sie mit aller Entschiedenheit im negativen Sinne beantworten zu können: die Monopol-Preistheorie, wie sie Lexis und Diehl vortragen, ist nicht nur unricardisch, sondern geradezu antiricardisch. Ricardo hat sie nicht nur nicht gelehrt, sondern hat sie im Gegenteil mit äußerster Schärfe und bewundernswerter Folgerichtigkeit bekämpft und, wie wir gezeigt haben, mußte er sie bekämpfen. Streng genommen wäre mit dem Nachweis, daß Diehl das Rodbertussche Problem formal verfehlt hat, eine weitere Erörterung seines Rettungsversuchs unnötig; und es bliebe nur noch der Lexissche Versuch zu beurteilen, der ja nicht anders abgewiesen werden kann als durch den Nachweis, daß sich das Rodbertussche Problem dennoch, auch ohne Monopol-Preistheorie, mit den Mitteln der Ricardoschen Lehre lösen läßt.

Dennoch glauben wir, der tieferen Erfassung des gesamten Problems der Grundrente einen nicht kleinen Dienst zu erweisen, wenn wir über jenen formalen Fehler fortsehen und zeigen, daß Diehls Lösung nicht nur nicht rodbertisch, sondern vor allem auch nicht ricardisch ist.

b) Der Diehlsche Rettungsversuch. Ricardo und die Monopol-Preistheorie.

Diehl stellt in seinem schon zitierten Werke seine Auffassung, daß Ricardo die Monopolpreistheorie als Erklärung gewisser realer Erscheinungen zugelassn habe, ausführlich und mit Berufung auf eine Anzahl von Sätzen des Meisters dar. Er schreibt unter dem Titel: „3. Die Rente als absolute Rente. Die Monopolrente“ folgendes [1]):

„Es ist eine Eigentümlichkeit der Ricardoschen Theorie, daß sie die schlechteste Bodenklasse oder richtiger die ungünstigste Kapitalanlage auf dem Boden rentelos sein läßt: die Rente ist unter der Voraussetzung, die Ricardo selbst macht, nur Differentialrente, keine allgemeine Rente. Die Voraussetzungen, von denen er ausgeht, sind die, daß entweder noch Boden schlechtester Qualität frei okkupierbar ist, so daß die Konkurrenz dieser Bodenbebauer untereinander die Bildung eines Monopolpreises unmöglich macht, oder aber, daß, wenn aller Boden okkupiert ist, die neuen Kapitalzusätze immer noch lohnende Erträge abwerfen; ist letzteres aber nicht mehr der Fall, weil weitere Kapitalzusätze nicht mehr vorteilhaft auf den Boden angelegt werden können und deshalb eine weitere Ausdehnung der landwirtschaftlichen Produktion zu den alten Preisen unmöglich ist, dann kommt der Monopolcharakter des Bodens tatsächlich zum Vorschein, und aller Boden bzw. alle Kapitalanlagen auf dem Boden werfen Rente ab. Ricardo leugnet nicht, daß diese Eventualität einmal eintreten kann; aber da er es als eine sehr entfernte Zukunftsmöglichkeit ansah, hat er diesen Fall nicht eingehend behandelt; aber er weist doch deutlich genug auf diese Möglichkeit hin.“

Von diesen Sätzen ist nur der erste völlig richtig und in der Tat eine gute und knappe Darstellung der Lehre. Von da an ist

---

[1]) l. c. S. 169.

aber fast alles unhaltbar, beruht vom Anfang bis zum Ende auf Mißverständnissen der Ricardoschen Theorie. Wir werden dieses harte Urteil sehr sorgfältig zu begründen haben.

1. Die Okkupation des Bodens.

Diehl sagt: „Die Voraussetzungen, von denen er (Ricardo) ausgeht, sind die, daß noch entweder Boden schlechtester Qualität frei okkupierbar ist [1]), so daß die Konkurrenz dieser Bodenbebauer untereinander die Bildung eines Monopolpreises unmöglich macht..." Von dieser angeblichen Voraussetzung Ricardos steht kein Wort in seinen Schriften, und Diehl selbst, der so viel und exakt zitiert, kann keine Stelle anführen, die diesen Sinn auch nur annähernd hätte.

Dabei wollen wir noch nicht einmal über den sehr unglücklichen Ausdruck „Boden schlechtester Qualität" rechten, sondern annehmen, daß Diehl hier von Boden spricht, der dem jeweilig in Anbau befindlichen „Grenzboden" an Qualität nachsteht. Aber auch in dieser Fassung steht der Satz weder dem Wortlaut noch dem Sinne nach in Ricardo, — und k a n n, wie wir sehen werden, auch gar nicht darin stehen. Diehl hat in Sätze von ganz anderem Sinne durch schwere Mißverständnisse seine Auffassung hineingelesen. Wir werden diese Sätze sofort zitieren, wollen aber zuvor Diehls Auffassung in dieser Frage noch näher betrachten.

An den folgenden Stellen spricht er augenscheinlich von diesem Gegenstande:

„Absolute Rente könnte nur dann eintreten, wenn aller Boden Monopolbesitz geworden ist — dies ist ein Fall, den Ricardo nur ganz kurz streift, bei seiner grundlegenden Betrachtung aber außer acht läßt." [2])

An anderer Stelle bemerkt er gegen Knies: „Ricardos Behauptung, daß der schlechteste Boden keine Rente trage" (auch hier handelt es sich nicht um den absolut schlechtesten, sondern um den geringsten jeweilig in Anbau befindlichen Boden) „gilt

---

[1]) Vgl. den fast identischen, oben angeführten Wortlaut S. 279.

[2]) Diehl l. c. S. 165.

immer nur unter der ökonomischen Voraussetzung, von der er ausgeht, daß Boden noch frei zu haben ist; fällt diese Voraussetzung fort, so hat auch die genannte Behauptung keinen Sinn mehr." [1])

Und auf der folgenden Seite heißt es: „Das, was Ricardo zur Voraussetzung seiner Theorie macht, daß nämlich noch Boden zur freien Verfügung der Ansiedler vorhanden ist, worauf er seine Annahme stützte, daß die ungünstigste Bodenanlage keine Rente trüge, ..."

Besonders charakteristisch ist schließlich folgende Ausführung:

„Es gibt drei hauptsächliche Möglichkeiten betreffs des Vorkommens der Grundrente je nach den ökonomischen Verhältnissen des betreffenden Landes.

a) In neu besiedelten Ländern mit Überfluß an frei okkupierbarem Boden erster Qualität kann es keine Rente geben....

b) Die Rente tritt erst bei vorgeschrittener Kultur in Erscheinung, aber nicht als absolute Rente, sondern nur als partielle Rente, d. h. als ein nur gewissen Bodenklassen zukommender Extragewinn.

c) Erst wenn aller Boden Monopolbesitz geworden ist[2]), gibt es eine allgemeine Rente. Wann dieser Fall eintritt, ist für jedes Land und für jede Zeit quaestio facti..."

Mit jenen anderen Stellen zusammengehalten, kann diese Ausführung unmöglich anders gedeutet werden, als daß Diehl von dem Augenblicke an, wo nicht mehr „Boden zur freien Verfügung der Ansiedler steht", allen Boden zum „Monopolbesitz" werden läßt, der eine allgemeine, d. h. absolute Rente, eine Monopol-Preisrente erhält.

Diehl steht mit dieser Meinung nicht allein. Unter andern vertritt auch Lexis die gleiche Auffassung. Wir zitieren aus seiner schon angeführten kritischen Abhandlung „Zur Kritik der Rodbertusschen Theorien" eine sehr charakteristische Ausführung[3]):

---

[1]) l. c. S. 234.

[2]) Im Original nicht gesperrt.

[3]) l. c. S. 470. Im Original nicht gesperrt.

„Sehen wir . . . von dem unmittelbaren Gebrauchswert und dem dadurch bedingten Verkehrswert des okkupierten Bodens ab und betrachten denselben nur als Produktionsmittel der notwendigsten Lebensbedürfnisse. Es ist einleuchtend, daß er auch als solcher einen Preis erhalten muß, sobald es in dem betreffenden Gebiete nicht mehr möglich ist, konkurrenzfähigen freien Boden unentgeltlich in Besitz zu nehmen. Wir nehmen dabei zunächst an, daß der ganze Boden des Gebiets von gleicher Güte ist. Solange unter dieser Voraussetzung die Okkupation nicht vollständig ist, haben die Grundstücke noch keinen Kapitalwert, und ihre Besitzer beziehen keine privatwirtschaftliche Grundrente, sondern haben nur vermöge ihres Kapitalbesitzes Anteil an der Gesamtrente der Unternehmerklasse. Ist aber kein freier Boden mehr übrig, und nimmt die Bevölkerung weiter zu, so entwickelt sich die privatwirtschaftliche Grundrente. Denn es ist unzweifelhaft, wenigstens von einem gewissen Punkte an, nicht mehr möglich, den Ertrag eines begrenzten Grundstückes fortwährend proportional dem aufgewandten Kapital zu vermehren. Die Grundbesitzer werden also dann imstande sein, für ihre Produkte Preise aufrechtzuerhalten, in denen außer ihrem Kapitalgewinn auch noch ein weiterer Zuschlag zu ihren Gunsten enthalten ist . . . . . Ist der Boden . . . . von verschiedener Qualität, so erzielen die Besitzer der besseren Grundstücke natürlich höhere Grundrenten, als die der geringeren, ... jedoch kann auch die niedrigste der benutzten Bodenklassen Grundrente abwerfen, wenn eben kein freier Boden dieser Gattung mehr vorhanden ist.

„So erhält also jedes Grundstück in einem völlig okkupierten Gebiete . . . . einen besonderen Kapitalwert, d. h. der Besitzer desselben ist imstande, zu den Selbstkosten seiner Erzeugnisse, nachdem er bereits seinen eigentlichen Kapitalgewinn in Rechnung gebracht, noch einen größeren oder geringeren Zuschlag zu machen, ohne daß die Konkurrenz der übrigen Grundbesitzer den auf diese Art zusammengesetzten Preis herabdrückte. Der Entstehungsgrund dieser privatwirtschaftlichen Grundrente liegt einfach in der schließlich hervortretenden Monopolstellung des Grundbesitzes, indem sowohl die Grundstücke der besseren Klassen, wie auch in einem begrenzten Kulturgebiete der Boden überhaupt, nur in einer beschränkten Ausdehnung vorhanden sind."

Auch hier besteht ganz zweifellos die gleiche Vorstellung, daß nach voller Okkupation des gesamten Bodens allgemeine, absolute, d. h. Monopol-Preisrente entstehen muß, so daß auch die „niedrigste der benutzten Bodenklassen Grundrente abwerfen muß". Noch klarer ist dieselbe Auffassung in folgenden Worten an anderer Stelle ausgesprochen [1]: „Wenn man indes die bei Ricardo selbstverständliche Voraussetzung annimmt, daß von dem Boden der letzten Klasse noch Überfluß vorhanden sei und jedermann noch solchen okkupieren könne, so erscheint die Ansicht der englischen Schule theoretisch gerechtfertigt...." (daß nämlich die unterste Bodenklasse nur Kapitalgewinn und keine Grundrente mehr abwerfe).

„Stillschweigend liegt freilich bei Ricardo auch die Annahme zugrunde, daß die Grundstücke der letzten Klasse auch in bezug auf ihre Marktlage völlig gleichartig sind. Wenn indes auch diese Bedingung erfüllt wäre, so könnte allerdings dadurch, daß der überschüssige Boden dieser Klasse bereits im Eigentum einzelner Personen stände, auch für diesen eine Grundrente erzwungen werden [2], indem die Eigentümer denselben nicht in dem Maße anbauen ließen oder selbst anbauten, wie es der fortschreitenden Nachfrage der Bevölkerung entspräche. Diese Möglichkeit ist aber eben von Ricardo nicht vorausgesetzt".

Wir finden demnach bei beiden Autoren die gleiche Vorstellung, daß nach Übergang allen Landes in das Privateigentum absolute Rente entstehe, m. a. W., daß aller Boden, auch der der untersten der angebauten Klassen, Grundrente abwerfe. Und wir finden ferner, wie gesagt, bei beiden Autoren die Vorstellung, daß sie sich hier in voller Übereinstimmung mit Ricardo befinden. Dieser Glaube ist irrig: er beruht auf der falschen Deutung einiger Ricardoschen Sätze.

Die wichtigste Stelle ist die folgende [3]:

---

[1]) Art. Grundrente im Hdwb. d. St. W. 2. Aufl., IV, S. 882/3.

[2]) Im Original nicht gesperrt.

[3]) Ricardo l. c. S. 42/43.

„Nach den allgemein bekannten Grundgesetzen von Begehr und Angebot kann für die Benutzung solchen Bodens aus dem angeführten Grunde keine Rente bezahlt werden, ebenso wie für den Gebrauch von Luft und Wasser oder irgend einer anderen Gabe der Natur, welche in unbegrenzter Menge vorhanden ist, auch nichts gegeben wird. Mit einer gegebenen Menge von Stoff, mit Hilfe des Druckes der Luft und mit der Federkraft des Dampfes können Maschinen Arbeit verrichten und die menschliche Arbeit sehr bedeutend abkürzen; aber für den Gebrauch dieser natürlichen Hilfsmittel bezahlt man nichts, weil sie unerschöpflich sind und jedermann frei zu Gebote stehen. Auf dieselbe Art machen der Brauer, Brenner, Färber ohne Unterlaß Gebrauch von Luft und Wasser zum Behufe der Hervorbringung ihrer Güter, allein, da ihre Menge grenzenlos ist, so haben sie keinen Preis. Wenn aller Boden die nämlichen Eigentümlichkeiten hätte, wenn seine Flächenausdehnung keine Grenzen hätte, wenn derselbe allgemein von gleicher Beschaffenheit wäre, so könnten für dessen Benutzung keine Lasten bedungen werden, ausgenommen, wo er mit seiner Lage ganz besondere Vorteile gewährete. Es wird demnach bloß aus dem Grunde eine Rente entrichtet, weil der Boden nicht in unendlicher Menge und allgemein gleicher Beschaffenheit vorhanden ist und bei zunehmender Bevölkerung Boden von geringerer Beschaffenheit oder weniger vorteilhafter Lage zum Anbaue genommen wird. Sobald infolge des Fortschreitens der Gesellschaft Boden von Fruchtbarkeit zweiten Grades zum Anbaue genommen wird, so beginnt die Rente unmittelbar auf jenem erster Güte, und der Betrag dieser Rente richtet sich nach dem Unterschiede der Beschaffenheit dieser zweierlei Bodenarten.“

Ähnlich heißt es Seite 45:

„Wenn nun also gutes Gelände in viel größerem Überflusse vorhanden, als zur Erzeugung der Nahrungsmittel für eine steigende Bevölkerung erforderlich ist, oder auch, wenn ins Unendliche hinaus Kapital ohne Ertragsverminderung auf alten Boden angewendet werden könnte, dann würde kein Steigen der Rente stattfinden können. Denn sie geht ohne Ausnahme aus der Anwendung eines Arbeitszusatzes von einem verhältnismäßig geringeren Erträgnisse hervor.“

An einer letzten Stelle kehrt Ricardo die Beweisführung um, um zu zeigen, daß sie auch so noch das gleiche Resultat ergibt[1]):

„Wäre Luft, Wasser, Federkraft des Dampfes und Druck der Luft von verschiedener Art und Beschaffenheit; könnten sie in ausschließlichen Besitz genommen werden und wäre eine jede Art und Beschaffenheit in mäßigem Vorrate vorhanden, dann würden sie so gut wie der Boden eine Rente geben, so wie sie nämlich allmählich mit abnehmender Güte nacheinander in Benutzung genommen würden. Mit jeder Anwendung einer schlechteren Art davon müßte jedesmal auch der Tauschwert der Güter, bei deren Verfertigung sie gebraucht wurden, steigen, weil eben gleiche Mengen von Arbeit immer weniger hervorbrächten."

Man kann diese Stellen mit der Lupe betrachten und wird nie etwas anderes darin finden können, als daß Ricardo unter der Voraussetzung unbegrenzten freien Bodens von gleicher Qualität, der jedermann zur Okkupation offen steht, die Bildung von Differentialrente für unmöglich erklärt hat: aber wie man aus ihnen herauslesen kann, daß er bei Fortfall dieser Bedingungen die Bildung von Monopolrente für nur möglich, geschweige denn für notwendig gehalten hat, das vermögen wir nicht zu erkennen.

Ricardo sagt hier klipp und klar, daß auch Luft und Wasser Differentialrente geben würden, wenn sie nicht in unbegrenzter Menge vorhanden wären und angeeignet werden könnten, und wenn sie von verschiedener Art und Beschaffenheit wären. Hätte er hier an eine Monopolrente gedacht, so hätte er sich die Hinzufügung dieser letzten Bedingung sparen können; denn nach der einfachen Monopol-Preistheorie genügt die Aneignung des ganzen Vorrats völlig, um die Bildung einer Monopolrente zu erklären. Und umgekehrt würde auch Land keine Differentialrente abwerfen, wenn es, wie Wasser und Luft, in unbegrenzter Menge und, das ist die entscheidende und darum an erster Stelle angeführte Bedingung, nicht die Aneignung, in ganz gleicher Art und Beschaffenheit vorhanden wäre.

---

[1]) l. c. S. 48/49.

Der Wortlaut gibt also nicht den geringsten Anlaß anzunehmen, daß Ricardo die Anschauung habe entwickeln wollen, daß nach Okkupation allen Bodens absolute Grundrente entstehen müsse oder auch nur könne. Im Gegenteil, wir sind der Meinung, daß der Wortlaut diese Deutung geradezu ausschließt. Jedenfalls aber wird sie durch den ganzen Zusammenhang der Theorie völlig ausgeschlossen, wie wir jetzt zu zeigen versuchen werden:

Die Erörterung geht, um es noch einmal mit aller Schärfe herzusetzen, um die Frage, ob das Grenzprodukt bei voller Okkupation Grundrente trägt oder nicht. Ist es der Fall, so hat die Monopoltheorie recht; gibt Ricardo zu, daß es unter dieser Voraussetzung der Fall sein kann, so erkennt er die Monopoltheorie für diesen Fall an, und Diehl und Lexis haben ihn richtig verstanden.

Es kann aber gar keine Rede davon sein, daß Ricardo dieses Anerkenntnis macht. Im Gegenteil: er schließt die Okkupation als Ursache des Monopolpreises mit aller Deutlichkeit ausdrücklich aus. Wir können auf weitere Zitate verzichten; nur die sehr kennzeichnende Tatsache sei hier hervorgehoben, daß das „zweite Hauptstück von der Rente“ sofort in den ersten Worten dieses Leitmotiv des ganzen Systems anschlägt: „Es bleibt aber nun noch zu betrachten übrig, ob die Aneignung von Grund und Boden und die erfolgende Bildung von Rente eine Veränderung im gegenseitigen Tauschwerte der Güter veranlaßt, unabhängig von der zur Hervorbringung nötigen Arbeitsmenge.“ Hier ist das Thema probandum gestellt: trotz der „Aneignung“, d. h. der rechtlichen „Okkupation“ kein Monopolpreis!

Das ist Ricardos Stellung zur Frage der Okkupation. Und so hat ihn auch Diehl selbst verstanden. Er schreibt in den ersten Sätzen seines Kommentars zur Grundrententheorie [1]), völlig in Übereinstimmung mit der hier vertretenen Auffassung: „Wir haben gesehen, daß — nach Ricardo — die auf die Güter verwandte Arbeitsmenge für ihren .... Tauschwert maßgebend ist .... Muß aber nicht noch ein weiterer

---

1) l. c. I. p. 159.

Kostenbestandteil hinzukommen, der nicht, wie das Kapital, auf Arbeit zurückgeführt werden kann und doch auf den Tauschwert von Einfluß ist? Alle Güter entstammen dem Boden: dieser steht im Privateigentum einzelner; wirkt dieses Privateigentum nicht so, daß noch ein neuer Kosten- und Preisbestandteil hinzukommt, nämlich eine Entschädigung für die Bodenbenutzung? Diese Frage beantwortet Ricardo mit seiner Rententheorie, und zwar in negativem Sinne[1]): eine Entschädigung für die Bodenbenutzung bildet keinen allgemeinen Preisbestandteil: es gibt keine allgemeine Rente. Die Tatsache des privaten Grundeigentums bewirkt keine Änderung des Wertgesetzes[1]): nach wie vor ist die in den Gütern enthaltene Arbeit für den Wert maßgebend[1]).

Hätte Diehl diese vollkommen korrekte und klare Auffassung festhalten können, so wäre er den Schlingen der falschen Okkupationstheorie entgangen. In der Tat behauptet Ricardo immer und überall, daß das „Getreide" unter allen Umständen (also auch bei voller Okkupation alles verfügbaren Bodens) auf die Dauer auf seinem natürlichen Preise stehen müsse. Er läßt nur eine einzige Ausnahme zu, diejenige des oben erwähnten „Casus hypotheticus irrealis". Darauf werden wir sofort ausführlichst eingehen; hier interessiert uns zunächst nur die Feststellung, daß diese Einschränkung die „volle Okkupation" nicht betrifft.

Von dieser einen Ausnahme abgesehen wiederholt er unaufhörlich als Kernsatz seiner Theorie, daß das Grenzprodukt immer die Grundrente Null trägt: „Dasjenige Getreide, welches durch die größte Arbeitsmenge erzeugt wurde, ist der Bestimmer der Getreidepreise; und die Rente ist auch nicht im mindesten ein Bestandteil der letzteren und kann es auch nicht sein". Und er fügt in einer Anmerkung hinzu: „Das klare eigentliche Verständnis dieses Grundgesetzes ist, ich bin dessen überzeugt, von der allergrößten Wichtigkeit für die Volkswirtschaftslehre." Er schließt den Absatz mit einer Polemik gegen A. Smith's Wertlehre: „Rohstoffe wandeln in die Zusammensetzung der meisten Güter hinein, aber ihr Tausch-

[1]) Im Orig. nicht gesperrt.

wert, so gut wie der des Getreides, wird durch die Hervorbringungsfähigkeit desjenigen Teiles des Kapitals, der zuletzt auf den Boden verwendet wurde und keine Rente bezahlt, bestimmt: und darum ist die Rente kein Bestandteil des Preises der Güter."[1])

Weiter unten bemerkt er gegen Say: „Ich sehe die Rente immer als Ergebnis eines teilweisen Monopols an und bin der Ansicht, daß sie niemals den Preis bestimmt, sondern eher eine Folge desselben ist."[2]) Und noch einmal betont er gegen Malthus: „Die Rente ist die Wirkung und nicht die Ursache des hohen Preises, und es befindet sich immer eine Bodenklasse in Anbau, welche gar keinerlei Rente abwirft und deren Getreideerwachs durch seinen Preis bloß den Arbeitslohn und Gewinn einträgt." [3])

Die letztangeführten Worte sind im Ausdruck nicht vollkommen korrekt. Worauf es Ricardo ankommt, ist die in den beiden anderen, eben zitierten Ausführungen enthaltene Feststellung, daß das Grenzprodukt oder, was ganz dasselbe sagt, das Grenzkapital niemals Rente trägt; und nichts anderes will er sagen, wenn er hier, nicht ganz korrekt, ausspricht, daß der Grenzboden niemals Rente trägt. Diese Deutung ergibt sich nicht nur aus dem Zusammenhang zwingend, sondern kann auch unmittelbar belegt werden. Er spricht mehrfach ausdrücklich aus, daß er nur so verstanden werden will. Wir bringen zum Beweise einige charakteristische Stellen. Er schreibt in einem Brief an Mc. Culloch[4]): „Say versucht zu zeigen, daß es keinen Boden gibt, der keine Rente trägt, und meint, daß ich dann widerlegt sei, wobei er nie den anderen Punkt bemerkt, auf den ich das größte Gewicht lege, daß in jedem Lande ein Teil des Kapitals, welches auf bereits in Kultur befindlichen Boden verwandt wird, vorhanden ist, für welches keine Rente bezahlt wird, oder richtiger,

[1]) Ricardo, l. c. S. 51. Im Original nicht gesperrt. Vgl. dazu die Bemerkungen gleichen Inhalts S. 296 ebenfalls gegen Smith bei Gelegenheit der Debatte über die Bergwerksrente.

[2]) l. c. S. 252. Im Original nicht gesperrt.

[3]) l. c. S. 379. Im Original nicht gesperrt.

[4]) Diehl, l. c. S. 170. Im Original nicht gesperrt.

daß keine Zusatzrente bezahlt wird infolge der Verwendung solchen zusätzlichen Kapitals." An Say selbst schreibt er über diese Frage: „Mein Gedankengang betreffend Rente, Profit und Steuern basiert auf der Annahme, daß es in jedem Lande Grundstücke gibt, welche keine Rente zahlen — *oder, daß Kapital auf bereits angebaute Ländereien verwandt wird, wofür keine Rente gezahlt wird.* Sie antworten auf den ersten Teil des Satzes und erwähnen nicht den zweiten; man darf sie aber nicht trennen."

Dasselbe sagt folgende, gleichfalls von Diehl angezogene Stelle aus den „Principles" [1]: „Wenn es wahr wäre, daß England im Bodenbau so weit vorgeschritten sei, daß es daselbst zurzeit keine Ländereien mehr gäbe, die keine Rente tragen, so würde es nicht minder wahr sein, daß es früher daselbst solche Ländereien gegeben haben muß, und daß es für diese Frage ganz ohne Bedeutung ist, ob es daselbst solche gibt oder nicht; denn es ist, *wenn in Großbritannien Kapital auf Boden verwendet wird, der bloß Ersatz für das Kapital samt dem üblichen Gewinste ergibt, ganz einerlei, ob es auf altem oder auf neuem Boden verwendet wird.*"

Aus diesen Auslassungen ergibt sich unzweideutig: Ricardo *glaubt* zwar, daß sich in jedem „Lande", — wir würden sagen: Wirtschaftskreise — ein angebauter Boden finden wird, der keine Grundrente trägt, aber er kann es nicht beweisen und hat *auch gar nicht nötig*, es zu beweisen. Denn, selbst wenn sich die praktisch unmögliche Feststellung machen ließe, daß der geringste in den Anbau einbezogene Boden eines Landes Grundrente trägt, so wäre gegen seine Theorie noch gar nichts bewiesen, *solange man ihm nicht auch demonstrieren kann, daß das letzte, das heißt das mindest ergiebige Kapital Grundrente trägt.* Erst wenn ihm dieser Nachweis erbracht ist, ist die Monopoltheorie bewiesen; solange aber das Grenzkapital die Rente Null trägt, steht das Ge-

---

[1] Ricardo, l. c. S. 295.

treide auf seinem natürlichen Preise, existiert nur Differentialrente.

Das ist der eigentliche Kern der Ricardoschen Grundrententheorie: nicht, wie so oft mißverständlich angenommen wird, die Herleitung der Rente aus dem Gesetz der sinkenden Erträge, nicht die Ableitung der Rentendifferenzen aus den natur- und verkehrsgegebenen Unterschieden der Rentierung, sondern die Feststellung, daß, wenn schon nicht Grenzboden mit der Rente Null, so doch unter allen Umständen ein Grenzprodukt mit der Rente Null vorhanden sein muß, und daß daher das „Getreide" niemals einen Monopolpreis haben kann.

Daran ändert sich auch nichts, wenn der ganze Boden eines Landes durch das Privateigentum einzelner okkupiert, dem Zugriff „jedermanns" entzogen ist. Ricardo hat das nicht behauptet und konnte es nicht behaupten. Lexis stellt es freilich in den angeführten Stellen so dar, als habe Ricardo seine Grundrententheorie unter voller Abstraktion von der ihm wohlbekannten Tatsache aufgestellt, daß die Kulturländer längst in diesem juristischen Sinne „okkupiert" waren. Das heißt nichts anderes, als Ricardo nachsagen, er habe seine Theorie in den leeren Raum gebaut; heißt kaum weniger als einem Physiker nachsagen, er „abstrahiere" bei seinen Untersuchungen über die Mechanik von der Schwerkraft. Nein, Ricardo hatte durchaus die gleiche Absicht, die jeder ernste Forscher hat: die realen Tatsachen seines Arbeitsgebietes zu erklären. Nichts lag ihm ferner als derartige logische Spielereien, die von der Wirklichkeit völlig abgelöst waren[1]). Wenn ein berühmter Forscher vom Range eines

---

[1]) Fonteyrand beurteilt R. richtiger, wenn er in seiner Einführung zu den Œuvres complètes (Paris 1882, p. II) schreibt:

„Il fait bon marché de tout cet art qui consiste à disposer symétriquement des syllogismes, à jongler avec des prémisses et des conséquences; il veut un triomphe réel au bout de chaque triomphe de logique, et si sa phrase marche, c' est pour arriver et non pour faire voir en marchant sa grace et sa souplesse. En un mot, et jusque dans ses principes, Ricardo écrit sous la dictée des événements et en vue d'un progrès réel, palpable."

Lexis, durch Gelehrsamkeit und Scharfsinn gleichmäßig hervorragend, dem scharfsinnigsten Meister der deduktiven Schule derartige Dinge zutraut, dann kann man sich allerdings nicht mehr wundern, wenn das Urteil der dii minorum gentium über die deduktive Methode so überaus wegwerfend, ja verächtlich ausfällt!

Ricardo konnte diese Theorie von der Entstehung der Monopol-Preisrente durch die Okkupation allen nutzbaren Landes aber nicht nur aus dem Grunde nicht vortragen, weil er damit seine eigene Theorie, die ja angeblich von der allgemeinen Tatsache dieser Okkupation absehen soll, als eine bloße Gedankenspielerei im leeren Raume hingestellt hätte, sondern auch noch aus einem anderen, ebenso durchschlagenden Grunde. Es war ihm aus psychologischen Ursachen ebenso unmöglich, der Okkupationstheorie Zugeständnisse zu machen, wie es ihm logisch möglich gewesen wäre.

Denn die Lehre, daß die Okkupation des ganzen nutzbaren Landes den Grundeigentümern ein Monopol in die Hand gebe, mittels dessen sie die Nichteigentümer ausbeuteten, war die Lehre der Sozialisten. Gerade zur Bekämpfung dieser feindlichen Theorie — wir erinnern an die Ausführungen im ersten Abschnitt — schuf Ricardo seine Grundrentenlehre: und da hätte er jene selbst vortragen sollen?!

Die bürgerliche Theorie war gegen die eine Fassung der sozialistischen Okkupationslehre, daß der Arbeiter durch Abzug von seinem natürlichen Arbeitslohn, als Produzent ausgebeutet werde, gegen die „Monopol-Lohn-Theorie", durch die Lehre vom Lohnfonds genügend verteidigt. Daher mußte es Ricardos ganzes Bemühen sein, auch die zweite Fassung der sozialistischen Okkupationslehre, die „Monopol-Preis-Theorie" durch den Nachweis zu widerlegen, daß trotz der Okkupation allen nutzbaren Bodens durch das Privateigentum dennoch die Nahrungsmittel niemals auf die Dauer (abgesehen von einem einzigen, vielleicht nie eintretenden, gewiß sehr fernen Grenzfall, den wir sofort eingehend darlegen werden), einen Monopolpreis erhalten können, d. h. daß der Arbeiter durch die Okkupation auch als Konsument nicht leide.

Diesen entscheidenden Nachweis hat Ricardo, wenn man seine Prämissen, die Arbeitswerttheorie und das Gesetz der sinkenden Erträge, als richtig zugibt, in der Tat in unwiderleglicher Weise geliefert. Die letzten möglichen Zweifel werden hoffentlich im nächsten Kapitel zerstreut werden. Und da liest man in ihn nicht nur Zugeständnisse an die von ihm gerade dadurch widerlegte sozialistische Monopol-Preistheorie hinein, sondern man läßt ihn geradezu vor ihr kapitulieren?!

Der logische Grund des Lexis-Diehlschen Mißverständnisses ist hier wie überall in solchen Streitfragen eine echte quaternio terminorum, hervorgerufen durch die Zweideutigkeit des Wortes „okkupieren". Okkupieren heißt das eine Mal: den Boden als privates Eigentum mit Beschlag belegen; das andere Mal bedeutet es: unbenutzten Boden in Anbau ziehen. Das erste ist ein rechtlicher, das zweite ein wirtschaftlicher Begriff. Beide müssen für die theoretische Betrachtung auf das schärfste auseinandergehalten werden, wenn auch unter der heutigen Rechtsordnung sehr oft die rechtliche Okkupation zeitlich mit der wirtschaftlichen zusammenfallen mag.

Ricardos Voraussetzung ist nun niemals die Möglichkeit unbeschränkter r e c h t l i c h e r, sondern nur die Möglichkeit unbeschränkter w i r t s c h a f t l i c h e r Okkupation. Es ist für seine Theorie völlig gleichgültig, ob Grund und Boden, der bisher unter der Anbaugrenze lag und deshalb keine Grundrente abwarf, bereits im Rechtseigentum eines Mitgliedes der Gesellschaft steht oder nicht. Sondern es kommt nur darauf an, daß überhaupt noch Boden von geringeren Klassen, als die bisher angebauten, wirtschaftlich zur Nahrungsmittelproduktion herangezogen werden kann; ja nicht einmal das ist strikte conditio sine qua non, sondern die eigentliche Bedingung, unter der die Bildung des Monopolpreises und der absoluten Rente unmöglich ist, ist die, daß noch neue Zusatzkapitale, die auf schon angebauten Boden angewendet werden, Erträge bringen. Das ist eben ausführlich nachgewiesen. Wenn Ricardo also von freiem Boden spricht oder freien Boden voraussetzt, so meint er nicht h e r r e n l o s e n, sondern u n g e n u t z t e n Acker.

Das Eigentumsrecht sogar an allem nutzbaren Boden kann aber nach der Ricardoschen Theorie niemals zu einer Monopol-Preisrente führen. Nehmen wir den Fall, daß die Böden erster und zweiter Klasse bebaut seien; aller geringere Boden sei bereits in den Händen von Privatpersonen. Die Bevölkerung wächst, mit ihr die Nachfrage und der Getreidepreis, bis der Punkt erreicht ist, wo der Boden dritter Klasse, wenn er bebaut wird, gerade Arbeitslohn und Kapitalgewinn einbringt, aber noch keine Rente. Jetzt ist der Fall denkbar, daß die Grundbesitzer keine Neigung verspüren, ihr eigenes Kapital auf die Klasse drei zu verwenden und den Boden selbst zu bewirtschaften, oder, daß sie kein eigenes Kapital von genügendem Umfang besitzen. Dann bleibt dieser Boden noch einige Zeit unbebaut, da kein Pächter Rente bieten kann. Aber trotzdem erhält das Getreide keinen Monopolpreis. Denn nun investieren die Pächter der beiden ersten Bodenklassen nur um so mehr „Zusatzkapitale", die ja jetzt trotz der geringeren Erträge rentieren, weil der Preis gestiegen ist — und das Grenzprodukt trägt nach wie vor die Rente Null. Bevölkerung und Getreidepreis steigen weiter, bis der Kapitalist dem Eigner von Boden drei eine — freilich sehr geringe — Rente (wenn man mathematisch deduziert, geradezu ein Differential von Rente) anbieten kann.

[Übrigens ist die Voraussetzung, daß es allein von dem Willen der Eigentümer abhängt, ob Boden drei in Anbau genommen wird, nur teilweise möglich. Die Späteren weisen mit Recht darauf hin, daß eine Pachtung in der Regel Böden geringerer Qualität enthält, für die keine Rente bezahlt wird. Denn die Pacht bestimmt sich nach der Rente der besseren Böden, wenn sie auch berechnet wird als Durchschnittssatz auf die Gesamtfläche. Diese, der Verfügung des Pächters unterstellten geringeren Böden werden sofort angebaut, sobald der Getreidepreis Arbeitslohn und Profit hereinbringt.]

Umgekehrt würde sich nach Ricardo durchaus nichts ändern, wenn aller noch nicht wirtschaftlich okkupierte Boden auch rechtlich noch frei wäre, wenn also etwa ein Staatsgesetz das freie Okkupationsrecht durch die bei den Naturvölkern weit verbreitete „Rückennutzung" einschränkte. Der juristische Eigentumstitel an sich ist wertlos; er erhält seinen wirtschaftlichen Inhalt erst durch die „natürliche" Preisgestaltung. Ob schon vorher juristisch oder erst bei der wirtschaftlichen Okkupation angeeignet: der Boden trägt immer genau die gleiche Rente. Boden zwei erhält erst Rente, wenn der Getreidepreis zeigt, daß Boden drei angebaut werden muß, ganz gleichgültig, ob Boden vier usw. schon seinen Eigentümer hat oder nicht.

Und so geht es bei steigender Bevölkerung und steigenden Getreidepreisen weiter zu den Böden vierter, fünfter, n-ter Klasse. Und sollte wirklich zuletzt aller Boden des betreffenden Landes „okkupiert", d. h. in den Anbau einbezogen sein, so folgt die Investition neuer Zusatzkapitale auf den Böden aller Klassen. Niemals kann hier Monopolrente entstehen, immer gibt es ein Grenzprodukt mit der Rente Null, immer steht das Getreide daher auf seinem natürlichen Preise. Mit einer einzigen Ausnahme!

2. Der Zeitpunkt der Krisis.

In der Tat kann nämlich nach Ricardo einmal ein Zeitpunkt eintreten, wo dennoch auch das Grenzprodukt eine Grundrente von mehr als Null trägt, wo mithin das Getreide über seinen natürlichen Preis hinaus auf einen Monopolpreis getrieben wird und die absolute, die Monopolrente das Feld beherrscht.

Wann tritt der Zeitpunkt dieser Krisis ein? Diehl nimmt in dieser Frage eine zwiespältige Haltung ein. Das eine Mal sagt er, daß Ricardo „diese Eventualität ... als eine sehr entfernte Zukunftsmöglichkeit ansah" [1]); das andere Mal stellt er es so dar, als habe Ricardo diesen Zeitpunkt in einzelnen Fällen als schon eingetreten betrachtet. Wir führen die in dem letzten Sinne gedeuteten Sätze zuerst an [2]):

„Daß Ricardo eine „absolute Rente" anerkennt, geht auch daraus hervor, daß er einmal gerade Amerika, das sonst als Muster eines Landes mit reichlichem „rentelosen" Boden gilt, als das

[1]) Diehl, l. c. S. 169.
[2]) Diehl, l. c. S. 171/72.

Land anführt, wo aller Boden „Rente" zahle; diese Rente stellt sich nach Ricardo als Verzinsung des Kaufpreises dar: „In Amerika, meine ich, gibt es keinen Boden, für den nicht Rente gezahlt würde, aber dies ist in seinen eigentümlichen Einrichtungen begründet. Die Regierung ist Eigentümerin alles unkultivierten Bodens im Innern des Landes, welchen sie sich bereit erklärt zu verkaufen und tatsächlich täglich verkauft zu dem mäßigen Preise von zwei Dollars für den Acre. — Die Rente muß demnach überall in Amerika mindestens zwei Dollars für den Acre ausmachen; aber diese Tatsache ändert an dem Prinzip nichts."

Ist es wirklich notwendig, für diese Sätze die Erklärung in Ricardos Sinne noch ausdrücklich zu formulieren? Er würde antworten, daß diese „Rente" gar keine Grundrente ist, sondern — Steuer. Denn der Begriff der Grundrente verliert jeden Sinn, wenn man ihn nicht auf das Einkommen von Privatsubjekten aus privatem Grundeigentum beschränkt. Als Steuer aber fällt diese Last unter dieselben Gesichtspunkte, unter denen Ricardo die Grundsteuern im allgemeinen behandelt. „Wenn eine Grundsteuer auf alles angebaute Land gelegt wird, so wird sie, wenn sie auch noch so mäßig wäre, eine Auflage auf Erzeugnisse sein und deshalb die Preise der Erzeugnisse steigern. Ist der Boden Nr. 3 zuletzt in Anbau genommen, so wird derselbe, wenngleich er keine Rente bezahlen sollte, nach der Umlage der Steuer nicht mehr bebaut werden und nicht den allgemeinen Gewinstsatz ertragen können, wenn nicht die Preise der Erzeugnisse steigen, bis sie die Steuer vergütigen. Entweder wird Kapital von dieser Anlage zurückgehalten, bis der Getreidepreis infolge des Begehres hinlänglich gestiegen sein wird, um den üblichen Gewinn zu geben; oder es wird, wenn es bereits auf solchen Boden angewendet war, denselben verlassen, um eine vorteilhaftere Anlage zu suchen." [1])

Wir dürfen wohl annehmen, daß es nicht erforderlich ist, des breiteren auseinanderzusetzen, wie die Anwendung dieser für ein schon angebautes Land aufgestellten Sätze auf ein Land zu erfolgen hat, das erst erschlossen wird. Niemand wird bezweifeln

[1]) Ricardo l. c. S. 152.

wollen, daß auch hier, trotz der vom Staate erhobenen sogenannten Rente, die dem Grenzbauern zufließende Privatrente gleich Null ist.

Etwas ernster ist Diehls Hinweis darauf zu nehmen, daß Ricardo mehrfach von einer „ganz geringen Rente" spricht, die der schlechteste Boden abwirft. Diehl zitiert aus einem Briefe an I. B. Say: „Die Rente ist die Wirkung des Monopols, welches die Erde genießt, und muß sich mit dem Werte des Brotes erhöhen und mit den Schwierigkeiten, welche es macht, mehr davon zu bekommen. Aber das letzte Brot, welches diese Schwierigkeiten überwindet, bezahlt nur wenig oder gar keine Rente dem Eigentümer ....." [1])

Diese Stelle läßt verschiedene Auslegungen im Sinne Ricardos zu. Man könnte daran denken, daß wenn von einem einzelnen Brote die Rede ist, Ricardo sich daran erinnert, daß sein Rentengesetz natürlich nur für den Durchschnitt, d. h. unter der Voraussetzung eines mit dem „Werte" genau übereinstimmenden Preises des Urproduktes Geltung habe. Im einzelnen Falle aber kann natürlich der Preis über dem Werte stehen, und dann wirft das Produkt einer solchen günstigen Periode dem Landwirt ein Surplus, eine sehr geringe Rente, ab.

Uns will jedoch eine andere Erklärung wahrscheinlicher bedünken. Ricardo läßt, wie wir mehrfach darstellten, die Preissteigerung des Getreides zeitlich der Ausdehnung des Anbaus und der Investition neuen Kapitals vorangehen. In dieser Zwischenzeit, bis also die neuen Kapitale bereitgestellt, angelegt und wirksam geworden sind, haben alle Grenzböden und alle Grenzkapitale einen kleinen, schnell vorübergehenden Vorteil an dem den „natürlichen Preis" etwas überschreitenden Getreidepreise. Hier entsteht in der Tat, wenn man es auf Spitz und Knopf nehmen will, auf sehr kurze Zeit ein Differential von Monopolrente. Wenn wir die Briefstelle an Say richtig deuten, dann haben wir hier einen von den Fällen, wo „das Getreide eines Landes wohl für eine Zeitlang zu einem Monopolpreise verkauft werden kann." [2])

---

[1]) Diehl l. c. S. 173.

[2]) „Auf die nämliche Weise kann das Getreide mit jeder Zunahme der Nachfrage danach so hoch steigen, daß es dem Pächter mehr als den allgemeinen

Damit dürften diejenigen Stellen befriedigend im Sinne der Naturrechtslehre gedeutet sein, die Diehl als Belege für seine Auffassung anzieht, daß Ricardo die Monopoltheorie in einzelnen Fällen als schon in Kraft befindlich ansieht. Wir wenden uns jetzt zu den viel wichtigeren Sätzen, aus denen nach Diehl hervorgeht, daß Ricardo die Entstehung der Monopolrente „als eine sehr entfernte Zukunftsmöglichkeit ansah“ [1]). Es sind deren namentlich zwei:

Die eine haben wir bereits einleitend angeführt; es ist unser „Casus hypotheticus irrealis“. Wir setzen die ungemein wichtige Stelle noch einmal hierher:

„Das Getreide und die Roherzeugnisse eines Landes können wohl für eine Zeitlang zu einem Monopolpreise verkauft werden; aber sie können es auf die Dauer nur, wenn kein Kapital mehr vorteilhaft auf die Grundstücke angelegt werden kann und wenn deshalb ihr Produkt nicht vermehrt werden kann. Dann wird jedes in Bebauung befindliche Stück Land und jeder Teil des auf den Boden angewandten Kapitals eine Rente tragen, die natürlich im Verhältnis zur Verschiedenheit des Ertrages verschieden groß ist.“ [2])

Die zweite Stelle findet sich fast unmittelbar anschließend: „Ich hoffe, ich habe zur Genüge klar gemacht, daß, bis ein Land in allen seinen Teilen bebaut ist, und zwar im höchsten Grade, immer ein Teil des Kapitals auf Boden verwendet ist, der keine Rente abwirft.“ [3])

In diesen beiden Stellen anerkennt Ricardo, das ist nicht zu bestreiten, allerdings klipp und klar eine Ausnahme von seinem Kernsatz, daß das Grenzprodukt niemals Rente tragen kann; er

---

Gewinn einbringt.....Nachdem das erforderliche Kapital zu seiner Hervorbringung angewendet worden ist .... wird der Gewinn wieder sein wie zuvor.“ (Ric. l. c. S. 92.)

Auf S. 91 erörtert er den gleichen Fall eines vorübergehenden Monopolpreises, wenn der durchschnittliche Profitsatz sinkt.

[1]) l. c. S. 169.

[2]) Ricardo, l. c. S. 219. Gesperrte Stellen im Original nicht gesperrt.

[3]) Ricardo, l. c. S. 220/1. Im Original nichts gesperrt.

gibt, mit andern Worten, zu, daß unter bestimmten Bedingungen absolute, Monopolrente entstehen kann.

Worin bestehen diese Bedingungen, wann sind sie gegeben?

Diehl hat in der zu Anfang dieser Betrachtung über die Monopoltheorie angeführten Auseinandersetzung die beiden eben formulierten Unterfragen dieser Hauptfrage zu beantworten unternommen. Es handelt sich jetzt um die zweite der „Voraussetzungen", unter denen, nach Diehl, Ricardo das Entstehen von Monopolrente für möglich erklärt. (Die erste war, wie man sich erinnert, die hoffentlich nunmehr abgetane Okkupationstheorie.) Wir setzen die Worte Diehls noch einmal hierher:

Allgemeine, absolute Rente kann nicht entstehen unter der Voraussetzung, „daß, wenn aller Boden okkupiert ist, die neuen Kapitalzusätze immer noch lohnende Erträge abwerfen — ist letzteres aber nicht mehr der Fall, weil weitere Kapitalzusätze nicht mehr vorteilhaft auf den Boden angelegt werden können und deshalb eine weitere Ausdehnung der landwirtschaftlichen Produktion zu den alten Preisen unmöglich ist, dann kommt der Monopolcharakter des Bodens tatsächlich zum Vorschein und aller Boden resp. alle Kapitalanlagen auf den Boden werfen Rente ab" [1]).

In diesen Sätzen ist die erste der beiden Unterfragen völlig richtig beantwortet: in der Tat kann nach Ricardo ein Monopolpreis und absolute Rente nur dann entstehen, wenn „weitere Kapitalzusätze nicht mehr vorteilhaft auf den Boden angelegt werden können".

Dagegen ist die zweite Unterfrage, w a n n die Bedingungen gegeben sind, hier v ö l l i g f a l s c h b e a n t w o r t e t. Und nur darum gelangt Diehl zu der u. E. irrigen Annahme, Ricardo habe zugestanden, daß irgendwo irgendwann Monopol-Preisrente dauernd bestanden habe, bestehe oder in naher Zukunft bestehen könne. Er deutet die Stelle so, als handle es sich um Dinge, die sich innerhalb der Sphäre der privatwirtschaftlichen Rentabilitätsrechnung abspielen. Zu irgend einer Zeit machen die landwirtschaftlichen Unternehmer die Entdeckung, daß sie kein neues

---

[1]) Diehl l. c. S. 169.

Kapital auf die Bodenkultur anwenden können, weil es sich nicht mehr rentiert. Sie investieren daher ihr verfügbares Kapital in Handel und Industrie, der Rohertrag der Äcker wächst nicht mehr — und nun entsteht bei weiterer Zunahme der Bevölkerung Monopol-Preisrente, weil das Grenzprodukt (und mit ihm natürlich auch alle unter günstigeren Bedingungen hergestellten Produkte) über ihren natürlichen Preis steigen.

Wir glauben nicht, daß Diehl anders interpretiert werden kann, denn sonst hätte er unmöglich versuchen können, den Rodbertusschen Angriff unter Berufung auf diese Sätze abzuweisen.

Seine Auffassung ist aber unhaltbar. Denn es sind immer nur zwei Fälle möglich, wenn man einen beliebigen Zeitpunkt ins Auge faßt, wo noch ein Grenzprodukt mit der Rente Null vorhanden ist:

Entweder wächst die Bevölkerung nicht: dann entsteht natürlich keine Monopol-Preisrente,

oder die Bevölkerung wächst: dann steigt der Getreidepreis, bis neue Kapitalanwendungen rentabel werden.

Der dritte Fall, der in den strittigen Sätzen Ricardos formuliert scheint, ist *unter normalen Bedingungen* undenkbar, eine Contradictio in adjecto. Er würde, scharf formuliert, lauten:

„Die Bevölkerung wächst unaufhörlich — aber nicht der Getreidepreis, und deshalb sind neue Kapitalaufwendungen auf die Landgüter unrentabel.“

Unmöglich kann Ricardo diesen Widersinn gedacht haben. Wie ist also die dunkle Stelle zu verstehen?

Sie bezieht sich eben nicht auf normale Bedingungen, sondern auf die abnormen Bedingungen eines vielleicht „in sehr entfernter Zukunft möglichen“ *Grenzfalles*. Die strittigen Sätze ziehen, um es mit einem Worte zu kennzeichnen, *die letzten mathematischen Konsequenzen aus dem „Gesetz des sinkenden Spielraums“*. Ricardo leitet hier aus seinem Rentengesetz die gleiche *tragische Schlußkatastrophe der Menschheit* ab, die Malthus aus seinem „Bevölkerungsgesetz“ entwickelte, das ja zu den gleichen

Folgerungen führen muß wie das Rentengesetz, weil es eine ihm äußerst nahe verwandte, fast gleichlaufende Ableitung aus der gleichen Prämisse, eben dem Gesetz des sinkenden Spielraums, ist.

Man muß, um die Stelle zu verstehen, einige Sätze aus dem VI. Hauptstück „Von den Gewinsten" heranziehen, die folgendermaßen lauten:

„Das natürliche Streben des Gewinstes ist demnach, zu sinken; denn bei dem Fortschreiten der Gesellschaft und des Volkswohlstandes erlangt man den erforderlichen Mehrbedarf an Nahrungsmitteln durch Aufopferung von mehr und mehr Arbeit .... Das Steigen des Preises der Bedürfnisse und des Arbeitslohnes hat jedoch auch seine Grenzen; denn sobald der Arbeitslohn .... der ganzen Einnahme des Pächters gleichkäme, dann müßte auch die Kapitalansammlung ein Ende haben; denn kein Kapital kann alsdann noch irgendeinen Gewinst abwerfen, und keine Vermehrung der Arbeit kann begehrt werden, und folglich wird die Bevölkerung ihren höchsten Standpunkt erreicht haben. Wirklich wird schon lange vor diesem Zeitabschnitte der sehr niedrige Gewinstsatz alle Kapitalansammlung zum Stillstande gebracht haben, und schier das ganze Erzeugnis des Landes, nach Bezahlung der Arbeiter, wird Eigentum der Grundeigentümer, der Zehnt- und Steuererheber sein." [1])

Hier entwirft die „dismal science" das Bild eines Weltenendes, der Götterdämmerung der menschlichen Gesellschaft. Und auf den gleichen Zeitpunkt beziehen sich auch diejenigen Sätze Ricardos, über deren Auslegung wir hier mit Diehl streiten: auch sie enthalten eine fast kosmische Perspektive! Auf die Frage, kann und wann kann eine Monopolrente entstehen, antwortet er mit schwerem Ernst: „Sie kann entstehen und wird vielleicht entstehen, aber nicht, ehe das unentrinnbare Naturgesetz, das die menschliche Gesellschaft zum Untergang verurteilt hat, in schrecklicher Majestät seinen Gang vollendet hat, allen Anstrengungen der Ohnmächtigen zum Trotze."

---

[1]) Ricardo l. c. p. 92/93 im Orig. nichts gesperrt.

Erst wenn die Ergiebigkeit der Ackerproduktion kraft des Gesetzes der sinkenden Erträge so tief gesunken ist, daß der Arbeitslohn fast den ganzen oder, mathematisch deduziert, den ganzen Gewinst verschlungen hat, erst dann kann Monopolrente entstehen. Denn jetzt kann kein neues Kapital mehr gebildet werden, weil „der Stachel des Gewinnes abgestumpft ist“ [1]), und daher ist die Anlage neuen Kapitals auf den Boden unmöglich; würde aber selbst noch Kapital gebildet, so könnte es doch nicht mehr in der Bodenkultur angelegt werden, weil es nur bei höherem Getreidepreise den üblichen Gewinstsatz ergeben könnte: aber ein höherer Getreidepreis ist hier unmöglich, weil der Lohn bereits seine äußerste denkbare Höhe erreicht hat, so daß die Volksmasse unmöglich einen noch weiter steigenden Preis bewilligen kann. Dementsprechend fährt denn auch Ricardo, an unsere strittige Stelle unmittelbar anschließend, fort: „Der Pächter kann den Preis seines Getreides nicht erhöhen, weil es, der Annahme gemäß, bereits auf dem höchsten Preise steht, zu welchem es die Käufer nehmen wollen oder können.“ [2])

Das ist der Sinn der Ricardoschen Sätze: Monopolpreis-Rente kann niemals entstehen, bis nicht der Acker an der absoluten Grenze seiner Ergiebigkeit angelangt ist. Der Zeitpunkt dieser Krisis ist also an den Eintritt einer auf das genaueste bestimmten Bedingung geknüpft, wie bei einem Denker vom Range Ricardos nicht anders angenommen werden kann. Schon diese Gründe sollten für unsere Auffassung entscheiden, daß die strittigen Sätze nur den von uns unterlegten Sinn haben können.

Zur vollen Evidenz erwiesen wird das aber u. E. durch folgende Indizien:

Erstens: Die Sätze passen nur in unserer Deutung in den Zusammenhang des Kapitels, in dem sie stehen, während sie in der Diehlschen Auffassung diesen Zusammenhang geradezu zerreißen

---

[1]) Marx, Das Kapital (IV. Aufl.) I. p. 583/84, vgl. dazu mein „Grundgesetz der Marxschen Gesellschaftslehre“, p. 36 ff.

[2]) l. c. p. 219 im Orig. nicht gesperrt.

würden. Die ganze zweite Hälfte des XVII. Hauptstückes: „Auflagen auf andere Güter als Roherzeugnisse“ ist lediglich dem einen Zwecke gewidmet, nachzuweisen, daß Roherzeugnisse *niemals* — abgesehen von der *einen* Ausnahme — auf einem Monopolpreise stehen *können*. Bereits zwei ganze Absätze vor unserer strittigen Stelle untersucht Ricardo die Bedingungen, unter denen eine Ware auf einem Monopolpreise stehen kann, nämlich „nur dann, wenn ihre Menge mittels gar keiner Erfindung vermehrt werden kann und deshalb der Mitbewerb ganz auf einer Seite, nämlich unter den Käufern, stattfindet“. Nachdem er an dem bekannten Beispiele edler Weine und seltener Kunstwerke gezeigt hat, daß ihr Tauschwert „nirgend durch die Hervorbringungskosten bestimmt wird“, fährt er unmittelbar fort:

„*Roherzeugnisse stehen nicht auf einem Monopolpreise*, weil der Marktpreis der Gerste und des Weizens ebenso sehr durch ihre Hervorbringungskosten bestimmt wird, wie der Marktpreis von Tuch und Leinewand. ..... Getreide und andere Roherzeugnisse können zudem, durch *Anwendung von mehr Kapital auf den Boden*, der Menge nach vermehrt werden und *stehen darum auch nicht auf einem Monopolpreise*. Da besteht Mitbewerb unter den Verkäufern so gut wie unter den Käufern.“ [1])

Dann kommt im nächsten Absatz unsere strittige Stelle.

In den beiden folgenden Absätzen polemisiert Ricardo gegen Buchanan. Er bestreitet dessen These, daß das Getreide und die Roherzeugnisse auf einem Monopolpreise stehen, auf das entschiedenste. Hier findet sich die zweite, von Diehl *für* die angeblich ricardische Monopol-Preistheorie angezogene Stelle, aber *gegen* sie gewendet: „Allein ich hoffe, ich habe zur Genüge klargemacht, daß, bis ein Land in allen seinen Teilen bebauet ist, *und zwar im höchsten Grade*, immer ein Teil des Kapitals auf Boden verwendet ist, der keine Rente abwirft.“ Daran schließt sich wieder eine Anführung aus Ad. Smith, zu der Ricardo

---

[1]) Ricardo l. c. S. 218/9. Im Original hier und in den folgenden Zitaten nichts gesperrt.

ausdrücklich mit Genugtuung erklärt, sie entspreche seiner Auffassung vollkommen, daß das Getreide nicht Monopolpreis haben kann. Und den Schluß des Kapitels bildet eine Polemik gegen Say, der, ebenso wie Buchanan, Anhänger der Monopol-Preistheorie sei.

Wir haben hier also eine Folge von stark sieben Seiten der deutschen Übersetzung, auf denen Ricardo unaufhörlich, entwickelnd und polemisierend, seinen Kernsatz vorträgt, und zwar nicht bloß implizite, sondern mit aller denkbaren Entschiedenheit: „Roherzeugnisse stehen nicht auf einem Monopolpreise!" Und da sollte mitten drin in zwei kurzen Auslassungen von sechs und sechs Zeilen das genaue Gegenteil behauptet sein?! Ohne daß Ricardo die Bedingungen, unter denen in irgendeinem Lande Monopol-Preisrente schon entstanden ist oder bald entstehen kann, auf das sorgfältigste bestimmte?! Er sollte über diese Ausnahme so leichthin forthuschen, gleichsam als wünsche er, daß der Leser die Lücke nicht merke?! Wer, das glauben kann, kennt diesen zähen Wahrheitssucher sehr schlecht.

Ja, handelte es sich um irgendeine geringfügige Nebensache, so könnte man allenfalls an eine solche Erklärung denken. Aber es handelt sich hier, das hoffen wir in der Erörterung der Okkupationstheorie zur Genüge dargetan zu haben, um das das ganze System tragende Grundgesetz. Die Rententheorie ist die logische Prämisse der Arbeitswerttheorie, die nur durch diese Ableitung gegen die Smithsche Kostenwerttheorie zum Siege gelangte: mit dem Nachweis, daß keine Grundrente in den Tauschwert der Waren eingeht, steht und fällt die Wertlehre, und sie wieder ist das Fundament des ganzen übrigen Aufbaues.

Nirgend findet sich in diesem großartigen Gedankenbau ein einziger Satz, der bei billiger Interpretation als Zugeständnis gedeutet werden dürfte, daß trotz alledem irgendwo Monopol-Preisrente entstehen könnte, daß also die Arbeitskosten hier nicht mehr den Tauschwert bestimmen, m. a. W., daß eine bürgerliche Gesellschaft funktionieren könne, deren Ökonomik von ganz anderen als den von Ricardo entdeckten Gesetzen beherrscht sei:

Die Diehlsche Deutung, daß irgendwo irgendwann vor dem Zeitpunkt der Krisis Monopolrente entstehen könnte, zerreißt also den logischen Zusammenhang des Kapitels, während unsere Deutung es erst zur logischen Einheit macht. Weshalb entwickelt wohl Ricardo in den beiden voraufgehenden Absätzen die Lehre, daß „nur diejenigen Waren auf einem Monopolpreise stehen, deren Menge mittels keinerlei Erfindung vermehrt werden kann"? Doch wahrlich aus keinem andern Grunde, als um zu zeigen, daß auch das Getreide nur dann zu einem Monopolpreise gelangen kann, wenn auch seine „Menge mittels keiner Erfindung vermehrt werden kann".

Es ist einfach die Methode des indirekten Beweises, die Ricardo hier anwendet: sein Grundgesetz erleidet nur eine Ausnahme — diese Ausnahme aber ist ein casus hypotheticus irrealis, irreal mindestens noch für lange Zeiträume: folglich ist jede Erklärung der Grundrente in Vergangenheit und Gegenwart und nächster Zukunft aus einem Monopolpreise des Getreides widerlegt! Q. e. d.

Zweitens: Wenn aber doch noch Zweifel bestehen sollten, so müssen sie vor dem klaren Wortlaut Ricardos selbst verschwinden: Die zweite von Diehl als Beleg für seine Auffassung Ricardos angezogene Stelle enthält nämlich in unzweideutigster, an Knappheit und Klarheit gar nicht zu überbietender Formel die hier vertretene Meinung: Monopol-Preisrente kann nicht eher entstehen, als „bis ein Land in allen seinen Teilen bebaut ist, und zwar im höchsten Grade". Man braucht Ricardo hier nur so wörtlich zu nehmen, wie er es überall und durchaus beanspruchen kann, und man hat den klaren Sinn in der Hand: Monopol-Preisrente kann nicht eher entstehen, als bis aller nutzbare Boden bis zur absoluten Grenze seiner Ertragsfähigkeit bebaut ist.

Drittens und letztens erscheint uns gerade die Kürze und scheinbare Dunkelheit, mit der Ricardo diese einzige Ausnahme behandelt, als schlagender Beweis für die Richtigkeit unserer Deutung. Ricardo wußte, daß jeder seiner zeitgenössischen, fachmännischen

Leser ihn ohne Schwierigkeit sofort seinem vollen Sinn nach verstehen müsse, fasse er sich auch so kurz wie nur denkbar; denn er sprach hier von einem Grenzfall, der das Denken der bürgerlichen Ökonomen seiner Zeit durchaus beherrschte,[1]) der jedem von ihnen fortwährend vor Augen stand, so daß es genügte, ihn nur in Andeutungen zu streifen, um sofort den ganzen Komplex von Problemen dem Leser zum Bewußtsein zu bringen.

Er spricht von der ungeheuren Tragödie des jüngsten Menschheitstages; Diehl aber macht daraus — eine Hilfshypothese zur Erklärung gewisser Schwierigkeiten, die ihm irrigerweise nur aus der von ihm in Ricardo hineinkonstruierten, ganz unricardischen „Monopol-Preistheorie" verständlich erscheinen.

Allerdings wird man billigerweise Diehl zugute rechnen müssen, daß die dunkle Stelle bisher augenscheinlich sehr selten richtig verstanden worden ist. Wie groß die Schwierigkeiten sind, läßt sich an nichts besser erkennen als an der ersten, von S. F. Constancio besorgten, von niemand geringerem als J. B. Say kommentierten französischen Ausgabe. Hier lautet die Übersetzung folgendermaßen: „mais, cela ne peut avoir de durée que lorsqu'il n'est plus possible d'employer de nouveaux capitaux sur les terres d'une manière productive,

[1]) Mill z. B. hat Ricardo völlig richtig verstanden, vgl. Buch II, Kap. XVI, § 5 (S. 305, der Soetbeerschen Übersetzung, Hamburg 1864) und III, Kap. V, § 2, (S. 339): „Wir können uns ein Land vorstellen, so stark bevölkert, und dessen anbaufähiger Boden so vollständig in Besitz genommen worden, daß die Hervorbringung einer größeren Quantität Produkte mehr Arbeitskraft erforderte, als dieser Ertrag ernähren würde; und wenn wir nun weiter voraussetzen, daß dies die Lage der ganzen Welt sei oder eines von auswärtiger Zufuhr abgeschnitteren Landes — dann würden allerdings, wenn die Bevölkerungszunahme fortginge, sowohl der Boden als auch dessen Erzeugnisse zu einem Monopol- oder Seltenheitspreise steigen. Dieser Zustand der Dinge kann aber in Wirklichkeit niemals irgendwo bestanden haben (außer möglicherweise auf einer kleinen, von der übrigen Welt gänzlich abgeschnittenen Insel), noch droht irgend welche Gefahr, daß er eintreten sollte . . . . "

et quand par conséquence les produits ne peuvent être augmentés.“ [1])

Man vergleiche mit dem englischen Urtext:

„The corn and raw produce of a country may, indeed, for a time sell at a monopoly price; but they can do so permanently only when no more capital can be p r o f i t a b l y employed on the lands and when, therefore, their produce cannot be increased.“ [2])

Constancio hat, wie man sieht, in seiner sonst getreuen Übersetzung das englische Wort „profitably“ mit „productiv“ übersetzt, hat einen Ausdruck aus der Kategorie der Produktivität anstatt eines solchen aus der Kategorie der Rentabilität gewählt. Die Übersetzung ist ohne Zweifel falsch [3]), aber der Übersetzer hat sie augenscheinlich gewählt, weil er den Text, wie er ihm vorlag, nicht verstand, während der von ihm unterschobene Text nicht nur einen möglichen, sondern sogar, mit nur geringer Abweichung in der Ableitung, den richtigen Sinn ergab. Denn der kritische Punkt, wo der Boden auch auf die größten Kapitalaufwendungen nichts mehr hergibt, ist auch der Punkt, wo der Profit verschwindet, und wo der Zehrer keinen höheren Getreidepreis mehr bewilligen kann, weil sein Lohn das mathematische Maximum erreicht hat.

Ich selbst habe, wie ich eingestehen muß, lange geglaubt, die Stelle nur dadurch genügend aufklären zu können, daß ich eine kleine Umstellung des Ricardoschen Textes vorschlug [4]).

Mit diesen Ausführungen hoffen wir, unser Urteil über den Diehlschen Kommentar zu den vielumstrittenen Ricardoschen Sätzen gerechtfertigt zu haben.

Fassen wir jetzt unser Urteil über die Diehlsche Verteidigung Ricardos gegen Rodbertus‘ Angriff noch einmal zusammen:

D i e h l s R e t t u n g s v e r s u c h i s t a l s v ö l l i g m i ß g l ü c k t n a c h g e w i e s e n. Er hat erstens nicht be-

[1]) 2. Aufl. Paris 1835 II. p. 17.

[2]) Principles 3th ed. London 1821 p. 221.

[3]) Prof. Alfred Marshall, Cambridge, hatte die Freundlichkeit, mir zu bestätigen, daß die Übersetzung von „profitable“ durch „productiv“ unmöglich, „absurd“ sei.

[4]) vgl. meine Dissertation: „Rodbertus‘ Angriff auf Ricardos Rententheorie und der Lexis-Diehlsche Rettungsversuch“. Kiel 1908, p. 50 ff.

merkt, daß er eine der von Rodbertus gestellten wesentlichen Bedingungen des Gedankenexperiments verletzt hat: während Rodbertus den Monopolpreis des Getreides ausdrücklich ausschloß, hat Diehl die Erklärung aus dem Monopolpreise unternommen.

Diese Erklärung ist aber zweitens auch nicht ricardisch. Die einzige Voraussetzung, unter der — als äußerster Grenzfall — nach Ricardo Monopol-Preisrente entstehen kann, ist hier nicht gegeben, sondern im Gegenteil gleichfalls ausdrücklich ausgeschlossen.

Diejenige Monopol-Preistheorie der Grundrente aber, die Diehl als Ricardo angehörig vorträgt, ist nicht nur unricardisch, sondern sogar antiricardisch.

Monopol-Preisrente entsteht nach Ricardo weder durch volle, juristische Okkupation des Landes mit dem Inhalt, daß der Boden durch das Privateigentum gegen die freie unentgeltliche Besiedelung gesperrt wird, noch aus Gründen der Rentabilität durch privatwirtschaftlichen Entschluß der Grundeigentümer.

c) Der Lexissche Rettungsversuch.

Gegen Lexis läßt sich der Einwand nicht erheben, daß er eine wichtige Bedingung des Gedankenexperiments der isolierten Insel verkannt hat. Er hat ausdrücklich erklärt, seine Verteidigung Ricardos nicht dadurch führen zu wollen, daß er das Problem mit ricardischen Mitteln löste: sondern er hat den zweiten möglichen Weg betreten, das Problem abzulehnen, weil es falsch gestellt sei, unmögliches verlange, etwa wie ein Mathematiker die Zumutung ablehnen würde, ein rechtwinkliges und zugleich gleichseitiges Dreieck zu konstruieren.

Als Sachwalter Ricardos und vermeintlich im Geiste seiner Theorie kommt er zu seinem Schlußurteil, das in folgenden drei Thesen formuliert werden kann:

1. Von dem Augenblicke an, wo das Gesetz der sinkenden Erträge in Wirksamkeit ist, besteht auf der isolierten Insel Monopol-Preisrente, d. h. allgemeine absolute Rente.
2. Reine Differentialrente kann hier nicht entstehen.

3. Bevor das Gesetz der sinkenden Erträge in Wirksamkeit ist, besteht hier überhaupt keine Grundrente.

Dazu ist folgendes zu bemerken:

These 1 ist, wenn die in den vorigen Abschnitten enthaltene Kritik der Monopol-Preistheorie zugegeben werden muß, unzweifelhaft unricardisch, als Verteidigung Ricardos also gewiß abzulehnen.

These 2 ist ebenfalls falsch. Es ist durchaus möglich, aus den Voraussetzungen Ricardos hier privatwirtschaftliche Grundrente, und zwar nicht monopolistische, sondern reine Differentialrente abzuleiten.

Ricardo selbst hat das Rodbertussche Problem beantwortet und widerspruchsfrei gelöst, lange ehe es gestellt war, und zwar an den oben angeführten Stellen, wo er die Möglichkeit zugibt, daß in einem gegebenen Lande aller angebaute Boden Rente trage, aber feststellt, daß dadurch die Naturrechtstheorie der Rente nicht im mindesten erschüttert werde. Wir haben gesehen, daß das richtig ist. Solange, wenn schon nicht mehr ein Grenz*boden*, so doch ein Grenz*kapital* mit der Rente Null existiert, steht das Getreide immer noch auf seinem natürlichen Preise, gibt es keine Monopolrente.

Ricardo würde den Rodbertusschen Angriff leichthin mit der Erklärung abgetan haben, daß in diesem, wie aus allen Bestimmungen hervorgeht, volkreichen und hochentwickelten isolierten Staate natürlich längst nicht mehr das „Originalkapital" allein auf den Landgütern arbeite, sondern daß es in dem Maße, wie mit der Bevölkerung die Nachfrage und der Getreidepreis stieg, längst durch eine ganze Reihe von „Zusatzkapitalen" ergänzt worden sei. Von jenen trage jeweils das jüngste und daher unproduktivste die Grundrente Null. Und so stehe denn das Getreide auf seinem natürlichen Preise, und Monopolrente sei nicht vorhanden, wohl aber beziehe jeder Grundeigentümer die Summe aller Differenzen zwischen dem jüngsten, unproduktivsten und allen älteren, produktiveren Kapitalen als private Gesamtgrundrente.

Und dagegen dürfte kaum etwas einzuwenden sein.

These 3 ist dagegen aus der Ricardoschen Theorie völlig richtig abgeleitet. Wenn auf dieser Insel, wo schon keine natur- und verkehrsgegebenen Ertragsdifferenzen bestehen können, auch noch darum keine Ertragsdifferenzen zwischen den früher und den später investierten Kapitalen vorkommen können, weil das Gesetz der sinkenden Erträge hier nicht in Kraft ist, und jedes Zusatzkapital die Ergiebigkeit des Originalkapitals besitzt: dann gibt es keinerlei Rentendifferenzen und daher auch keine Differentialgrundrente, d. h., nach Ricardo, überhaupt keine Rente.

Dieses Ergebnis muß uns stutzig machen:

Wir haben nach allen Bestimmungen des Experiments hier einen isolierten Staat von bedeutender Volksdichtigkeit und hoher Kultur, mit entwickelter Arbeitsteilung zwischen Urproduktion und Gewerbe. Das ganze Ackerland befindet sich in dem Eigentum von etwa einem Dutzend, höchstens einem halben Hundert Latifundienbesitzern: die sollten hier nicht unter allen Umständen ebenso „große Herren", große Rentenbezieher sein, wie überall sonst in der uns umgebenden Welt?!

Wir glauben nicht, daß viele sich bereit finden werden, die dritte Lexissche These zu unterschreiben. Wir unsererseits müssen, in vollem Einverständnis mit Rodbertus, erklären, daß nach unserer Überzeugung die Magnaten dieser isolierten Insel unter allen Umständen ein großes Renteneinkommen beziehen würden.

Hierbei muß erwähnt werden, daß Rodbertus zum wenigsten die Absicht gehabt hat, das Gesetz der sinkenden Erträge aus seinem Problem auszuschalten. Er schreibt in seiner Zusammenfassung a. a. O.:

„In der vorliegenden Hypothese sind mithin ... alle Momente ausgeschlossen, die ... den einen Grundbesitzer vor dem andern zu begünstigen geeignet sind: sowohl ... wie die sogenannte zunehmende Unproduktivität des Bodens." Wir können jedoch in den vorhergehenden Sätzen nichts finden, was diese Worte rechtfertigte. Sie können sich nur auf die folgende Ausführung beziehen: „Die nationale Produktivität ist, sowohl im ganzen wie je in der Rohproduktion und Fabrikation, so groß, daß über Kapitalersatz und Arbeitslohn hinaus noch ein bedeutendes nationales Einkommen übrig bleibt ..." Diese Worte schließen augenscheinlich nur den „Grenzfall" des Gesetzes vom sinkenden Spielraum aus, der ja „auf einer kleinen, von der übrigen Welt gänzlich abgeschnittenen Insel" (vgl. die soeben angeführte Auseinandersetzung St. Mills) denkbar wäre: aber sie schließen das Gesetz der sinkenden Produktivität in den vor dem Grenzfall liegenden Stadien nicht aus.

Nehmen wir aber an, Rodbertus hätte unter die Bedingungen seines Gedankenexperimentes noch verbis expressis die folgende aufgenommen: „jedes Zusatzkapital erbringt den gleichen Roh- und Reinertrag wie das auf dem Boden verwendete Originalkapital". Wenn er dann bei seiner Behauptung geblieben wäre, daß trotzdem den Grundbesitzern hier Rente zufließe, so hätte Ricardo das Problem mit seinen Mitteln nicht lösen können, und es wäre ihm nur noch der eine Ausweg geblieben zu behaupten, daß das Problem falsch gestellt, weil diese letzte Bedingung unmöglich sei.

Wir werden in dem zweiten Teile dieser Abhandlung auf diesen wichtigen Punkt ausführlich zurückkommen. Zuvor wollen wir jedoch die „Darstellung" der Ricardoschen Grundrententheorie durch eine Betrachtung des über ihren Entdecker bestehenden Prioritätsstreits vollenden.

Fünfter Abschnitt.

Der Prioritätsstreit.

Wir hoffen, durch die vorstehenden Erörterungen die reine Ricardosche Lehre von der Grundrente mit genügender Schärfe dargestellt und namentlich von den Irrtümern späterer Ausleger gereinigt zu haben, so daß wir zu dem bekannten Streit um die Priorität klar Stellung nehmen können.

Drei Forscher werden als die eigentlichen Entdecker der Rententheorie gepriesen: Anderson, Malthus und West.

A. James Anderson.

Für Andersons Priorität ist Mac Culloch wieder und wieder in die Schranken getreten [1]), und Berens erkennt sie an (l. c. 125 ff.), hat aber die Originalschrift nicht in der Hand gehabt. Noch neuerdings hat Jevons [2]) geschrieben: „Die Grundrentenlehre ist zuerst entdeckt und klargelegt worden von Dr. Anderson im Jahre 1777.“

Die Behauptung ist, darin muß man mit Brentano [3]) und Diehl [4]) übereinstimmen, unhaltbar. Die Andersonsche Theorie unterscheidet sich von der Ricardoschen in mehreren sehr wesentlichen Punkten.

Zunächst fehlt in den von Brentano herausgegebenen Schriften völlig jeder Hinweis auf die aus verkehrsgegebenen Rentierungsunterschieden herrührenden Renten; es ist immer nur von den naturgegebenen Rentierungsunterschieden die Rede. Die einzige Stelle, die im ersten Augenblicke auf die verschiedene Marktlage der Grundstücke hinzuweisen scheint, muß bei näherer Betrachtung ebenfalls ausscheiden: „Die Rente ist in der Tat nichts anderes als eine einfache und geistreiche Erfindung zur Ausgleichung des Gewinnes, der aus Feldern von verschiedenem Grade der Fruchtbarkeit und verschiedenen örtlichen Verhältnissen, welche zu einer Erhöhung oder Minderung der Ausgaben für die Bestellung führen, gezogen werden kann.“ Hier sind unter „örtlichen Verhältnissen“ augenscheinlich Verschiedenheiten der Arrondierung, der Höhenlage, der

---

[1]) Nach Lujo Brentano in der Einleitung zu James Andersons „Drei Schriften über Korngesetze und Grundrente“, Leipzig 1893, S. VIII/IX, und Berens, l. c. S. 126, der folgenden Satz Mc. Cullochs über Anderson zitiert: „He has explained the theory of rent with a sagacity and discrimination that has never been surpassed.“ In der vor mir liegenden Ausgabe von Mc. C. nennt er immer nur West und Malthus als Vorläufer Ricardos (ed. Ward, Lock and Co., London-New York, ohne Jahr), I, S. 141/2 in den „Principles“ und II, s. 67 im „Discourse“. Es ist klar, daß er hier noch nichts von Anderson wußte: „The first step was made 1815“. (Vgl. auch Notes and Dissertations, S. 36.)

[2]) zit. nach Brentano, l. c. S. IX.

[3]) l. c. S. XXIII.

[4]) l. c. I, S. 403 ff.

Steigung und Ähnliches verstanden, die unter Grundstücken von sonst gleicher Bodengüte bestehen, nicht aber der Marktlage: denn sonst hätte der Zusatz: „welche zu einer Erhöhung oder Minderung der Ausgaben für die Bestellung führen" keinen Sinn.

Da es sich aber, wie Anderson selbst betont, hier lediglich um eine Skizze handelt, so wollen wir auf diesen Mangel kein irgendwie bedeutendes Gewicht legen[1]) und zugeben, daß einer der wichtigsten Bestandteile der Ricardoschen Lehre in der Andersonschen Darstellung sich in voller Klarheit entwickelt vorfindet, nämlich die Erkenntnis, daß der Preis des Getreides bestimmt wird lediglich durch die Kosten des „Grenzbodens", und daß die Rente daher keinen Bestimmgrund des Getreidepreises bildet, mit andern Worten, daß das Getreide nicht auf einem Monopolpreis stehe.

Nun heißt aber: einen Bestandteil einer Theorie entwickeln noch nicht: die ganze Theorie entwickeln. Und selbst für diesen einen Bestandteil ist Andersons Priorität zweifelhaft. Hume hat gleichzeitig den entscheidenden Gedanken ausgesprochen, allerdings ohne nähere Begründung. Er schreibt in einem Briefe an Smith[2]): „I cannot think that the rent of farms makes any part of the price of the produce, but that the price is determined altogether by the quantity and the demand." Und Smith selbst hatte diesen Gedanken ausgesprochen und nur nicht konsequent festgehalten.

Die Hauptsache aber ist, daß Anderson Anhänger des Gesetzes vom steigenden Spielraum ist, während Ricardo der Hauptvertreter des ihm entgegengesetzten Gesetzes vom sinkenden Spielraum ist. Und darum ergeben sich die bedeutendsten Unterschiede für die Gesamtauffassung der Grundrente. Während bei Ricardo der Getreidepreis immer steigen muß, da mit steigender Bevölkerung immer schlechterer Boden in die Bebauung einbezogen werden muß, ist bei Anderson davon gar keine Rede, und der Ausblick

---

[1]) Um so mehr als Steuart (Berens, S. 37) und Boisguillebert das schon haben (Berens, S. 41); vgl. Berens 172 (Columella usw.)

[2]) Burton, Life and correspondence of David Hume, II, S. 486, zit. nach Leser: Untersuchungen zur Geschichte der Nationalökonomie, I. Heft, II. „Robert Malthus als Entdecker der modernen Grundrentenlehre". Jena 1881, S. 55, Anmerkung 3.

auf den „Zeitpunkt der Krisis" ist bei ihm daher gar nicht vorhanden. Seine Rententheorie ist gerade so optimistisch gefärbt wie die Ricardosche pessimistisch. Dieser Unterschied ist bei Brentano und namentlich bei Diehl [1]) so glücklich und in der Tat völlig ausreichend dargestellt worden, daß wir uns ein näheres Eingehen darauf hier ersparen können. Brentanos Kritik wird allerdings dadurch ungenau, daß auch er sich als Anhänger der Okkupationstheorie bekennt. Er schreibt [2]): „Nach Ricardo ist die Rente eine Monopolrente, bezogen für die ausschließende Aneignung der „ursprünglichen und unzerstörbaren Kräfte des Bodens" ... ganz anders nach Anderson. Gewiß auch nach ihm ist die Rente die Folge eines Monopols, allein sie wird nicht bezogen für die ausschließende Aneignung von unzerstörbaren Bodenkräften." Wir können, um diese unseres Erachtens irrige Darstellung der Ricardoschen Lehre abzuweisen, uns auf die oben gegen Diehl und Lexis geführte Debatte berufen. Angemerkt sei noch, daß auch Brentano Ricardos Wendung von den „ursprünglichen und unzerstörbaren Kräften des Bodens" nach unserer Meinung in einem falschen Sinn auffaßt. Wir haben oben dargelegt, daß Ricardo augenscheinlich mit dieser Wendung nichts anderes hat bezeichnen wollen als den Gegensatz des Ackerbodens, dessen Substanz nicht unmittelbar zur Verkaufsware wird, gegen solche produktiv ausgenutzten Bodenteile, deren Substanz selbst Gegenstand der Förderung und des Verkaufes ist: Bergwerke, Torfstiche, Steinbrüche usw.

B. Robert Malthus.

Von anderer Seite wird Malthus als der eigentliche Entdecker der Rentenlehre gerühmt; namentlich Leser [3]) will dem Entdecker des Bevölkerungsgesetzes auch die Ehre zugeschrieben haben, der eigentliche Entdecker der Grundrentenlehre zu sein. Dieser Anspruch scheint um so mehr begründet, als in der Tat

---

[1]) l. c. I, S. 408.

[2]) l. c. S. 23.

[3]) Untersuchungen zur Geschichte der Nationalökonomie, 1. Heft II. „Robert Malthus als Entdecker der modernen Grundrentenlehre". Jena 1881, S. 49 ff.

Ricardo selbst vielfach seinen Freund Malthus als seinen Vorgänger bezeichnet, dem er in dieser Frage außerordentlich viel verdanke [1]). Andererseits steht wieder diesen Äußerungen die Tatsache gegenüber, daß er das ganze Schlußkapitel seiner „Principles" der Polemik gegen Malthus gerade in dieser Frage gewidmet hat.

Wir wollen vorwegnehmend bemerken, daß wir uns in dieser Frage Berens [2]) und Diehl [3]) anschließen, die übereinstimmend die Priorität Ricardos behaupten; Lesers neuerlicher Versuch, die Berensschen Argumente zu entkräften und Malthus den Ruhm der Erstentdeckung zu belassen, scheint uns wie Diehl völlig mißglückt.

Allerdings stimmen die beiden Theorien in sehr wichtigen Punkten überein. Vor allem in der Ablehnung der Monopoltheorie. Malthus, der einen überaus sicheren Instinkt dafür besaß, was die Forderung der Stunde sei, hat klar erkannt, daß hier der schwache Punkt der bürgerlichen Verteidigung war, und beginnt seine Auseinandersetzung mit der Kritik der von Say, Sismondi und Buchanan vorgetragenen Monopoltheorie, die in der Aneignung des Bodens die Ursache der Grundrente erblickt.

Natürlich konnte er die Monopoltheorie nur abweisen, indem er die Naturrechtstheorie vortrug. Und so stimmt er denn auch insofern mit Ricardo überein, als auch er die von Ad. Smith bereits gegebenen Elemente dieser Theorie ausbaut. Er nennt gleich zu Anfang seiner Abhandlung Smith als seine Quelle und bezeichnet zugleich unzweideutig den Punkt, in dem er von ihm abweicht. Die ganze Stelle illustriert auf das klarste das, was wir im ersten Abschnitt als die strategische Position der bürgerlichen Theoretik bezeichnet haben:

„Obgleich Adam Smith in einigen Teilen des elften Kapitels seines ersten Buches die Rente ganz in ihrem wahren Lichte betrachtet und überhaupt in seinem Werke mehr richtige Ansichten als irgendein anderer Schriftsteller über diesen Gegenstand eingestreut hat, so hat er doch den wichtigsten Grund des hohen

[1]) Die betreffenden Stellen hat Diehl (l. c. I, 417 ff.) zusammengestellt.

[2]) l. c. S. 100 ff.

[3]) l. c. I. S. 417 ff.

Preises der Bodenerzeugnisse nicht mit genügender Genauigkeit erklärt, obgleich er ihn oft streift; und da er gelegentlich den Ausdruck Monopol auf die Bodenrente anwendet, ohne sich dabei aufzuhalten, ihre tieferliegenden Eigentümlichkeiten anzugeben, so läßt er den Leser ohne einen bestimmten Eindruck über den wahren Unterschied zwischen der Ursache des hohen Preises der Lebensmittel und desjenigen monopolisierter Waren." [1])

Soweit die Konsequenzen aus der Naturrechtstheorie in Frage kommen, stimmt nun Malthus, das muß zugegeben werden, mit Ricardo völlig überein: die Grundrente ist nicht Aufschlag auf den, sondern Gewinn an dem natürlichen Preise; „die letzten Vermehrungen, die unserem heimischen Bodenerzeugnis hinzugefügt werden, werden zu den Produktionskosten verkauft" [2]). Oder in unserer Terminologie: das Grenzprodukt trägt die Rente Null, und die Böden besserer natur- und verkehrsgegebener Rentierung haben, als eine Art von „Teilmonopol", einen Vorteil an dem „natürlichen" (Malthus sagt häufig: „notwendigen" [3])) Preise des Getreides: dieser Vorteil ist die Grundrente.

Malthus hat auch schon die Lehre von den „Zusatzkapitalen" völlig im Sinne Ricardos entwickelt:

„Aus der vorstehenden Darlegung der Art, wie die Rente sich entwickelt, ergibt sich die Folge, daß die jeweilige Höhe der natürlichen Bodenrente für das jeweilige Bodenerzeugnis notwendig ist, und daß der Preis des Erzeugnisses in jeder fortschreitenden Gesellschaft den Produktionskosten auf dem ärmsten, jeweils in Benutzung stehenden Boden annähernd gleich sein muß oder aber den Kosten, die nötig sind, um auf altem Boden solches zusätzliche Erzeugnis hervorzubringen, das nur den gewöhnlichen Ertrag eines

---

[1]) Rob. Malthus. Drei Schriften über Getreidezölle aus den Jahren 1814 und 1815. Übersetzt und herausgegeben von Emanuel Leser. Nr. 6. der „Sammlung älterer und neuerer staatswissenschaftlicher Schriften des In- und Auslandes." Leipzig 1896, S. 39 ff.

[2]) l. c. S. 73.

[3]) Der Ausdruck stammt von den Physiokraten, bei denen er sehr beliebt ist. Ihnen ist alles mögliche „nécessaire", z. B. eine ihnen liebe Regierungsform usw. Namentlich Mercier de la Rivière zeichnet sich durch solche Deduktionen aus.

in der Landwirtschaft angewendeten Kapitals mit wenig oder gar keiner Rente abwirft.

„Es ist ganz offenbar, daß der Preis nicht niedriger sein kann, oder aber solcher Boden würde nicht angebaut, beziehungsweise solches Kapital würde nicht angewendet. Der Preis kann aber auch niemals wesentlich höher sein, weil der arme Boden, der jeweils in frischen Anbau genommen wird, anfangs wenig oder gar keine Rente abwirft, und weil es für einen Pächter, der Kapital zur Verfügung hat, immer lohnend ist, es auf seinem Felde anzuwenden, wenn die Vermehrung des Erzeugnisses, die dadurch erfolgt, ihm den vollen, seinem Kapital entsprechenden Gewinn liefert, wenn auch dem Grundeigentümer nichts zufällt." [1])

Die Konsequenzen also stimmen, wie gesagt, völlig überein. Aber in den Prämissen und in dem Schlußverfahren unterscheiden sich die beiden Theorien sehr bedeutend — und der Vergleich fällt durchaus nicht zugunsten der Malthusschen Fassung aus [2]).

Das Schlußverfahren ist durch sehr arge formale Fehler entstellt, während Ricardos Deduktion hier nur aus einem einzigen Grunde angreifbar ist, den wir im zweiten Teile darstellen werden, und der nicht eigentlich das Verfahren selbst, sondern sein Verhältnis zu den Prämissen betrifft. Schon mit diesem Nachweise, den wir sofort erbringen werden, wird der Anspruch auf die Priorität, den die Malthus-Verehrer erheben, abgewiesen sein: denn nur derjenige hat als Entdecker einer Lehre zu gelten, der sie wirklich richtig abgeleitet hat.

Es wird sich aber auch herausstellen, daß hier nicht die reine Naturrechtslehre vorgetragen wird, sondern eine mit physiokratischen Rudimenten stark versetzte Theorie, so daß auch aus materialen Gründen der Malthussche Anspruch abgewiesen werden muß, die reine Naturrechtslehre von der Grundrente entdeckt zu haben.

---

[1]) l. c. S. 59/60.

[2]) „Mr. Malthus also, though not quite so comprehensive and methodical, has clearly explained the fundamental principle of rent, but has fallen into some errors in its application" (Mr. Culloch Notes and Dissertations, l. c. p. 37).

Diese physiokratischen Rudimente finden sich vor allem in den Prämissen der Malthusschen Deduktion. Und daraus ergibt sich der erste schwere Verstoß gegen die formale Logik.

Ricardo nämlich braucht, um seine Theorie zu begründen, nur eine Bedingung und nur eine Prämisse. Die Bedingung ist die bei jedem „fortschreitenden Volke“ ohne weiteres gegebene Zunahme der Bevölkerung; die Prämisse ist lediglich das „Gesetz der sinkenden Erträge“. Wenn ein Volk und damit die Nachfrage nach Nahrungsmitteln wächst, dann wird der Anbau auf Böden immer geringerer Rentierung gedrängt, Rente entsteht als Differentialrente zwischen den besseren Böden und dem Grenzboden mit der Rente Null (resp. dem Grenzkapital mit der Rente Null); und ein solcher Boden resp. ein solches Kapital ist immer vorhanden, d. h. das Getreide steht auf seinem natürlichen Preise — bis zu dem von uns gekennzeichneten „Zeitpunkt der Krisis.“ Das ist die ganze Theorie in nuce.

Malthus aber hat außer der einen Bedingung noch drei Prämissen. Da er nur der einen — der Ricardoschen — bedarf, um seine letzten Schlüsse abzuleiten, so liegt hier ein Verstoß gegen das logische Elementargesetz vor: „Principia praeter necessitatem non sunt multiplicanda.“

Dieser logische Fehler ist psychologisch daraus zu erklären, daß Malthus die Rentenlehre der Physiokraten noch nicht überwunden hat. Betrachten wir die Prämissen etwas eingehender. Malthus schreibt:

„Man kann sagen, daß es drei Gründe für den hohen Preis der Bodenerzeugnisse gibt.

„Erstens und hauptsächlich: diejenige Eigenschaft des Bodens, wodurch er dahin gebracht werden kann, eine größere Menge von Unterhaltsmitteln zu erzeugen, als für die Ernährung der mit seinem Anbau beschäftigten Personen erforderlich ist.

„Zweitens: jene die Unterhaltungsmittel auszeichnende Eigenschaft, wodurch sie imstande sind, ihre eigene Nachfrage zu bewirken, d. h. im Verhältnis zu der Menge erzeugter Lebensmittel eine Anzahl Begehrender hervorzurufen.

„Und drittens: der verhältnismäßige Mangel an Boden höchster Fruchtbarkeit.

„Jene Eigenschaften des Bodens und seiner Erzeugnisse, die hier als die ersten Ursachen für den hohen Preis der Rohstoffe angegeben sind, bilden eine Gabe, welche die Natur den Menschen gewährt. Sie haben nichts mit einem Monopol zu tun und sind doch so unbedingt notwendig für das Vorhandensein der Bodenrente, daß ohne sie auch die höchste Seltenheit oder das vollkommenste Monopol den Preis der Bodenerzeugnisse nicht so über die Produktionskosten steigern könnte, wie das jetzt in der Gestalt einer Rente sich zeigt.“ [1])

Der erste dieser „Gründe“ ist nichts besseres als eine fast unglaubliche Plattheit. Daß der Erdboden mehr Früchte trägt, als seine Bebauer selbst für die Notdurft des Lebens brauchen, ist die Bedingung jeder, auch der allerprimitivsten Kultur, ja schon jeder Verdichtung der Bevölkerung auf gegebener Fläche über den Bestand der Hordenwirtschaft hinaus, und daher allerdings auch unter anderem Bedingung der Bodenrente. Wäre diese Bedingung nicht gegeben, so wäre es allerdings „klar, daß dann weder eine Bodenrente noch in nennenswerter Weise ein überschüssiges Bodenerzeugnis, das einen sehr hohen Kapitalgewinn bildet, vorhanden sein könnte“ [2]). Denn daß die Grundrente aus dem Überschuß des Ertrages über den Verzehr der Arbeiter genommen wird, also nicht vorhanden sein könnte, wenn solcher Überschuß nicht existierte, ist ein Gemeinplatz, der in keine wissenschaftliche Erörterung gehört. Es gibt keinen anderen als Malthus, der derartige Platitüden mit solchem Brustton ex cathedra vorzutragen den Mut — oder den intellektuellen Defekt besäße; und Berens ist solchem Geschwätz gegenüber noch viel zu milde, wenn er sich mit folgenden Worten darüber lustig macht: „Die Folgerung ..... hat keine andere Bedeutung, als die gleich unzweifelhafte Behauptung, daß ohne Boden gleichfalls von keiner Bodenrente die Rede sein könnte: die Hauptursache der Bodenrente der Boden

[1]) Malthus, l. c. S. 42 ff.

[2]) l. c. S. 43.

sei." [1]) Und er führt die Untersuchung treffend auf ihr Gebiet zurück, wenn er fortfährt: „die entscheidende Frage bleibt immerhin, weswegen denn mitunter nicht jener ganze Überschuß unter Gewinn und Lohn geteilt werde?"

Woran Malthus in seiner diffusen Weise bei dieser „ersten und hauptsächlichen" Ursache der Bodenrente gedacht hat, erkennt man erst, wenn man seine zweite Bedingung heranzieht. Die Vorstellung, daß die Nahrungsmittel sich ihre Nachfrage selbst schaffen, ist ein Hauptsatz der Physiokratie, und eine mißverstandene Reminiszenz an einen physiokratischen Hauptsatz ist denn auch Ursache eins. Wir haben einleitend darauf hingewiesen, daß die Physiokratie noch nicht von der einzig möglichen Basis korrekten nationalökonomischen Denkens, der g e o z e n t r i s c h e n , abgewichen war. Im Mittelpunkt ihres Denkens stand, völlig richtig, die Erkenntnis, daß alle Industrie und aller Handel sich nur in dem Maße bilden und vermehren kann, wie die Nahrungsmittelproduktion Überschüsse herausstellt und vermehrt. Die Urproduktion ist im Bilde Quesnays der Stamm samt den Wurzeln; Industrie und Handel sind die Zweige, die nur gedeihen können, wenn Stamm und Wurzeln gesund sind.

An diese unzweifelhaft richtige Grundanschauung hat Malthus augenscheinlich gedacht, als er seine erste Ursache formulierte. Das wird mehr als wahrscheinlich gemacht durch eine, wenige Seiten später stehende Stelle, in der er ganz in Quesnays Sinne folgendes schreibt [2]):

„Ist nicht vielmehr die Bodenrente das deutliche Kennzeichen einer ganz unschätzbaren Eigenschaft der Erde, womit Gott den Menschen beglückt hat, der Eigenschaft nämlich, daß die Erde mehr Menschen ernähren kann, als zu ihrer Bearbeitung erforderlich sind? Ist sie nicht ein Teil und, wie wir weiter sehen werden,

---

[1]) Berens, l. c. S. 105.

[2]) l. c. S. 47/8. (Vgl. Baudeau, l. c. 735: Le Trosne schließt sein „Intérêt social" charakteristischerweise mit dem Quesnayschen Bilde: „Ce n'est pas par les feuilles, c'est par les racines qu'on cultive un arbre: les feuilles l'embellissent, et contribuent même à son accroissement; mais c'est la racine qui fournit la sève qu'elles dépensent (l. c. S. 1023)".

ein unentbehrlicher Teil jenes überschüssigen Erzeugnisses der Erde, das man mit Recht als die Quelle aller Macht und alles Genusses bezeichnet hat, ohne welches in der Tat weder Städte wären noch Land- und Seemacht, keine Künste und keine Gelehrsamkeit, keine feinere Industrie, keine aus der Fremde herbeigeschafften Annehmlichkeiten und Luxusgegenstände, und nicht jenes zivilisierte und gebildete gesellige Leben, das nicht bloß einzelne erhebt und veredelt, sondern seinen heilsamen Einfluß auf die gesamte Masse der Bevölkerung ausdehnt."

Wir haben oben gesehen, daß die Physiokraten diesen Überschuß der Nahrungsmittelproduktion, das produit net, mit der Rente identifiziert haben. Das war naiv und war gewiß ein Fehler, aber es war doch eine Verwechslung, die bei dem damaligen Stande der Gesellschaft auch scharfen Beobachtern und Denkern geschehen konnte. Malthus aber bekommt es fertig, das produit net der Physiokraten, das bei ihnen die Rente selbst ist, zu einer Ursache, und zwar zu e i n e r Ursache der Rente zu machen! [1])

Gehen wir jetzt zu Malthus' zweiter Ursache über. Er erläutert sie in folgenden Worten [2]):

„Es ist ebenso klar, daß, wenn die menschlichen Unterhaltsmittel, die das wichtigste Erzeugnis des Bodens bilden, nicht die Eigentümlichkeit hätten, in demselben Verhältnis, wie ihre Menge sich vermehrt, eine vermehrte Nachfrage hervorzurufen, das vermehrte Erzeugnis ein Sinken seines Tauschwertes zur Folge haben müßte. Wie reichlich auch das Erzeugnis eines Landes wäre, so könnte seine Volkszahl unverändert bleiben. Das reichliche Erzeugnis ohne entsprechende Nachfrage und verbunden mit einem sehr großen Getreideeinkommen des Arbeiters, das unter solchen Umständen notwendig sich ergeben würde, könnte den Preis der landwirtschaftlichen Erzeugnisse, wie es bei den Industrieerzeugnissen der Fall ist, auf die Produktionskosten herabdrücken."

Wir sagten schon eben, daß dies die reine Physiokratie ist. Wir werden im zweiten Teil dieser Arbeit, wenn wir uns mit den physio-

[1]) Vgl. Ricardo, l. c. S. 371: „Denn dieser Überschuß ist selbst die Rente."

[2]) l. c. S. 43.

kratischen Resten in der Smithschen Rententheorie zu beschäftigen haben werden, zeigen, daß der Vorstellung immerhin eine richtige Beobachtung zugrunde liegt. Dennoch ist es klar, daß sie innerhalb des Vorstellungskreises der freien Verkehrswirtschaft, der hier überall zugrunde liegenden Voraussetzung, völlig verkehrt ist. Denn hier wird überall von einer Prämisse aus deduziert, die an sich unmöglich ist. In einer lediglich vom Marktpreise regulierten Volkswirtschaft nämlich ist es undenkbar, daß die Erzeugung irgend welcher Güter, seien es nun landwirtschaftliche oder gewerbliche, Korn oder Mousseline, auf die Dauer der Nachfrage voraneilen kann [1]). Jeder Zweig der nationalen Güterproduktion in Landwirtschaft, Gewerbe und Handel entfaltet sich lediglich mit der wirksamen Nachfrage; und die Produktion kann nur insofern einen gewissen Vorsprung vor der Nachfrage haben, als eine künftige Vermehrung des Bedarfes mit Sicherheit vorausgesehen werden kann und daher schon zu einer Zeit zu den nötigen Produktionseinrichtungen führt, in der dieser Zuwachs des Bedarfes noch nicht auf dem Markt als Nachfrage erschienen ist. Aber mit dieser einzigen Einschränkung, die kaum eine Einschränkung genannt zu werden verdient, sondern vielmehr nur eine genauere Definition des Begriffes der „wirksamen Nachfrage" darstellt, ist es innerhalb der freien Verkehrswirtschaft ganz unmöglich, daß eine Güterart auf die Dauer in vermehrtem Maße hergestellt wird, ehe die Nachfrage entsprechend gewachsen ist [2]).

Um den Malthusschen Wortlaut zu benutzen, so ist es zwar richtig, daß, wenn „das vermehrte Erzeugnis keiner vermehrten Nachfrage begegnet, sein Tauschwert sinken müßte"; aber es ist

---

[1]) Ricardo bemerkt zu dieser Malthusschen Auffassung: „Wir befinden uns nicht in der Notwendigkeit, fortwährend eine größere Menge von einer Ware hervorzubringen, als welche begehrt wird. Würde durch Zufall eine größere Menge hervorgebracht, so würde sie unter ihren natürlichen Preis sinken.....: so würde nun das Angebot zurückgehalten, bis es sich der Nachfrage gleichstellte und der Marktpreis auf den natürlichen stiege" (l. c. S. 375).

[2]) „Von was für einer vergrößerten Menge spricht hier Malthus? Wer hat sie hervorzubringen. Wer kann einen Grund haben, sie hervorzubringen, ehe eine Nachfrage nach der Vermehrung vorhanden ist?" (Ricardo gegen Malthus, l. c. S. 377.)

eben unmöglich, daß das Erzeugnis auf die Dauer vermehrt wird, wenn es keiner vermehrten Nachfrage begegnet. Würden die Kapitalisten, ohne durch steigende Nachfrage dazu veranlaßt zu sein, durch Investition von neuen Kapitalien auf neuen oder alten Boden das Gesamterzeugnis an Nahrungsmitteln zu gegebenen Zeitpunkten sehr bedeutend vermehren, so würde der Kornpreis so tief sinken, daß sie schleunigst ihre Kapitalien wieder zurückziehen würden, um sie in Handel und Gewerbe rentabler anzulegen.

Malthus aber stellt es so dar, als wenn einer jeden solchen Vermehrung des Produktes sofort auf irgend eine geheimnisvolle, von ihm nicht näher bezeichnete Weise eine proportionale Vermehrung der Bevölkerung folgen würde, die den Getreidepreis trotz alledem hielte.

Er bewegt sich hier zweifelsohne in völlig physiokratischen Gedankenkreisen, wenn man auch vergeblich in den Schriften der Ökonomisten nach Sätzen suchen wird, in denen der schiefe Gedanke so überaus dürftig und töricht ausgesprochen wird, wie hier. Und darum haben Berens und Diehl unzweifelhaft Recht, wenn sie Malthus zu den Vorläufern der reinen Rentenlehre, zu denen rechnen, die die Eierschalen der Physiokratie noch nicht abgestreift haben [1]). Leser versucht seinen Helden vergeblich zu retten, wenn er zeigen will, daß diese physiokratischen Reste sich nur im Anfange der entscheidenden Malthusschen Schrift finden, nämlich da, wo er gegen die Verteidiger der „Monopoltheorie" polemisiert: Say, Sismondi, Buchanan. Denn erstens entwickelt hier Malthus seine

---

[1]) Eugène Daire, der ein Mann von wenig Kritik, aber ein ausgezeichneter Kenner der physiokratischen Lehre war, hat das scharf genug erkannt. Er zitiert freudig den oben angeführten „geozentrischen" Satz und bemerkt dazu: „In diesen Zeilen, in denen Malthus zeigt, wie wenig er Ricardos Meinung teilte, liegt vielleicht die Rechtfertigung der Bedeutung, die die Schule Quesnays der Landwirtschaft beimaß" (Einleitung z. d. „Physiokraten", S. LXVI). Und zwei Seiten vorher sagt er in einer Anmerkung: „Was Ricardo geleistet hat, bestand darin, diese Theorie zu verstümmeln und aus ihr alle Gedanken zu entfernen, durch die Malthus, getreu (adoptant) den Anschauungen der Physiokraten über die Bedeutung der Erde in der Schöpfung des Reichtums, das „produit net" des Bodens als Grundursache (base principale) der Rente erklärte."

eigenen Anschauungen ganz unzweideutig, und zweitens findet sich auch weiterhin noch eine Ausführung, die zwar logisch völlig sinnlos ist, die aber wenigstens psychologisch verständlich ist, wenn man weiß, daß Malthus hier hilflos zwischen der physiokratischen und der bourgeoisökonomischen Rententheorie hin und her tappt: [1])

„In den frühesten Perioden des geselligen Zusammenlebens, oder vielleicht in noch bemerkenswerterer Weise, wenn die Bildung und das Kapital eines alten Gemeinwesens auf frisches, fruchtbares Land übertragen werden, zeigt sich das überschüssige Erzeugnis, dieses gnädige Geschenk der Vorsehung, hauptsächlich in ungewöhnlich hohem Kapitalsgewinn und ungewöhnlich hohem Arbeitslohn, tritt dagegen nur in geringem Umfange in der Form der Rente hervor. Solange fruchtbarer Boden im Überfluß vorhanden und für jeden zu haben ist, der Verlangen danach trägt, wird natürlich niemand einem Grundeigentümer eine Rente bezahlen. Aber es verträgt sich nicht mit den Naturgesetzen und der Begrenztheit sowie der Beschaffenheit des Bodens, daß dieser Zustand der Dinge ein dauernder sein könnte. Verschiedenheiten des Bodens und der Lage müssen naturgemäß in allen Ländern bestehen. Jeder Boden kann nicht der fruchtbarste, jede Lage kann nicht die nächste bei schiffbaren Flüssen und bei Marktorten sein. Nun muß aber die Anhäufung von Kapital bis zu einem Betrag, der nicht mehr ganz auf demjenigen Boden sich verwenden läßt, der die größte natürliche Fruchtbarkeit und die vorteilhafteste Lage hat, notwendigerweise den Kapitalgewinn vermindern, während jene Tendenz, wonach die Volkszahl über die Unterhaltsmittel hinauswächst, nach einiger Zeit den Lohn der Arbeit vermindert.

„So sinken die Kosten der Produktion, während der Tauschwert des Erzeugnisses, d. h. die Menge Arbeit und andrer Arbeitserzeugnisse als Getreide, die sich damit kaufen lassen, statt sich zu vermindern, noch steigt. Es wird eine wachsende Anzahl Menschen vorhanden sein, die Nahrung suchen und auf jede Weise, in der sie sich nützlich machen können, ihre Dienste darzubieten bereit sind. Daher übersteigt der Tauschwert der Nahrungsmittel

[1]) l. c. S. 48.

die Produktionskosten (unter welch letzteren auch der volle Gewinn des landwirtschaftlichen Kapitals nach dem zurzeit geltenden Gewinnsatz einzubegreifen ist). Der Überschuß bildet die Rente."

Nach einer Einschiebung, in der er zu beweisen versucht, daß weder das Kapital noch der Lohn diese Rente sich aneignen kann, fährt Malthus fort:

„Sobald das Kapital sich vermehrt hat, und die Arbeit auf den vorzüglichsten Böden eines Landes billiger geworden ist, so lassen sich andere Böden, die in bezug auf Fruchtbarkeit oder Lage weniger günstige Eigenschaften zeigen, mit Vorteil in Besitz nehmen. Da die Kosten des Anbaues, wozu auch der Kapitalgewinn gehört, geringer geworden, kann unfruchtbarerer oder vom Markte entfernterer Boden, wenn er auch anfangs keine Rente abwirft, jene Kosten wenigstens vollkommen ersetzen und für den Landwirt hinreichend einträglich sein. Und sobald dann entweder der Gewinnsatz oder der Arbeitslohn oder beide noch weiter gefallen sind, so läßt sich noch ärmerer oder noch weniger günstig gelegener Boden in Anbau nehmen.

„Und bei jedem Schritt müssen offenbar, wenn der Getreidepreis nicht fällt, die Bodenrenten steigen. Der Preis des Getreides aber kann nicht fallen, so lange der Fleiß und die Geschicklichkeit der arbeitenden Klassen, unterstützt durch die Kapitalien derer, die sich nicht mit dem Ackerbau beschäftigen, den Pächtern und Grundeigentümern etwas im Tausche zu bieten vermag, wodurch diese veranlaßt werden, ihre Bemühungen in der Landwirtschaft fortzusetzen und ihren steigenden Produktenüberschuß weiter zu erzeugen." [1])

Zu diesen Sätzen ist folgendes zu bemerken:

Erstens: Es ist völlig klar, daß hier eine von der Ricardoschen wesentlich verschiedene Rentenlehre entwickelt ist. Bei Ricardo entsteht die Rente des besseren Bodens erst dann, wenn der Anbau den geringeren Boden einbezogen hat; — bei Malthus entsteht sie aber schon, ehe noch der schlechtere Boden „okkupiert" worden ist. Ja, der Anbau des schlechteren Bodens wird bei ihm erst

---

[1]) l. c. S. 50/51.

eigentlich möglich, nachdem der Kapitalgewinn und der Arbeitslohn gesunken, und dadurch Rente entstanden ist. Dann nämlich wird das Kapital auf dem geringeren Boden den jetzt üblichen geringeren Gewinnsatz erlangen können.

Zweitens: Es ist ferner klar, daß diese Sätze mißverstandene Erinnerungen an die eben gekennzeichnete physiokratische Lehre sind. Denn es wird hier angenommen, daß die Nachfrage nach Korn proportional seiner vermehrten Masse oder stärker zunimmt.

Drittens aber ist völlig klar, daß die Sätze absolut sinnlos sind. Der Fehler liegt darin, daß zwei konträr entgegengesetzte Fälle möglich sind, die einander ausschließen; daß aber nichtsdestoweniger die beiderseitigen Prämissen und Konsequenzen durcheinander gewirrt werden.

Entweder wächst die Bevölkerung nicht; dann braucht kein neues Ackerprodukt erzeugt zu werden, und der Nahrungspreis steigt nicht. Nun kann ja auch in solchem Zustand das gesellschaftliche Kapital — durch Ersparnisse — wachsen. Dann würde nach der orthodoxen Theorie der Lohn steigen und der Profit sinken, der Kornpreis aber bliebe der „natürliche", und Rente könnte nicht entstehen.

Oder die Bevölkerung wächst; dann muß das Ackerprodukt vermehrt werden, entweder durch Anbau von Böden geringerer Rentierung oder durch Verwendung von Zusatzkapitalen auf „alten" Böden. In beiden Fällen entsteht Grundrente als Differenz zwischen den Erträgen der neuen Grenzböden und Grenzkapitale und der besten Böden resp. der ergiebigsten Kapitale.

Beide Fälle schließen sich aus. Malthus aber konstruiert hier eine Zwischenstufe. Zwar wächst die Bevölkerung so stark, daß der Arbeitslohn sinkt; aber dennoch wird weder neuer Boden in den Anbau gezogen, noch werden neue Zusatzkapitale angewendet. Wäre diese Prämisse möglich, dann müßte man die Konklusio zugeben, daß hier Rente entsteht, weil Profit und Lohn sinken, der Preis aber der gleiche bleibt. Die Prämisse ist aber unmöglich, ist sinnlos, und darum auch die ganze Ableitung der Rente.

Ich habe in meiner Abhandlung: „Das Bevölkerungsgesetz des T. R. Malthus, Darstellung und Kritik." (Berlin-Bern 1901) mein Urteil über die Malthussche Bevölkerungstheorie (S. 64) in folgenden Worten zusammengefaßt: „Wenn wir diese Darstellung und Kritik der Malthusschen Lehre zusammenfassen sollen, so macht es uns Mühe, uns der Ausdrücke der stärksten Verurteilung zu enthalten. ..... Es kann kein zusammenhangloseres Denken geben! Auf der einen Seite steht die Bevölkerung, auf der anderen die Ackerbauproduktion, dort die Nachfrage, hier das Angebot. Daß zwischen diesen Dingen die stärksten Bindungen bestehen, und zwar wechselseitige Bindungen, davon ahnt dieser Ökonomist nichts."

Diehl[1]) führt diesen Satz und einen analogen Frank Fetters an, in dem dieser ausspricht: „Auf jeder Seite des Malthusschen Versuches zeigt es sich, daß er nicht, wie zuweilen behauptet wird, ein glänzendes Beispiel der deduktiven Methode in der Nationalökonomie ist"; und Diehl erklärt ausdrücklich, daß er mit dieser Kritik durchaus einverstanden ist.

Ich stelle fest, daß diese Kritik für die Malthussche Rententheorie geradeso gilt, wie für seine Bevölkerungslehre[2]): dieser weit unter dem Durchschnitt landläufiger Denkbegabung stehende Mann verdankt seinen nunmehr ein Jahrhundert alten Ruhm lediglich dem Umstande, daß er den Bedürfnissen der von ihm vertretenen Klasse als ihr Advokat eine theoretische Deckung geschaffen hat[3]). Die bürgerliche Gesellschaft jubelte seinen Ergebnissen zu, weil sie die Last der furchtbaren sozialen Verantwortlichkeit von ihren Schultern auf die der unverantwortlichen Natur abwälzte, dachte aber natürlich niemals daran, die Prä-

---

[1]) l. c. II. S. 65.

[2]) Berens (l. c. S. 151) schreibt: „Die Rente kann nicht zugleich Folge der Produktion und Distribution, nicht zugleich Folge der Fruchtbarkeit und des Preises, der relativen Vorzüglichkeit und der relativen Mangelhaftigkeit der im Boden mitwirkenden Naturfaktoren sein."

[3]) Auf niemanden mehr als Malthus paßt das harte Wort Schmollers über die deduktive Theoretik: „Der praktische Idealismus war einst ihr Rechtstitel, sie endete als eine mammonistische Klassenwaffe der Kapitalisten" (Grundriß I, S. 93).

missen und das Schlußverfahren genau zu untersuchen, aus denen jene Ergebnisse gewonnen waren.[1])

Hier liegt auch der Schlüssel zu dem Geheimnis, warum Ricardo selbst diese formal unvollkommene und logisch unhaltbare Lehre so überaus günstig beurteilte. Er sah nur, daß Malthus mit seinen eigenen Konklusionen in wesentlichen Punkten übereinstimmte, und vor allem, daß er, gleich ihm selbst, die Monopoltheorie von der Rente abwies. Das ließ ihm alle Unterschiede als unbedeutend und alle Denkfehler als Kleinigkeiten erscheinen, und seine fast übergroße Bescheidenheit tat den Rest, um ihn dazu zu bewegen, die Malthussche Stümperei als sein Urbild zu krönen.

In der Tat aber hat erst Ricardo die Rentenlehre in ihrer reinsten nnd knappsten Form dargestellt, hat erst Ricardo die physiokratischen Reste vollkommen ausgeschieden. Er selbst war sich, wie aus seiner Polemik gegen Malthus hervorgeht, dabei völlig der Unterschiede, ja Gegensätze, bewußt. Von einer Malthusschen Priorität darf daher in Zukunft nicht mehr die Rede sein, wie man denn überhaupt gut tun würde, diesen dürftigen Klassenadvokaten nicht länger mehr in der Ehrentafel der ernsthaften Denker über volkswirtschaftliche Dinge zu führen.

C. Edward West.

West ist der abstrakteste aller abstrakten Denker in volkswirtschaftlichen Dingen. Er spinnt beinahe alle seine Prämissen aus den Voraussetzungen des Naturrechts und des economical man heraus.

Das gilt schon von der Grundvoraussetzung seiner ganzen Theoretik, dem Gesetz des sinkenden Bodenertrages, das er schärfer formuliert hat, als irgendeiner seiner Vorgänger: „The principle is simply this, that in the progress of the improvement of cultivation the raising of rude produce becomes progressively more expensive, or in other words, the ratio of the net produce of land to its gross produce is

[1]) „Die Doktrinen überzeugen leicht, wenn sie beweisen, was man wünscht. Wer mit den Konsequenzen übereinstimmt, nimmt die Prämissen gern in den Kauf“ (Hasbach, Die allg. phil. Grundlagen usw. Leipzig 1889 S. 55).

continually diminishing[1])." Er behandelt das Gesetz nicht als gegebene Tatsache der landwirtschaftlichen Erfahrung, sondern leitet es aus dem naturrechtlichen Siedlungsschema ab. Danach besiedeln die Menschen zunächst den besten Boden: würde dieser auf jede Neuverwendung von Arbeit und Kapital immer mit mindestens dem proportionalen Mehrertrage antworten, so würde niemals Boden geringerer Bonität in Angriff genommen worden sein. Nun aber ist überall Boden geringerer Bonität in Angriff genommen worden: folglich muß das Gesetz vom sinkenden Ertrage richtig sein. Q. e. d. Daß das naturrechtliche Siedlungsschema aus einem oder dem anderen Grunde falsch sein könnte, kommt ihm nicht in den Sinn.

Für die Dogmengeschichte noch viel interessanter ist, daß West, soweit wir sehen können, der einzige Theoretiker gewesen ist, der den Versuch gemacht hat, das Gesetz vom sinkenden Spielraum deduktiv zu beweisen. Der Versuch ist u. E. mißglückt, aber jedenfalls bleibt ihm das Verdienst, das Problem, das sich hier stellt, als Erster und fast Einziger klar erkannt zu haben.

Völlig korrekt legt er dar, daß zwei antagonistische Kräfte auf die Produktivität des Ackerbaues einwirken, eine, die sie zu steigern, eine, die sie herabzusetzen tendiert. Die erste ist die Verbesserung der Anbautechnik, dank den Fortschritten der Arbeitsteilung und des Maschinenwesens, die zwar in geringerem Maße als in den Gewerben, aber doch auch hier kräftig auf eine Vermehrung des Produktes hinwirkt; die Gegenkraft ist die abnehmende Fruchtbarkeit. Welche von beiden Kräften überwiegt die andere? West unternimmt es, dieses entscheidende Problem mit deduktiven Mitteln zu lösen.

Zu diesem Zwecke stellt er, ganz wie ich es, ohne seine Ausführungen damals schon zu kennen, in meinem „Malthus" [2]) getan habe, die drei möglichen Fälle auf: das Gesetz vom sinkenden Boden-

---

[1]) „An Essay on the Application of Capital to Land etc." London 1815. A Reprint of economic tracts, herausgegeben von Jacob H. Hollander, Baltimore 1903.

[2]) S. 60.

ertrage wird durch die Verbesserung des „agricultural skill" (Senior) überkompensiert oder kompensiert oder weniger als kompensiert. Im ersten Falle steigt der Spielraum, im zweiten bleibt er gleich groß, im dritten sinkt er.

Fall eins und zwei lassen sich durch die Tatsache ausschließen, daß bei allen fortschreitenden Völkern der Kapitalprofit s i n k t. Das kann nur der Fall sein, wenn entweder die Produktivkraft des Kapitals sinkt, oder wenn sein Anteil am Kapitalerzeugnis dadurch fällt, daß die Löhne steigen. Das letztere ist sicher nicht in solchem Maße der Fall, daß es das Sinken des Profits unter der Voraussetzung erklären könnte, daß die a l l g e m e i n e Ergiebigkeit des Kapitals zugenommen habe: denn dann hätte der Lohn stärker steigen müssen, als diese vorausgesetzte Ergiebigkeit, was offenbar nicht der Fall ist.

Folglich läßt sich das Sinken des Profits nicht anders erklären, als durch das Sinken der Ergiebigkeit der d u r c h s c h n i t t l i c h e n Kapitalverwendung.

Da nun aber ein Teil des gesellschaftlichen Kapitals, nämlich das industriell-kommerzielle, dank der Arbeitsteilung an Ergiebigkeit äußerst stark zugenommen hat, muß der andere Teil, das landwirtschaftliche Kapital, an Ergiebigkeit noch viel stärker abgenommen haben: nur so läßt sich die Abnahme der durchschnittlichen Ergiebigkeit erklären. Oder, mit anderen Worten, damit ist bewiesen, daß das privatwirtschaftliche Gesetz vom sinkenden Bodenertrage sich in der Volkswirtschaft darstellt als Gesetz vom sinkenden Spielraum [1]).

Diese ganze Argumentation, so geistreich und scharf zugespitzt sie auch ist, steht und fällt mit ihren Prämissen, den Theorien vom Kapital resp. Profit und vom Lohne. Wenn die Bestimmgründe beider Einkommensarten andere sind, als West im Anschluß namentlich an Smith annimmt, dann hängt die Beweisführung gänzlich in der Luft. Wir werden im zweiten Teile auf diese Frage etwas näher einzugehen haben: hier muß es genügen, festzustellen,

[1]) Es ist vielleicht nicht überflüssig zu bemerken, daß ich die Westsche Argumentation in meiner Terminologie wiedergebe.

daß der Westsche Beweis für das Gesetz vom sinkenden Spielraum in bezug auf seine Voraussetzungen der Prüfung noch bedarf.

Nachdem der Ausgangspunkt einmal gegeben war, mußte ein so konsequenter Kopf zu einer der Ricardoschen gleichen Naturrechtstheorie von der Grundrente gelangen. In der Tat entwickelt West die drei Arten, durch die nach dieser Theorie Rente entsteht. vollzählig: durch naturgegebene und verkehrsgegebene[1]) Unterschiede der Rentierung und durch Verwendung aufeinanderfolgender Zusatzkapitale; und er erklärt ausdrücklich[2]):

„Es ist die wachsende Unergiebigkeit von Zusatzkapitalien, die auf das Land verwendet werden, die die Rente regelt und fast ganz allein verursacht.

„Wenn Kapital in unbegrenzter Menge mit gleichem Vorteile auf Boden verwendet werden könnte, dann würde das Produkt natürlicherweise unbegrenzt sein; und dies würde dieselbe Wirkung auf die Rente haben, wie das Vorhandensein einer unbegrenzten Menge kulturfähigen Landes; in beiden Fällen würde die Rente sehr klein sein. Aber die Notwendigkeit, zu geringerem Lande seine Zuflucht zu nehmen und Kapital mit geringerem Vorteil auf schon angebautes Land zu verwenden, läßt die Rente anschwellen. Wenn im Falle vermehrter Nachfrage nach Getreide das Kapital mit dem gleichen Vorteil wie vorher angelegt werden könnte, dann würde der Gestehungspreis der vermehrten Menge derselbe sein wie zuvor. Und der Wettbewerb würde natürlicherweise bald den Marktpreis auf den Gestehungspreis herabdrücken. Und so könnte die Rente nicht wachsen. Aber bei vermehrter Nachfrage nach Getreide wird, wie ich gezeigt habe, das neu angelegte Kapital mit geringerer Ergiebigkeit angelegt. Daher steigt der Gestehungspreis der neu erforderten Menge, und der Marktpreis dieser Menge muß daher wachsen. Aber das Getreide, das zu den geringsten Kosten hergestellt ist, erzielt natürlich denselben Preis wie das, was mit den größten Kosten hergestellt ist, und infolgedessen wird der Preis alles Getreides durch die vermehrte

[1]) S. 14.
[2]) S. 38.

Nachfrage in die Höhe getrieben. Der Farmer erhält nur den gewöhnlichen Kapitalprofit, und zwar auch für dasjenige Getreide, das zu den höchsten Kosten hergestellt wird; aller überschüssige Gewinst aber alles desjenigen Erzeugnisses, das unter günstigeren Bedingungen hergestellt wurde, fließt dem Grundeigentümer als Rente zu.“

Diese Sätze stimmen fast völlig mit der Ricardoschen Darlegung überein. Nur die Behauptung, daß „die Rente sehr klein wäre, wenn entweder jedes Zusatzkapital mindestens den Ertrag des Originalkapitals brächte oder wenn unbegrenztes Land von gleicher Bodenbonität zur Verfügung stände“, ist verdächtig. In diesem Falle müßte die Rente, streng genommen, Null sein. Es läßt sich aus dem vorliegenden Schriftchen nicht erkennen, ob West hier eine geringe Konzession an die Monopoltheorie hat machen wollen, oder ob er nur eine allzuharte Ausdrucksweise vermeiden wollte. Je nachdem man sich der einen oder der anderen Auffassung zuzuwenden geneigt ist, wird man West als einen der Entdecker der reinen Naturrechtslehre der Rente oder nur als den Forscher anerkennen, der ihr vor Ricardo am nächsten gekommen ist.

Gegen Ricardos Verdienste um das Problem würde selbst die erste Auffassung nichts beweisen. Denn offenbar hat er die fast gleichzeitig mit seiner eigenen Arbeit anonym erschienene Schrift „erst nach der Ausarbeitung seiner eigenen Lehre kennen gelernt..... Es liegt hier also ein in der Geschichte der Wissenschaften nicht seltener Fall vor, daß zwei Autoren zu derselben Zeit ganz unabhängig voneinander zu denselben Ideengängen gekommen sind“ [1]).

Vor allem aber fehlt in dem kleinen, wesentlich praktischen Zwecken, nämlich der Kornzollgesetzgebung, gewidmeten Schriftchen Wests fast alles, was Ricardos Rentenlehre erst recht eigentlich zur Theorie erhebt, nämlich die bewußte Einordnung in

[1]) Diehl, l. c. I. S. 415, mit dem ich hier völlig übereinstimme. Mc. Culloch sagt dazu (Notes etc. p. 36/7): „it is well known to many of his friends that he (Ricardo) was in possession of the principle ..... several years prior to the publication of the earliest of these works“ (von West und Malthus).

ein ganzes theoretisches System, die Abstimmung aller anderen Teillehren, z. B. vom Lohne, vom Werte, vom Profit, mit der neuen Prämisse und ihrer Folgerung. Erst Ricardo hat die Lehre von der Grundrente zum Drehpunkt des ganzen Systems gemacht: diese Leistung ist inkommensurabel mit der glücklichen Ableitung der einzelnen Teillehre, wie sie Edward West nach der ihm günstigsten Auffassung geglückt ist [1]).

* * *

Wir kommen mithin zu dem Schluß, daß Anderson und vor allem Malthus für die Priorität der Naturrechtstheorie der Rente überhaupt nicht, und West nur in einem sehr bescheidenen Maße in Betracht kommen können. Die Theorie trägt mit Recht den Namen David Ricardos.

---

[1]) Dasselbe sagt Mc. Culloch in dem „introductory discourse (l. c. p. 62): „But the investigations of these gentlemen (West and Malthus) though of great importance, were comparately limited in their object; and it was reserved for Mr. Ricardo to carry his researches into every department of the science, to correct errors sanctioned by the highest authority etc.“ In den „Notes and Dissertations, p. 36, nennt er freilich umgekehrt Ricardo „less happy in his mode of explaining it.“

ZWEITER TEIL.

KRITIK.

Sechster Abschnitt.

Der Ricardosche Beweis.

Nachdem wir durch die Erörterungen und polemischen Feststellungen des ersten Teiles die Ricardosche Theorie in ihrer reinen Form und ihrem ursprünglichen Sinne wiederherzustellen versucht haben, können wir jetzt auf gesicherter Grundlage ihre Wahrheit selbst untersuchen.

Wir haben an jeder Theorie Behauptung und Beweis gesondert zu untersuchen. Die Widerlegung eines Beweises widerlegt noch nicht die Behauptung. Diese kann immer noch richtig sein, wenn auch der Beweis falsch ist. Umgekehrt ergibt sich freilich implizite aus dem Nachweise von der Unrichtigkeit der Behauptung, daß der Beweis nicht richtig sein kann: aber auch dann verlangt die wissenschaftliche Besonnenheit, daß die Kritik explizite durch Aufdeckung der Fehler im Beweisverfahren vollendet werde.

Wir werden daher in folgendem zuerst den Ricardoschen Beweis und darauf seine Behauptung gesondert untersuchen.

Ich stelle der Auseinandersetzung folgende Thesen voran:

1. Der von Ricardo für seine Grundrententheorie geführte Beweis ist schon aus formalen Gründen als völlig mißlungen abzulehnen. Das Schließverfahren ist fehlerhaft, eine Prämisse ist falsch, und die Theorie führt zu einer mindestens sehr verdächtigen Konsequenz.

2. Der angebotene materiale Beweis an den Tatsachen der kapitalistischen Wirtschaft ist nicht erbracht und nicht erbringbar.

3. Die von Ricardo in seiner Theorie vertretene Behauptung ist erweislich falsch.

A. Formale Prüfung.

1. Das Schließverfahren.
(Der Zirkelschluß.)

Beginnen wir mit der formalen Prüfung. Fragen wir noch nicht, ob die Theorie wahr, sondern zunächst nur, ob sie richtig ist.

Wir haben selbst vielfach die außerordentliche logische Geschlossenheit der Lehre gegenüber den mit ihr streitenden festgestellt und wollen auch hier wiederholen, daß das Schließverfahren ein Wunderwerk menschlicher Logik ist.

Und dennoch haben wir bereits gegen ihre formale Richtigkeit ein schweres Bedenken vorzubringen: im Zentrum der Theorie Ricardos steht als Grundlage jeder seiner Ableitungen seine Wert- und Preislehre. Der Getreidepreis ist die Variable, die das Entstehen und alle Veränderungen der Rente bedingt, er ist das Medium, durch das die prima causa, die Volksvermehrung, auf den Anbau einwirkt.

Nun ist diese Werttheorie Ricardos eine Ableitung aus seiner Grundrententheorie. Er führte jene zum Siege gegen die Smithsche Kostentheorie nur dadurch, daß er zeigte, auch alles Urprodukt stehe lediglich auf seinem „natürlichen Preise", sein Wert setze sich nur aus dem Lohn der gegenwärtigen und dem Lohn vergangener Arbeit, dem Profit, zusammen. Diese Werttheorie steht und fällt mit ihrer Prämisse, der Grundrententheorie.

Unter diesen Umständen ist es völlig klar, daß jede korrekte Ableitung aus der Wertlehre immer wieder die Grundrentenlehre ergeben muß, die die Prämisse ihrer Prämisse ist. Jeder Schluß ist im Grunde ein Zirkel. Die Prämisse kehrt immer nur zu sich selbst zurück.

Wenn man sich das klar macht, so wird man zugeben, daß die innere Geschlossenheit der Theorie, ihr Freisein von inneren Widersprüchen, nicht länger als Beweis für ihre Wahrheit bezeichnet werden darf.

2. Die Prämisse.
(Die Lohnfondstheorie.)

So wenig wie das Beweisverfahren hält die eine Prämisse die Lohnfondstheorie, einer genauen Prüfung stand.

Wir haben im ersten Abschnitt (unter B, 1, b: das Thema probandum) gezeigt, daß Ricardo die bürgerliche Gesellschaft nur gegen solche sozialistischen Angriffe zu verteidigen hatte, die mit der Monopol-Preis-Theorie begründet waren, während sie gegen Angriffe aus der Monopol-Lohn-Theorie durch die Lehre vom Lohnfonds völlig gedeckt war. Sein Beweis ist, mit anderen Worten, im Grunde ein Beweis per exclusionem etwa folgender Formel:

„Die Grundrente könnte entweder aus der Naturrechts- oder der Monopol-Preis- oder der Monopol-Lohntheorie erklärt werden. Die letztere scheidet aus, weil nach der Lohnfonds-Theorie die Grundrente auf den Lohn nicht einwirkt; folglich haben wir nur zwischen den beiden ersten zu entscheiden."

Somit ist die Lohnfondstheorie eine Prämisse der Ricardoschen Grundrententheorie.

Und diese Prämisse ist falsch!

Wir haben oben (erster Abschnitt, B, 2: die Verteidigung des Profits) die Lohnfondstheorie folgendermaßen skizziert:

„Für Smith ist das Kapital die notwendige Vorbedingung jeder weiter ausschauenden, d. h. jeder höheren Produktion. Der zum Unterhalt der Arbeiter während der Produktionsperiode notwendige Stamm von Subsistenzmitteln, der Lohnfonds, muß aufgehäuft sein, ehe die Produktion beginnen kann."

Die Konstruktion ist unhaltbar. Sie ist nicht einmal für den berühmten Robinson richtig, der später in dieser Deduktion so viel gemißbraucht worden ist. Auch Robinson kann, ohne einen Stamm von Unterhaltsmitteln aufgehäuft zu haben, sehr weitausschauende Arbeiten beginnen: er kann dann nur nicht ohne Unterbrechung an dem einen Werke bleiben, sondern muß von Zeit zu Zeit, vielleicht täglich, auf die Suche nach Unterhaltsmitteln ausgehen.

Um das in der Sprache der Theorie auszudrücken: Robinson vollendet allmählich seine weitausschauende Produktion (seine Palissaden oder seine Waffen oder sein Kanoe), trotzdem er keinen „Lohnfonds" aufgehäuft hat. Er lebt nicht von dem ersparten Ertrage vorhergegangener, sondern von dem Ertrage gleichzeitiger „Gütererzeugung".

Man könnte dieses Verfahren als „Arbeitsteilung und -vereinigung" in der isolierten Individualwirtschaft bezeichnen. Genau so vollzieht sich die höhere Produktion auch in der Arbeitsteilung und -vereinigung der Volkswirtschaft so, daß die Werkleute aus dem Ertrage der gleichzeitigen Gütererzeugung, nicht aber aus dem Ertrage vorhergegangener unterhalten werden. Der ganze Unterschied ist nur der, daß sie ohne Unterbrechung am Werke bleiben können, weil andere Werkleute gleichzeitig Unterhaltsmittel und Arbeitsmittel herstellen.

Das gilt gleichmäßig für Gesellschaften jeder denkbaren politischen und ökonomischen Gliederung.

Am einfachsten lassen sich die Verhältnisse in einer indischen Dorfgemeinschaft übersehen. Hier sind der Schmied und der Priester Angestellte der Gesamtheit, leisten ihre Arbeit und werden in naturalibus besoldet, aus dem Ertrage der gleichzeitigen Feldwirtschaft.

Nicht anders im feudalen Patriarchalstaat! König Menkuruh von Ägypten soll 40 Jahre an seiner Pyramide gebaut haben: es war durchaus nicht erforderlich, daß alle für den Bau dieses Riesenmonumentes erforderlichen Steine vor Beginn der Bauperiode gebrochen, behauen und angefahren, alle Werkzeuge geschmiedet, und die für die Ernährung, Bekleidung und Behausung der Frohnbauern und Kriegsgefangenen erforderlichen Vorräte angehäuft waren; es genügte vollkommen, wenn eine verfügungsberechtigte Gewalt einen gewissen Teil der Gesamtarbeitskraft des ägyptischen Volkes und einen gewissen Teil ihres Gesamterzeugnisses auf Jahre hinaus für den Bau anwies. Die Frohnbauern, die die letzten Terrassen der Pyramide mörtelten, lebten nicht von einem Getreide, das vor 40 Jahren gedroschen war, sondern von solchem der letzten Ernte; und die Steine, die sie fugten, waren auch erst soeben in den libyschen Steinbrüchen gewonnen worden. Wenn wir diese Vorgänge in unsere modernen ökonomischen Kategorieen einkleiden, so erkennen wir, daß vor Beginn des Werkes nur ein sehr bescheidener Teil des erforderlichen „Kapitals" vorhanden war. Der weitaus größte Teil wurde erst im Laufe der Vollendung selbst neu geschaffen und durch Zwangsanweisung für diesen Zweck zur Verfügung gestellt.

Schließlich erkennen wir, daß auch in der kapitalistischen Verkehrswirtschaft bei lange währenden Unternehmungen mit großem Kapitalsbedarf ganz das Gleiche geschieht: auch beim Bau des Simplontunnels waren nur die für den ersten Anfang des Werkes erforderlichen Kapitalien vorhanden; die für seine Vollendung nötigen Werkzeuge, Roh- und Hilfsstoffe aber wurden Jahr für Jahr aus der gleichzeitigen Erzeugung des westeuropäischen Kulturkreises ausgeschieden und für dieses Werk bereitgestellt, zwar nicht durch königliches Dekret, aber auf dem Wege der modernen Kreditanweisungen.

Wie Smith zu dieser haltlosen Theorie kam, liegt auf der Hand. Es handelt sich um die Verwirrung einer volkswirtschaftlichen und einer privatwirtschaftlichen Kategorie, ganz analog derjenigen, die wir als Grundirrtum der Physiokratie gekennzeichnet haben: das „Kapital" im volkswirtschaftlichen Sinne als diejenige Gütermasse, die eine Volkswirtschaft dem unmittelbaren Verzehr entzieht, um sie für die Produktion zu verwenden, ist etwas ganz anderes als das „Kapital" in seinem privaten Sinne, nämlich als die den gesamten Unternehmern eigentümlich gehörigen Betriebsfonds [1]). Diese sind in der Tat Rücklagen, „Ersparnisse" aus früheren Produktionsperioden.

[1]) Rodbertus-Jagetzow: „Das Kapital", S. 315: „Wenn daher die neueren Nationalökonomen den älteren vorwerfen, daß diese das Geldkapital für das wahre Kapital, das Kapital an sich, genommen haben, so ist den neueren vorzuwerfen, daß sie das Privatkapital für das wahre Kapital oder das Kapital an sich genommen haben. Das „Kapital" — in diesem Sinne — ist nur der Rechtsinstitution des Kapitaleigentums wegen notwendig, aber nicht, wie behauptet worden, das Kapitaleigentum des Kapitals wegen! So sind Grund-

Solche eigenen Betriebsfonds sind nun freilich in der Regel für den einzelnen Unternehmer unentbehrlich — nicht einmal immer, denn hervorragend tüchtige Fachmänner erhalten auch dann, wenn sie ganz vermögenslos sind, den Kredit[1], den der Durchschnitt nur dann erhält, wenn er „kreditfähig" ist, d. h. ein eigenes Vermögen zu verlieren hat. Aber dieses Kapital im zweiten Sinne hat entfernt nicht die Bedeutung, die Smith ihm zumaß, und ist vor allen Dingen viel kleiner, als er annahm. Es spielt kaum eine andere Rolle als die des Windkessels an der Feuerspritze; es verwandelt den stoßweise erfolgenden Zufluß der Produktionsmittel in einen gleichmäßigen Abfluß: aber diese selbst stammen zum allergrößten Teil aus dem Kapital im ersten Sinne, sind Teile des Volks*einkommens*, nicht des Volks*vermögens*, Teile der gleichzeitigen, nicht der vergangenen Produktionsmasse.

In dieser Wertung der Lohnfondstheorie befinden wir uns, wie gesagt, in Übereinstimmung mit der herrschenden Theoretik. Wir führen einige bezeichnende Auslassungen an:

Philippovich[2] schreibt: „Die ..... Lohnfondstheorie ist durch Hermann, Thornton, Rodbertus, Brentano widerlegt worden. Es läßt sich kein Teil des Volksvermögens bestimmen, der für die feste Begrenzung der Größe aller Lohneinkommen maßgebend wäre, da erstens alle Vermögensgüter der Volkswirtschaft auf dem Wege des Kredits den Produktionszwecken nutzbar gemacht werden können, zweitens die Arbeitsmenge und dadurch die Lohngröße des einzelnen Unternehmens von der technischen Zusammensetzung des Kapitals abhängig, diese aber veränderlich ist, und drittens die endgültige Zahlung der Löhne ja nicht aus dem Unternehmerkapital, sondern aus dem Einkommen der Konsumenten erfolgt .....".

---

stücke unter allen sozialen Verhältnissen zur Produktion erforderlich, aber nicht „Grundbesitz" in dem heutigen Sinne."

[1]) „Kredit" aber heißt auch hier vorwiegend: von dazu Berechtigten ausgestellte Anweisungen auf Produkte der *gleichen* Produktionsperiode.

[2]) Grundriß der politischen Ökonomie. Zweite Auflage; erster Band. Freiburg und Leipzig 1897, S. 305.

Kleinwächter[1]) macht folgende dogmenhistorische Bemerkungen zur Lohnfondstheorie: „John Stuart Mill hat die Lohnfondstheorie in seinen Principles verfochten, dann aber aufgegeben, Rodbertus („Das Kapital", vierter sozialer Brief an Kirchmann) hebt hervor, es sei ein Widersinn, zu behaupten, der Arbeiter werde aus dem Nationalkapital erhalten. Nicht aus dem „Kapital" der Nation werden die Arbeiter während der Produktion erhalten, sondern aus der letzten vorhergegangenen Ernte, oder allgemein ausgedrückt, aus den Ergebnissen der regelmäßig fortlaufenden Produktion. Diese Ergebnisse der regelmäßig fortlaufenden Produktion bilden aber das National-„Einkommen" und nicht das National-„Kapital"; ein letzteres besteht in nichts anderem als in den vorhandenen Werkzeugen und Materialien der Nation. Mithoff, Schönberg u. a. wenden sich hauptsächlich dagegen, den Lohnfonds als eine bestimmte Größe zuzugeben. „Nicht das Kapital der Unternehmer, das nur Zwischenreservoir ist (Roscher), sondern die Zahlungsfähigkeit der Käufer ist das Kapital, aus dem die Arbeiter erhalten werden". — Kleinwächter selbst stimmt Rodbertus zu, hält es aber für einen Streit um Worte. Wichtiger ist, daß man als Lohnfonds allenfalls betrachten kann diejenige Menge von Genußgütern, die nach Abzug der Luxusproduktion und der notwendigen Kapitalisation sowie der unproduktiven Verschwendung für die Arbeiterklasse übrig bleibt. Dann kann man Lohnfonds wieder nennen diejenige Summe von Werten, die zur Zusammenfassung einer größeren Anzahl von Arbeitern zur Verfügung stehen. Nach Chevallier[2]) war der erste Zerstörer der

[1]) „Das Einkommen", S. 218 f.

[2]) Les salaires au 19. siècle. Paris 1887, p. 202. Wenn damit Francis Amasa Walker gemeint ist, so ist das falsch. Sein Buch über „The wages question" ist erst 1876 erschienen (vgl. Lippert, Art. Walker im Hdwb. d. St. II. Aufl., VII. 612). Die Priorität scheint Rodbertus zu gebühren, der den Trugschluß auf das klarste aufgelöst hat:

„In der Tat ist so auch der wirkliche Verlauf der nationalen Produktion.

„Erst während die Arbeiter auf irgendeiner oder auf allen Produktionsstufen die Arbeit vornehmen, für die sie nach einem Tage, einer Woche oder einem Monate gelohnt werden, werden zugleich, in derselben Zeit, während desselben Tages, derselben Woche oder desselben Monats auf der letzten Pro-

Lohnfondstheorie Colonel A. Walker. Er selbst macht zu der vorliegenden Frage die Bemerkung [1]), daß da, wo viel Kapital sei, im allgemeinen auch reichlich Arbeitsgelegenheit gegeben sei, was scheinbar die Lohnfondstheorie stützen könne. Aber es handelt sich hier nicht um Kapital im engeren Sinne als Lohnfonds, sondern um Kapitalanlagen überhaupt, und das habe mit dem wages fund nichts zu tun. Der Vorrat an „zirkulierendem Kapital" (dem eigentlichen Unternehmerkapital im engeren Sinne) diene nur dazu, die Lohnzahlungstermine einander zu nähern.

In der deutschen Wissenschaft hat der Lohnfonds kaum noch Anhänger. Schönberg [2]) faßt den Stand der Theorie kurz und knapp folgendermaßen zusammen: „Der Lohnfonds, d. h. der Fonds, aus dem definitiv der Lohn gezahlt wird, ist nicht das Kapital der Unternehmer — dieses ist nur eine Art Vorschußkasse — sondern das Einkommen und Vermögen der Konsumenten der Arbeitsleistung. (Es war ein verhängnisvoller Irrtum des Smithianismus und der Manchesterschule, dies zu verkennen und anzunehmen, daß der „Lohnfonds" das Unternehmerkapital sei, und daß daher durch die Höhe dieses Kapitals und die Zahl der Arbeiter auch die Höhe des durchschnittlichen Arbeitslohnes bestimmt sei, daß nur eine Erhöhung des Unternehmerkapitals eine Erhöhung der Arbeitslöhne ermögliche usw.)."

Schmoller schreibt hierüber [3]): „Die Lohnfondstheorie ist einmal eine Folge der Überschätzung der Quantitätswirkung auf

duktionsstufe auch die Lohn- und Einkommensgüter fertig, mit denen sie für diesen Zeitraum gelohnt werden. Gegen diese wird das Produkt, das sie in der betreffenden Produktionsperiode, bei der es fraglich ist, ob der Lohn dafür zum Einkommen oder auch zum Kapital gehört, herstellen, vertauscht. Sie werden mithin erst von dem Produktwert, den sie in der betreffenden Periode herstellen, aber nicht von einem, der bereits beim Beginn derselben hergestellt wäre, gelohnt." („Das Kapital", S. 297.)

„Das Kapital an sich wird überhaupt nicht „erspart" oder „angesammelt", sondern in richtiger Einteilung der nationalen Arbeit produziert. Es ist Resultat und nicht Bedingung der Arbeit." (ib. S. 134.)

[1]) l. c. S. 205.

[2]) Hdwb. d. St. 2. Aufl., I., S. 867.

[3]) Grundriß der allgem. Volkswirtschaftslehre. II. Teil. Leipzig 1904, S. 301.

den Wert und dann eine Verwechslung der letzten Ursachen, welche die Nachfrage nach Arbeit bestimmen, mit einer untergeordneten Mittelursache. Jene liegen in der Kaufkraft der Konsumenten für Arbeitsleistungen; nur ein Mittel der Ausführung hierfür ist das Kapital der Unternehmer; keiner derselben hat sich eine ganz feste, jedenfalls auszugebende Summe für Arbeitsbezahlung reserviert; er zahlt dem Arbeiter, was er muß; er stellt so viel Arbeiter an, wie er nach dem Stand der Technik und dem wahrscheinlichen Absatz braucht; hat er nicht genügend eigenes Kapital, so gibt es ihm der Kredit; er hat nur jederzeit für die nächsten Wochen Dispositionen zu machen, was er für Lohnzahlungen braucht, und wie er das Kapital hierfür schaffe."

Ad. Wagner seinerseits erkennt der Lohnfondstheorie einen berechtigten Kern zu, aber auch nicht mehr [1]). Es können nie mehr Arbeiter beschäftigt werden, als mit und an dem jeweils gegebenen „Naturalkapital" arbeiten können. Das ist zweifellos richtig, aber niemand hat schärfer als Wagner selbst zwischen Privatkapital einerseits und „Volks-", „National-", „Sozialkapital" andererseits unterschieden, zwischen dem ersteren als „historisch-rechtlicher" und dem letzteren als „rein-ökonomischer" Kategorie [2]). Von diesem Gesichtspunkt aus lehnt denn auch er die privatkapitalistische Lohnfondstheorie als „unzulänglich" ab [3]). Nur diese aber wird hier bekämpft, weil nur aus ihr die uns hier beschäftigenden Konklusionen abgeleitet werden können.

Mit diesen Belegen mag es genug sein. Zweifellos ist die Lohnfondstheorie falsch. Da sie aber Prämisse des Ricardoschen Beweises ist, so ist dieser hinfällig.

Mindestens eins ist sicher: selbst wenn man zugeben wollte, daß die Monopol-Preis-Theorie durch Ricardo widerlegt worden ist, so steht nach dem Sturz der Lohnfondslehre die Monopol-Lohn-Theorie ungeschwächt auf dem Plane. Wer die Naturrechtslehre der Rente heute sichern wollte, müßte zuerst und vor allem die Monopol-Lohn-Theorie als falsch erweisen.

---

[1]) Theoretische Sozialökonomik. Leipzig 1907. S. 142/3.

[2]) Grundlegung der politischen Ökonomie. Leipzig 1892. I., S. 315/6.

[3]) Grundlegung der politischen Ökonomie. Leipz g 1894. II., S. 225/6.

Wir denken aber im Gegenteil nachweisen zu können, daß die Naturrechtstheorie falsch ist, und nur die Monopol-Lohn-Theorie die Rente erklären kann.

3. Die Konsequenz.
(Die dritte Lexissche These.)

Wie die Ricardosche Grundrententheorie in ihrem Schlußverfahren fehlerhaft, in ihrer einen Prämisse, der Lohnfondstheorie, sicher falsch ist, so führt sie auch, rein deduktiv zu Ende gedacht, zu einer Konsequenz, die, gelinde ausgedrückt, schwer verdächtig erscheint.

Wir sprechen von der in der dritten Lexisschen These enthaltenen Konsequenz. Sie lautet in unserer Formulierung:

„Wenn auf der isolierten Insel, wo schon keine natur- und verkehrsgegebenen Ertragsdifferenzen bestehen können, auch noch darum keine Ertragsdifferenzen zwischen den früher und den später investierten Kapitalen vorkommen können, weil das Gesetz der sinkenden Erträge hier nicht in Kraft ist, und jedes Zusatzkapital die Ergiebigkeit des Originalkapitals besitzt: dann gibt es keinerlei Rentendifferenzen und daher auch keine Differentialgrundrente, d. h. nach Ricardo, überhaupt keine Rente."

Wir haben bereits oben ausgeführt, daß das Rodbertussche Problem mit dieser Zufügung für Ricardo unlösbar wird. Trotzdem würde auch er kaum zu leugnen gewagt haben, daß die wenigen Magnaten, denen das gesamte Feldland dieser Insel zu eigen ist, ein bedeutendes Renteneinkommen genießen würden. Es bliebe ihm also nur der eine Ausweg, das Rodbertussche Problem als falsch gestellt abzulehnen, indem er behauptete, daß diese letzte Bedingung unmöglich erfüllt sein könne.

Beachten wir wohl: wir befinden uns hier in der Sphäre der abstraktesten Deduktion. Hier ist jede als möglich zugegebene Annahme auch als Prämisse zulässig. Wir haben also zu untersuchen, ob die Lexissche Annahme möglich ist. Wenn sie sich als möglich erweist, dann ist die zweite Prämisse der Lexisschen These, nämlich die Ricardosche Grundrententheorie, als Gesamtkonzeption mindestens als sehr verdächtig nachgewiesen. Wir persönlich würden keinen Anstand nehmen, zu sagen, daß sie bereits damit widerlegt wäre. Da aber bei einem Gedankenexperiment die quaestio facti unmöglich ist, die schließlich allein über die Wahrheit einer Folgerung entscheiden kann, so wollen wir uns damit genügen lassen, auszusprechen, daß die Ricardosche Grundrententheorie stark erschüttert ist, wenn die Möglichkeit zugegeben werden muß, daß auf dieser isolierten Insel von Anfang an bis zu der Zeit der Beobachtung die Zusatzkapitale immer mindestens den Ertrag des Originalkapitals ergeben haben.

Ist diese Annahme möglich?

Sie ist nicht nur möglich, sondern Ricardo muß sie gegen sich gelten lassen. Er erkennt, — wie seine ganze Schule — die Tatsache an, daß das Gesetz der sinkenden Erträge zeitweilig durch Fortschritte der landwirtschaftlichen Technik überkompensiert werden kann, so daß der Nahrungsspielraum eine Zeitlang nicht enger, sondern weiter wird. Diese Einschränkung ist am knappsten von Senior formuliert worden: „that, agricultural skill remaining the same, additional labour employed on the land ..... produces in general a less proportional return" [1]). Auch Malthus, der ja auf jenes Gesetz seine Bevölkerungstheorie baute, ließ die gleiche Einschränkung gelten: „Ein verbessertes Kultursystem kann beim Gebrauch besserer Geräte eine lange Zeit hindurch die Tendenz einer ausgedehnten Kultur und einer großen Kapitalzunahme, geringere Verhältniserträge zu liefern, mehr als aufwiegen" [2]).

Ricardo steht ganz auf demselben Standpunkte. Er führt im zweiten Hauptstück von der Rente folgendes aus: während in fortschreitenden Gesellschaften mit wachsendem Kapital und deshalb zunehmender Volkszahl in der Regel der Getreide-

---

[1]) Zit. nach A. Wagner, Grundlegung der politischen Ökonomie. 3. Aufl., I. Teil, 2. Halbbd. Leipzig 1893. S. 654, Anm.

[2]) T. R. Malthus, „Versuch über das Bevölkerungsgesetz". Nach der 7. Ausgabe des englischen Originals übersetzt von F. Stöpel. Berlin 1879, S. 57.

preis und damit die Grundrente wachse, sinken beide, wenn in Zeiten des Rückganges das Kapital und deshalb die danach „sich regelnde" Volkszahl abnehmen. Das zurzeit unproduktivste „Grenzkapital" wird zurückgezogen, der unergiebigste Grenzboden verlassen, und die Gesamtgrundrente des Landes fällt deshalb um die Differenz des Ertrages zwischen dem früher angewendeten und dem jetzt noch notwendigen Grenzkapital bzw. Grenzboden.

Indessen kann auch in Zeiten „natürlicher Fortschritte des Volkswohlstandes und der Bevölkerung" unter einer bestimmt bezeichneten Bedingung der Kornpreis und die Rente ebenso, wie in Zeiten des Niederganges, sinken; und zwar: „wenn diese Zunahme" (des Wohlstands und der Bevölkerung) „von solchen hervorstechenden Verbesserungen im Ackerbaue begleitet ist, welche ebenso eine Verringerung der Notwendigkeit des Anbaues ärmeren Bodens oder der Auslage des nämlichen Kapitals für den Anbau der fruchtbareren Bodenteile bewirken" [1]).

An einer anderen Stelle spricht er ganz in demselben Sinne von der Möglichkeit, wie der allgemeine Gewinnstsatz auch in Zeiten des natürlichen Fortschritts steigen könne, während er sonst nach seiner Ansicht in solchen Fällen sinkt, und nur in Zeiten großen Kapitalverlustes und entsprechender Volksabnahme steigt. Aber wie denn überhaupt Rente und Kapitalgewinn immer im umgekehrten Sinne schwanken, daß jene steigt oder fällt, wie dieser fällt oder steigt, so entspricht auch der einen Ausnahme des Fallens der Rente in Zeiten des Fortschritts das Steigen des Gewinnstes:

„Das natürliche Streben des Gewinnstes ist demnach, zu sinken; denn bei dem Fortschreiten der Gesellschaft und des Volkswohlstandes erlangt man den erforderlichen Mehrbedarf an Nahrungsmitteln durch Aufopferung von mehr und mehr Arbeit. Diesem Streben, dieser Schwerkraft des Gewinnstes, wird zum Glücke

---

[1]) Ricardo, l. c. S. 51/2. Im Original nichts gesperrt. Ebenso Mac Culloch: Principles, p. 200. und Notes etc. p. 23.

von Zeit zu Zeit entgegengewirkt durch die Verbesserungen im Maschinenwesen, welche mit der Hervorbringung der Bedürfnisse zusammenhängen, sowie durch Entdeckungen in der Landwirtschaftslehre, welche uns instand setzen, einen Teil der früher nötig gewesenen Arbeit aufzugeben und deshalb den Preis des ersten Bedürfnisses der Arbeiter herabzusetzen“ [1]).

Aus dieser Stelle geht hervor, daß Ricardo ebenfalls mit der realen Möglichkeit rechnete, daß das Gesetz der sinkenden Erträge durch technische Verbesserungen überkompensiert werde.

Er kann daher den Fall nicht ausschließen, der in der dritten Lexisschen These behandelt wird. Die Möglichkeit ist nicht zu bestreiten, daß lange Zeit hindurch, sagen wir vom Zeitpunkt der ersten Besiedlung bis zu einem Zeitpunkt hochentwickelter gesellschaftlicher Arbeitsteilung und Kultur, sich „solche hervorstechenden Verbesserungen im Ackerbau“ derart aneinander gereiht haben, daß immer die jüngste den Spielraum aufs neue erweiterte, bevor noch die Volkszahl stark genug gewachsen war, um den durch die vorletzte erweiterten Spielraum auszufüllen. Das ist genau das, was Malthus, gewiß ein unverdächtiger Zeuge gerade auf diesem Gebiete, in seiner oben zitierten Bemerkung ausspricht.

Die der dritten Lexisschen These zugrunde liegende eine Prämisse, daß das Gesetz der sinkenden Erträge ausgeschaltet gedacht werde, könnte mithin Ricardo nicht als unmöglich ablehnen. Er müßte also in der Tat erklären, daß hier keine Rente entstehen könnte, und das ist eine Annahme, die wir nicht den Mut haben, zu teilen.

Damit ist unsere erste These bewiesen: der formale Beweis der Ricardoschen Grundrentenlehre ist unhaltbar.

Betrachten wir jetzt den materialen Beweis aus der angeblichen Übereinstimmung der Theorie mit den Tatsachen der uns umgebenden Wirtschaftswelt.

---

[1]) Ricardo, l. c. S. 92. Im Original nichts gesperrt.

B. Materiale Prüfung.

Die Anhänger Ricardos preisen sämtlich die erstaunliche Übereinstimmung der Tatsachen mit der Theorie. Demgegenüber werden wir jetzt unsere zweite These beweisen, daß eine solche Übereinstimmung, wenn sie besteht, gewiß nicht nachgewiesen worden ist, noch nachgewiesen werden kann.

1. Das Grenzprodukt mit der Rente Null.

Ricardos grundlegende Behauptung ist, wie wir ausführlich darzulegen versucht haben, diejenige, daß immer ein Grenzboden mit der Rente Null vorhanden sei, sein müsse — so lange unser „Zeitpunkt der Krisis“ noch nicht eingetreten ist. Um diese Behauptung hat sich, wie wir wissen, in der Regel der Streit gedreht.

Ließe sich nachweisen, daß in einem sich selbst mit Nahrungsmitteln versorgenden Wirtschaftskreise auch der schlechteste in Anbau befindliche Boden resp. das unergiebigste Zusatzkapital Rente trägt, so wäre die Naturrechtstheorie widerlegt, und nur eine der beiden Monopoltheorien könnte die Erscheinung erklären. Eine solche Prüfung wird aber durch die Ricardosche Rententheorie selbst als völlig unmöglich ausgeschlossen. Es ist kein einziger Fall denkbar, in dem Ricardo die Tatsache anerkennen müßte, daß das Grenzkapital eine Rente von mehr als Null trägt.

Schon seine Definition der Grundrente macht das unmöglich. Er scheidet aus einer realen Geldsumme, der Pacht des Landlords oder dem Gesamtreineinkommen des selbstwirtschaftenden Grundeigentümers, einen nur theoretisch, nicht aber rechnerisch bestimmbaren Teil aus, den er allein als Rente bezeichnet, während der Rest als Profit gilt. Würde man es fertig bekommen, den schlechtesten und zugleich marktfernsten angebauten Boden eines geschlossenen Wirtschaftskreises ausfindig zu machen, und versuchte man, aus den Büchern des Eigentümers nachzuweisen, daß dieser dennoch Rente erhält, so würde Ricardo leicht eine Rechnung aufmachen können, in der der gesamte Ertrag als der Profit des auf den Boden investierten Kapitals erschiene, also nichts für die Rente übrig bliebe. Und wäre es sogar möglich, den stringenten Nachweis zu liefern, daß auf diesem Boden schlechtester Rentierung dennoch unzweifelhaft Rente gewonnen wird [1]), dann würde sich Ricardo immer noch in seine völlig unangreifbare Zitadelle zurückziehen und den Nachweis verlangen, daß in diesem Wirtschaftskreise nicht irgendwo ein „Zusatzkapital" auf den Boden verwendet ist, das nur Profit, aber die Rente Null bringt [2]). Und dieser Nachweis ist völlig unmöglich zu führen, da keinerlei Bestimmung darüber existiert, noch existieren kann, welche Summe auf einem gegebenen Boden als Original-, und welche als Zusatzkapital angesehen werden soll.

Es zeigt sich also hier, daß auch die vielgerühmte „Übereinstimmung der Ricardoschen Grundrentenlehre mit den Tatsachen" nicht so viel für ihre Wahrheit beweist, wie man anzunehmen geneigt war. Das ist selbst einem so ausgezeichneten Kenner des Rentenproblems, wie es Berens war, nicht klar geworden. Nachdem er im Schlußwort zu seiner Untersuchung [3]) die Ricardosche Theorie gepriesen hat als „die einzige, die sowohl alle Tatsachen zu erklären vermag, als auch unseren sonstigen Vorstellungen vom Leben am meisten zu entsprechen scheine" — stellt er es drei Seiten später selbst als so gut wie unmöglich hin, „die Grundrente im Ricardoschen Sinne rein auszuscheiden", und zitiert billigend den folgenden Satz von Mac Culloch: „es sind fast unüberwindliche Hindernisse, welche einer genauen Ermittlung des Verhältnisses der Rente zum Ertrage entgegenstehen."

[1]) Dann gibt es immer noch ein Hintertürchen, durch die die Theorie entschlüpfen kann. Mac Culloch hat es entdeckt. Es könnte ja vielleicht vorkommen, daß für die schlechtesten Äcker Rente gezahlt wird; aber das wäre in diesem Falle nur eine S c h e i n r e n t e. A l l e i n verpachtet würden sie keine Rente bringen, aber sie liegen im Gemenge mit besseren, und der Pächter zahlt eine Durchschnittspacht: „but they appear to yield rent, because rent is paid not for them but for the more fertile spots intermixed with them" (Principles, p. 145). Ebenso Notes etc. p. 29.

[2]) Damit widerlegt Mac Culloch (Notes etc. p. 28) bereits alle Einwände aus einer supponierten quaestio facti.

[3]) l. c. S. 380.

Wie kann man aber ernstlich von einer Übereinstimmung der Theorie mit den Tatsachen sprechen, wenn man selber eingestehen muß, daß die Tatsachen gar nicht festgestellt werden können?!

2. Nahrungsspielraum und Grundrente.

Vielleicht nicht ganz unmöglich, aber doch auch fast hoffnungslos schwierig wäre der Versuch, die Ricardosche Rententheorie an der Bewegung gewisser statistischer Tatsachenmassen zu prüfen.

Wenn „hervorstechende Verbesserungen des agricultural skill" den Nahrungsspielraum erweitern, dann muß nach Ricardo die Grundrente sinken. Das ergibt sich nicht nur implizite aus dem Zusammenhange der Theorie, sondern wird auch explizite mehrfach festgestellt. So an der oben zitierten Stelle und ferner in der bekannten Polemik gegen Smith. Dieser hatte behauptet, die Rente müsse *steigen*, wenn es gelinge, den Weizen in der Nahrung der Arbeiterschaft allgemein durch Kartoffeln zu ersetzen. Ricardo zeigt, daß sie im Gegenteil *fallen* müsse: denn, wenn eine so viel ergiebigere Feldfrucht die Nahrung der Masse werde, müßten die Äcker geringerer Rentierung aufgegeben werden, und die Rente müßte um die Differenz des Ertrages zwischen dem früheren und dem jetzigen Grenzboden fallen.

Könnte man nun mit Evidenz nachweisen, daß bisher, mindestens seit einer längeren Zeit, „hervorstechende Verbesserungen des Ackerbaus" den Nahrungsspielraum der Kulturvölker immer schon von neuem erweitert haben, bevor noch die vorhergehende, früheren „Verbesserungen" verdankte, Erweiterung durch die nachwachsende Bevölkerung aufgefüllt war; — und könnte man andererseits mit ebensolcher Evidenz nachweisen, daß trotzdem die Grundrente in der gleichen Beobachtungsperiode regelmäßig gestiegen ist: dann wäre die Ricardosche Rententheorie widerlegt.

Nun, wir glauben, daß sich der erste Nachweis mit aller Sicherheit erbringen läßt. Mindestens seit dem Beginn der kapitalistischen Wirtschaft, seit Aufhebung der feudalen Bindungen, hat sich der Nahrungsspielraum der politisch mündigen Völker regelmäßig mehr erweitert, als die Bevölkerung zunahm.

Das ergibt sich erstens aus der unmittelbaren statistischen Beobachtung. Abgesehen von Großbritannien, das völlig zur „Stadt" eines internationalen Weltwirtschaftskreises geworden ist, hat sich sogar die in jeder politisch gesunden Nationalwirtschaft erzeugte Menge von Nahrungsmitteln weit stärker vermehrt als die Bevölkerung; mit anderen Worten: die im Inland hergestellte, auf den Kopf des Einwohners entfallende Quote ist stark angewachsen. Und als noch viel bedeutender erweist sich diese der Volksvermehrung in weitem Abstande vorauseilende Vermehrung des Ackererzeugnisses, wenn man Volkszahl und Produktionsmenge des jeweiligen Welt-Getreidemarktes zu verschiedenen Zeitpunkten miteinander vergleicht: und das ist augenscheinlich die einzig zulässige Methode[1]). Denn hier handelt es sich lediglich um die Versorgung mit Nahrungsmitteln: und dafür ist die in anderem Zusammenhang sehr wichtige Frage gleichgültig, ob das „Korn" innerhalb oder außerhalb der politischen Grenzen eines bestimmten Landes gewachsen ist.

Mit derselben Sicherheit, wie man die Tatsache des steigenden Nahrungsspielraums unmittelbar statistisch beobachten kann, kann man sie auch mittelbar aus der zunehmenden „Urbanisierung" der Bevölkerung erschließen. Die Tatsache, daß überall die städtische Bevölkerung viel schneller wächst als die ländliche, beweist, daß jeder Bauer heute einen viel größeren Überschuß

---

[1]) Vgl. dazu die ausführliche Darstellung in meiner Abhandlung: „Das Bevölkerungsgesetz des T. R. Malthus. Darstellung und Kritik", Berlin-Bern 1901, und meinen antikritischen Aufsatz: „Ein neues Bevölkerungsgesetz" in Barths Vierteljahrsschrift für wissensch. Philosophie und Soziologie, 1904. Hier habe ich die von Julius Wolf-Breslau in seinem Aufsatze: „Ein neuer Gegner des Malthus" (Zeitschr. f. Soz. Wissensch., IV., 1904, S. 256 ff.) gegen meine Statistik beigebrachten Bedenken zu widerlegen versucht. Sie beruhten hauptsächlich auf dem oben gekennzeichneten Fehler: Wolf hatte, statt des hier allein in Frage kommenden internationalen, immer noch die nationalen Wirtschaftskreise ins Auge gefaßt. Diese Widerlegung trifft auch die gleichen Bedenken, die Heinrich Dietzel in seiner Abhandlung: „Der Streit um Malthus' Lehre" in der „Festschrift für Adolf Wagner" erhoben hat. Ich hoffe demnächst die ganze Frage noch einmal in größerer Ausführlichkeit und mit eingehenderer Begründung behandeln zu können."

an Nahrung abzugeben hat als früher. Wäre das Gesetz vom sinkenden Spielraum wahr, dann müßte die Verhältniszahl der Städter ab- statt zunehmen. Vor dieser Tatsache stutzte schon Stuart Mill[1]), und Passy widerlegte Malthus-Ricardo bereits durch sie: „Und nun, gerade das Gegenteil ist eingetroffen. Von den Jahrhunderten der Unwissenheit und Armut an haben gerade die gewerbetreibenden Klassen an Zahl und Reichtum zugenommen" [2]). Seit ihren Zeiten hat die Verstadtlichung der Bevölkerung geradezu ungeheuerliche Dimensionen angenommen, und damit ist die Tatsache, daß der Spielraum steigt, nicht fällt, zur Evidenz erwiesen [3]).

Ist denn nun in der gleichen Periode die Grundrente gestiegen oder gefallen? Ist das erstere der Fall, so ist Ricardos Rententheorie widerlegt.

Wir möchten mit Bestimmtheit behaupten, daß sie im allgemeinen sehr stark gestiegen ist, trotz einzelner sehr bedeutender und sehr langer Rückschläge. Selbst in Großbritannien, wo der Preis des Urprodukts dank der unbehinderten überseeischen Konkurrenz sehr tief steht, dürfte das Durchschnittseinkommen aus einem gegebenen Grundstück noch bedeutend höher sein, als vor Beginn der kapitalistischen Ära, also etwa im Anfang des 18. Jahrhunderts [4]). Für Deutschland und die übrigen Kontinentalstaaten würde der Vergleich noch ganz andere Differenzen ergeben. Die Güter-

---

[1]) Vgl. Berens a. a. O. S. 213.

[2]) Zit. nach Berens, l. c. S. 144.

[3]) Pohle und Ed. Bernstein haben versucht, die Massenabwanderung anders zu deuten. Es sei ein „statistisches Quidproquo" (Pohle); die Stadt habe lediglich die ehemals dörflichen Gewerbe an sich gezogen; der Bauer habe seinen „Hausfleiß" aufgegeben und kaufe Gewerbsprodukte, die er früher selbst herstellte, bei Handwerkern und Händlern, die jetzt in der Stadt wohnten. Ein an sich richtiger Gedanke! Aber diese Erklärung reicht nicht entfernt hin, um mehr als einen geringen Teil der tatsächlichen Abwanderung zu erklären: es sind im Laufe der Zeit viel mehr Landkinder in die Städte gezogen, als zu Anfang der kapitalistischen Ära überhaupt auf dem Lande vorhanden waren! (Vgl. mein „Grundgesetz der Marxschen Gesellschaftslehre, Darstellung und Kritik." Berlin 1903, S. 119 ff.)

[4]) Vgl. dazu Jul. Wolf, Sozialismus und kapitalistische Gesellschaftsordnung, S. 514 ff., namentlich die sehr instruktive Kurve der englischen Grundrente, S. 516.

preise und die Hypothekarbelastung, die im allgemeinen nur einen Teil der kapitalisierten Grundrente darstellt, sind hier überall ungemein stark gestiegen.

Nun hat zwar Ricardo selbst bestimmt angenommen, daß die eigentliche Rente in England stark gestiegen war: seine ganze Theorie ist ja darauf zugespitzt, diese von den Feinden des Grundeigentums behauptete Tatsache — nicht etwa zu bestreiten, sondern naturrechtlich zu erklären; und so hätte man gegen ihn selbst ein sehr starkes Argumentum ad hominem. Aber sein heutiger Anhänger brauchte das nicht gegen sich gelten zu lassen. Denn wie schon oben gesagt, die „Rente" im engeren Sinne läßt sich aus dem „Gesamteinkommen" der Grundherren gar nicht unzweifelhaft ausscheiden. Ein Ricardianer wird fast immer in der Lage sein, zu behaupten, daß das Einkommen aus einem gegebenen Grundstücke zwar insgesamt viel höher sei, als zuvor, daß es sich aber aus einer viel kleineren Grundrente und einem viel größeren Kapitalgewinn zusammensetze, einem Kapitalgewinn, der sogar nur eine sehr geringe Vergütung für das neu investierte Kapital darstelle. Und man wird diese Behauptung fast nie und nirgend mit Sicherheit zahlenmäßig widerlegen können. Und fände sich selbst ein Grundstück, auf das niemals Kapital verwendet wurde, und das trotzdem eine viel höhere Rente bringt, als etwa vor einem Jahrhundert, dann wird fast immer der Einwand möglich sein, dieses Grundstück sei durch die Fortschritte des Transportwesens in eine höhere Klasse der verkehrsgegebenen Rentierung aufgerückt. Auf die gleiche Weise könnte ein Ricardianer die enorme Steigerung der Güterpreise und Hypothekenlast erklären: vermehrtes Kapital in Gebäuden, lebendem und totem Inventar, Drainage usw., bessere Verkehrslage; und das alles noch gefördert durch das Sinken des Zinsfusses, das die Kapitalisierungssumme des Gesamteinkommens erhöht hat. Hier kreuzen sich allzuviel Einflüsse, als daß ein einzelner isoliert und ziffernmäßig bestimmt werden könnte.

Dasselbe gilt mutatis mutandis für den fast genau entgegengesetzten Fall, mit dem Rodbertus Ricardo zu widerlegen sucht, indem er zeigt, daß in Preußen in einer Periode starker Bevölkerungszunahme der Getreidepreis nicht, wie zu erwarten, stieg, sondern sank: „Die Bevölkerung nimmt von 1817 bis 1843 um 50 Prozent, um 5 Millionen Einwohner zu. Man darf rechnen, daß der Getreide- und Kartoffelbedarf dieses Bevölkerungszuwachses, auf Roggenwert veranschlagt, 30 Millionen Scheffel Roggen gleich ist, die von 5000 Quadratmeilen unseres Staats neu gewonnen werden mußten. Möglich, daß dies auf neu urbar gemachtem Boden, möglich, daß es infolge neuer Kapitalanlage auf schon bisher bebautem Boden geschehen ist. Jedenfalls hätte bei einem solchen Bevölkerungszuwachs und einem so großen Mehrbedarf desselben die Ricardosche Theorie sich bewähren, und der Getreidepreis bedeutend steigen müssen. Aber es hat gerade das Gegenteil stattgefunden. Während die Bevölkerung in einem Zeitraum von 26 Jahren um 50 % steigt, fällt der Getreidepreis um 30 %. Und das ist nicht genug. Dasselbe Land vermag noch außerdem steigend mehr Getreide an das Ausland abzugeben. Von Anfang der dreißiger Jahre bis Anfang der vierziger Jahre steigt auch die Ausfuhr allein des Weizens um etwa 20 %. Ich habe die Durchschnittsausfuhr dieser Kornart für die Jahre 1815 bis 1877 nicht ausfindig machen können. Aber sie muß viel geringer gewesen sein, als die um das Jahr 1831." [1]).

Auch hier könnte Ricardo sich herausziehen: die betrachtete Periode ist eben eine solche „hervorstechender Verbesserungen im Ackerbau" gewesen!

Wir wollen daher auf den fast aussichtslosen Versuch, mit solchen statistischen Feinheiten etwas zu beweisen, verzichten und das Zugeständnis machen, daß die Ricardosche Theorie von der Ackerrente durch Tatsachen aus der kapitalistischen Wirtschaftsordnung nicht mit Sicherheit widerlegt werden kann.

Aber — und dieses Ergebnis rechtfertigt die lange Betrachtung, die wir soeben angestellt haben —: wenn der Gegner Ricardos aus den Tatsachen der uns umgebenden Wirtschaftsordnung keinen Beweis gegen die Theorie der Grundrente ableiten kann, so kann der Anhänger Ricardos aus ganz

---

[1]) Zur Beleuchtung, I., S. 300.

denselben Gründen auch keinen Beweis für die Theorie daraus ableiten. Die immer wiederholte Behauptung, daß die Ricardosche Grundrententheorie als wahr gelten müsse, weil sie mit den Tatsachen völlig übereinstimme, ist unbeweisbar. Vielmehr ist es unmöglich, hier die für die Wahrheit jeder Theorie entscheidende Prüfung an den Tatsachen vorzunehmen — soweit es sich um Tatsachen der kapitalistischen Wirtschaftsordnung handelt.

Der Ricardosche Beweis für seine Grundrentenlehre ist aus formalen und materialen Gründen als völlig mißglückt abzulehnen.

Von den Prämissen ist die eine, die Lohnfondstheorie, zweifellos und anerkanntermaßen, eine weitere, das Gesetz vom sinkenden Spielraum, zwar nicht anerkanntermaßen, aber ebenso zweifellos falsch. Das Schließverfahren ist ein Zirkel. Die weitere Deduktion führt zu einer mindestens schwer verdächtigen Konsequenz. Die Prüfung an den Tatsachen der kapitalistischen Wirtschaft ist unausführbar.

Siebenter Abschnitt.

Die Ricardosche Behauptung.

A. Widerlegung aus den Tatsachen.

Der Ricardosche Beweis ist widerlegt. Die Ricardosche Behauptung steht danach ohne Stütze. Aber sie könnte trotz alledem wahr sein.

Wie lautete seine Behauptung? „Die Grundrente ist eine reine Schöpfung des Naturrechts. Sie ist in keiner Weise ein Monopolpreis.“

Könnte man beweisen, daß die Grundrente dennoch ein Monopolpreis ist, so wäre auch Ricardos Behauptung widerlegt.

Ricardos ganze Beweisführung ist auf den Nachweis zugespitzt, daß das Getreide nicht auf einem Monopolpreise, sondern auf seinem natürlichen Preise stehe. Das kann er zwar nicht beweisen, aber wir haben zugestehen müssen, daß wir es nicht widerlegen können. Hier kommen wir also nur zu einem „non liquet".

Aber nehmen wir selbst an, Ricardo könnte beweisen und habe bewiesen, daß das Getreide nicht auf einem Monopolpreis stehe: ist damit schon bewiesen, daß die Grundrente kein Monopolpreis ist?

Nicht im mindesten! Wenn sie nicht Aufschlag auf den natürlichen Getreidepreis zu Lasten des Konsumenten ist, kann sie noch immer Abzug vom natürlichen Lohne zu Lasten des Produzenten sein.

Diese Feststellung ist von der allergrößten Bedeutung und muß streng festgehalten werden, um zu Ricardo die richtige Stellung zu gewinnen.

In der Tat ist seine Theorie richtig, soweit sie die Bestimmungsgründe des Kornpreises betrifft: der „Grenzbauer" bzw. das „Grenzkapital" hat die Rente Null. Aber man hat nur dann das Recht, den so bestimmten Preis des Getreides (Kosten des Grenzprodukts plus Kosten des Transportes bis zum Markte) als den „natürlichen Preis" im strengsten Sinne zu bezeichnen, wenn man bewiesen hat, daß auch der Lohn der an seiner Herstellung beteiligten Arbeiter und der Profit des beteiligten Kapitals auf ihrem „natürlichen", d. h. in diesem Zusammenhange: ihrem naturgesetzlich bestimmten und naturrechtlich gerechten Satze stehen [1]).

Das nahm Ricardo an, gestützt auf die Lohnfondstheorie. Sobald diese preisgegeben wird, fehlt für die Bestimmung von Lohn- und Profithöhe jeder naturrechtliche Maßstab, und der Ausdruck „natürlicher Preis des Getreides" erhält einen ganz anderen Sinn. Das Wort ist dann nur noch eine Erklärung, aber nicht mehr gleichzeitig eine Rechtfertigung. Die Ricardosche Lehre von den Bestimmgründen des Getreidepreises erklärt dann nur noch, wie hoch sich dieser Preis stellen muß, wenn der Arbeitslohn

[1]) Bei den Physiokraten wird der „natürliche" oder „notwendige" Preis gelegentlich auch als ‚gerechter Preis" bezeichnet, so z. B. bei Le Trosne ed. Daire, S. 892.

als gegeben angenommen wird, als „gegebener Substitutionswert", wie Böhm-Bawerk [1]) sich ausdrückt.

Aber sie sagt dann nichts mehr darüber aus, ob nicht dieser gegebene Lohn durch einen Abzug gekürzt ist, der auf Grund eines Monopols „erpreßt wird". Wenn das aber der Fall ist, dann ist die Rente Monopolpreis, obgleich das Getreide auf seinem natürlichen Preise steht. Denn dieses Wort bedeutet dann nur noch denjenigen Preis, der sich in der kapitalistischen Gesellschaft bei freier Konkurrenz ergibt.

Wenn also auch die Monopol-Preis-Theorie falsch ist, kann doch immer noch die Monopol-Lohn-Theorie richtig sein!

Wir wiederholen, daß Ricardo nur die erste dieser beiden möglichen Monopoltheorien zu widerlegen nötig hatte, weil die bürgerliche Wirtschaftsordnung gegen die zweite, die Monopol-Lohn-Theorie, durch die Lohnfondstheorie völlig gedeckt war. Nach dieser erschien der „natürliche Arbeitslohn" als eine Größe, auf deren Bestimmung nur Kapital und Arbeiterzahl, nicht aber die Grundrente, einwirkten.

Aber die Lohnfondstheorie ist falsch und aufgegeben, wie wir zeigen konnten. Die starke Bastion ist zusammengestürzt, die die bürgerliche Theoretik gegen die Monopol-Lohn-Theorie schützte, und die Bresche steht den sozialistischen Angreifern unverteidigt offen zum Einmarsch. Würde ihre Belagerungsarmee nicht durch die Marxsche einseitig antikapitalistische Theorie auf einer anderen Stelle festgehalten, wo der Angriff völlig aussichtslos ist, sie wäre längst mit fliegenden Fahnen in die Zitadelle selbst eingezogen.

Denn die Wahrheit der Monopol-Lohn-Theorie läßt sich unwiderleglich beweisen, sowohl für die Entstehung (a) als auch für das Wesen (b) der heutigen Grundrente.

---

[1]) Böhm-Bawerk, Kapital und Kapitalzins, Innsbruck 1887/9, II, S. 186, rechnet unter die „Aufwände für die ersetzlichen Produktionsmittel von gegebenem Substitutionswert: Lohnarbeit, Rohstoffe, Werkzeugabnutzung usw."

a) Es läßt sich unwiderleglich beweisen, daß die Grundrente nicht aus naturrechtlichen Beziehungen zwischen Mensch und Mensch, sondern, dem Naturrecht entgegen, durch Gewalt, Unterwerfung und Rechtsbruch entstanden ist; daß sie Monopolpreis ist, und zwar nicht eines „Naturmonopols", sondern eines Rechtsmonopols, einer feudalen Machtposition.

b) Und es läßt sich weiterhin unwiderleglich nachweisen, daß alle Grundrente innerhalb der bürgerlichen, kapitalistischen Wirtschaftsordnung Folge dieser feudalen Machtposition ist. Und zwar ist sie zum großen Teil ihre unmittelbare Fortsetzung und in der Tat mit ihr identisch, zum übrigen Teile die unmittelbare Folge dieses ersten, ursprünglich feudalen Teiles der kapitalistischen Grundrente.

1. Die Feudalrente.

Die folgenden Ausführungen gelten für alle präkapitalistische Grundrente, namentlich auch für das in der „kapitalistischen Sklavenwirtschaft" [1]) den Grundeigentümern zugeflossene „Herreneinkommen".

Da aber das Wort „Grundrente" aus der Feudalordnung auf uns gekommen ist; da ferner ein bedeutender Teil der in den kapitalistischen Gesellschaften erscheinenden Grundrente auf solche Grundstücke und auf die Rechtsnachfolger solcher Personen entfällt, die bereits in der feudalen Gesellschaft die damals sogenannte Grundrente bezogen; und da schließlich in diesen Fällen eine unzweifelhafte historische Kontinuität besteht — werden wir unsere Betrachtung im wesentlichen auf die feudale Grundrente im engeren Sinne richten. Darunter verstehen wir im folgenden die Grundrente, die von Anbeginn der feudalen Staatsbildung an bis

---

[1]) Vgl. meinen „Staat", Bd XIV/XV der von M. Buber herausgegebenen Sammlung „Die Gesellschaft", Frankfurt a. M. 1907. III. Abschnitt, d, S. 92ff.

zur Auflösung des Feudalsystems bezogen wurde, also z. B. in Frankreich bis zur Revolution von 1789.

a) Die physiokratischen Reste in Ad. Smiths Rentenlehre.

Wir wissen keine bessere Einführung in das neue Problem zu finden, das sich hier vor uns aufrichtet, als eine genauere Betrachtung der physiokratischen Reste in der Ad. Smithschen Grundrentenlehre.

Wir haben in dem ersten Abschnitt unserer „Darlegung" bereits festgestellt, daß diese Lehre von Widersprüchen wimmelt [1]. Nicht weniger als drei, eigentlich sogar vier verschiedene Rentenlehren fanden wir in dem berühmten „Wohlstand der Völker" vorgetragen: die physiokratische Theorie von der „Produktion" der Grundrente durch den Boden, die Naturrechtstheorie von der Rente als Differentialrente, und die Monopoltheorie, die, wie wir zeigen konnten, wieder in zwei verschiedenen Varianten auftritt, als Monopol-Preis- und als Monopol-Lohntheorie.

Ein Genius vom Range eines Smith macht sich nicht ohne zureichenden psychologischen Grund so grober Widersprüche schuldig. Die Irrungen großer Denker verlangen nicht nur Ehrfurcht, sondern auch die peinlichste Aufmerksamkeit; denn dort, wo sie zaudern und schwanken, findet sich häufig der verschüttete Anfang des Weges zur Wahrheit. So scheint es mir, als könne nichts der wahren Lösung des Problems der Grundrente so nahe führen, wie die Aufdeckung der psychologischen Ursachen, die Smith davon abhielten, aus seinen eigenen Prämissen den zwingend sich ergebenden logischen Schluß zu ziehen. Unterziehen wir zu diesem Zwecke seine Anschauungen über die Grundrente einer genauesten Betrachtung.

Im XI. Kapitel der „Natur und Ursachen des Volkswohlstandes", „Von der Bodenrente" stehen gleich zu Anfang, noch in der allgemeinen Einleitung, folgende Sätze:

---

[1]) „The views of Dr. Smith, with respect to the rent of land are partly just and partly erroneous" (Mac Culloch, Introd. Discourse, S. 58).

„Nur solche Bodenerzeugnisse können gewöhnlich zu Markte gebracht werden, deren durchschnittlicher Preis zum Ersatze des bis dahin auf sie verwendeten Kapitals samt dessen Gewinn genügt. Beträgt der Preis mehr als sie, so wird der Überschuß naturgemäß die Bodenrente darstellen; beträgt er nicht mehr, so kann die Ware zwar zu Markt gebracht werden, aber dem Gutsbesitzer keine Rente abwerfen. Und ob der Preis derart mehr beträgt oder nicht, wird stets von der Nachfrage abhängen.

„Es gibt einige Bodenerzeugnisse, für welche die Nachfrage immer groß genug sein muß, um den genannten höheren Preis zu erzielen; und wiederum gibt es andere, für welche die Nachfrage zuweilen wohl, zuweilen aber nicht groß genug hierzu ist. Die ersteren werden somit dem Grundbesitzer stets eine Bodenrente abwerfen, während die letzteren dies je nach verschiedenen Umständen zuweilen tun und zuweilen nicht tun werden.

„Es ist somit zu beachten, daß die Bodenrente an der Bildung der Warenpreise auf eine andere Weise teilnimmt, als Arbeitslohn und Kapitalgewinn. Hoher oder niedriger Lohn und Gewinn sind die Ursachen, hohe oder niedrige Bodenrente dagegen ist die Wirkung eines hohen oder niedrigen Preises. Weil hoher oder niedriger Lohn und Gewinn bezahlt werden muß, um eine bestimmte Ware zu Markte zu bringen, ist der Preis hoch oder niedrig; und weil dieser Preis hoch oder niedrig ist, weil er viel, oder wenig, oder gar nicht mehr beträgt, als zur Bezahlung dieses Lohnes und Gewinnes notwendig ist, wirft er eine hohe oder niedrige oder gar keine Rente ab“ [1]).

Es kann gar keinem Zweifel unterliegen, daß Absatz 1 und 3 dieser Auseinandersetzung mit Absatz 2 in unvereinbarem Widerspruch stehen. Jene beiden stimmen im wesentlichen durchaus mit Ricardos Rentenlehre überein und sind in der Tat ihr Keimling gewesen: Absatz 2 dagegen behauptet etwas, was mit Ricardos Lehre und mit den Prämissen, aus denen die ganze Erörterung abgeleitet ist, unversöhnlich ist.

---

[1]) l. c. I. S. 157/158.

Ganz gleichgültig, um welche Bodenerzeugnisse es sich handelt — Absatz 2 spricht bekanntlich von den Nahrungsmitteln — gelten immer dieselben Gesetze der Grundrente. Entsteht sie überhaupt, wie Ricardo und die Absätze 1 und 3 behaupten, aus einem Gewinn am „natürlichen Preise", dann gilt das auch für die Nahrungsmittel. Dann wird also auch Boden höchster Bonität, der so marktfern liegt, daß der Preis gerade noch Arbeitslohn und Durchschnittsgewinn zuzüglich der Transportkosten deckt, auf dem Nullpunkt der Grundrente stehen, und noch marktfernerer Boden wird trotz höchster Bonität unter dem Nullpunkt des Anbaus stehen. Den ersteren könnte nur der Eigentümer selbst bewirtschaften, da kein Pächter ihm ohne Verlust Pacht bezahlen könnte; den letzteren kann nicht einmal der Eigentümer ohne Verlust selbst bewirtschaften, da sein Kapital ihm in gewerblicher Anlage höheren Gewinn brächte. Selbst wenn Ad. Smith den Nachweis erbringen könnte, daß in keinem entwickelten Lande Böden so niedriger Rentierung vorhanden sind, müßte er, der immer für den Freihandel mit Lebensmitteln eintritt, den Einwand gelten lassen, daß sie im Auslande, über See etwa, vorhanden sind und den Nullpunkt der Rentenbildung darstellen.

Dieselben Gründe gelten gegen die folgende Stelle: „Der Wert seiner (des oberirdischen Grundeigentums) Produkte und seiner Rente steht im Verhältnis zu seiner absoluten und nicht zu seiner relativen Fruchtbarkeit" [1]).

Nach den im Absatz 1 und 3 entwickelten Theorien bestimmt umgekehrt nur die relative, nicht aber die absolute Fruchtbarkeit die Rente. Boden höchster absoluter Fruchtbarkeit dicht am Markt trägt noch keine Rente, wenn die Nachfrage nicht stark genug ist, um den Lohn und Gewinn zuzüglich eines Mehr als Preis anzubieten; und Boden höchster absoluter Fruchtbarkeit fern vom Markte trägt auch bei hohem Preise noch keine Rente, während marktnaher Boden viel geringerer Qualität schon solche in erheblicher Höhe tragen kann.

[1]) l. c. S. 189.

Aus derselben Zwiespältigkeit der Grundanschauung wächst die Unterscheidung, die Smith zwischen der Bergwerksrente und der Feldrente macht[1]). Man wird Ricardo völlig recht geben, wenn er ausspricht: „Das ganze Grundgesetz von der Rente ist hier bewunderungswürdig und durchsichtig auseinander gesetzt, aber jedes Wort ist auf die Bodenrente ebenso anwendbar wie auf die Bergwerksrente; und dennoch behauptet er, „es verhalte sich anders mit Grundeigentum oberhalb der Erdrinde" [2]).

Ohne diese Zwiespältigkeit der Grundanschauung über das Wesen der Rente hätte Smith auch nicht zwischen der Grundrente des Ackers und der des Wohnhauses einen Unterschied aufzufinden vermeint: „In manchen Beziehungen gleicht zwar die Rente von Häusern der Bodenrente, in einer jedoch unterscheidet sie sich wesentlich von ihr. Die Bodenrente wird für die Benutzung eines produktiven Gegenstandes bezahlt; der Boden, der sie zahlt, produziert sie. Die Hausrente dagegen wird für die Benutzung eines unproduktiven Gegenstandes bezahlt; weder das Haus, noch der Grund, auf welchem es steht, produzieren etwas" [3]).

Wir haben diese letzte Stelle schon einmal als Beweis dafür zitiert, daß Smith noch physiokratische Reste mit sich herumträgt. Auch die übrigen soeben angeführten Sätze sind physiokratische Rudimente.

Unsere Frage spitzt sich also dahin zu, warum Smith, der doch in allem übrigen die physiokratische Theorie bekämpfte und glänzend widerlegte, in der Grundrentenfrage vor ihr kapitulierte oder wenigstens mit ihr kompromittierte.

Die Antwort ist sehr einfach: Weil die physiokratische Anschauung im Kerne richtig ist, zwar nicht für die kapitalistische, aber wohl für die feudale Wirtschaft. Das ist der richtige Kern, den wir ihr oben zubilligten!

In der feudalen Naturalwirtschaft steht die Masse der dem Grundherren zufallenden Grundrente in der Tat „im Verhältnis

---

[1]) l. c. S. 179 ff.

[2]) Ricardo, l. c. S. 297.

[3]) Smith, l. c. II, S. 356.

zu der absoluten und nicht zu der relativen Fruchtbarkeit" des Bodens. In der feudalen Wirtschaft werfen die Nahrungsmittel in der Tat dem Grundbesitzer stets eine Rente ab, denn nach ihnen „besteht immer eine größere oder geringere Nachfrage. Sie können immer eine größere oder kleinere Menge von Arbeit erkaufen oder beherrschen, und es wird immer jemand zu finden sein, der zu arbeiten bereit ist, um sie zu erlangen. Die für Nahrungsmittel erkaufbare Arbeitsmenge ist freilich infolge der zuweilen bestehenden hohen Arbeitslöhne nicht immer gleich derjenigen, welche dieselben Nahrungsmittel bei sehr großer Sparsamkeit unterhalten könnten; aber sie können stets so viel Arbeit erkaufen, als sie nach Maßgabe des in der Gegend für den Unterhalt der betreffenden Art von Arbeit gebräuchlichen Satzes zu unterhalten vermögen" [1]).

Faßt man die feudale Naturalwirtschaft allein ins Auge, dann hat Smith auch in der oben erwähnten Streitfrage gegen Ricardo Recht, wo es sich um die Annahme handelt, daß eine viel ergiebigere Feldfrucht (die Kartoffel) eine weniger ergiebige (den Weizen) als allgemeine Massennahrung ersetze. Da in der feudalen Wirtschaft die Arbeiter im wesentlichen nur den landesüblichen Unterhalt bekommen, wird hier der dem Grundbesitzer zufallende Rest des Gesamtertrages, seine Rente, größer [2]), während sie nach der Ricardoschen Voraussetzung kleiner werden muß.

Aus dieser Betrachtung geht mindestens eins mit voller Klarheit hervor: daß für die gesellschaftliche Tatsache, die in der Feudalperiode als Grundrente bezeichnet wurde, ganz andere Gesetze gelten, als diejenigen Gesetze, die nach Ricardo für die kapitalistische Grundrente Geltung haben sollen.

Sind denn nun Feudalrente und kapitalistische Rente identisch?

Wir werden diese Frage unten eingehend untersuchen. Hier interessiert uns nur, daß Smith sie für einen sehr bedeutenden

---

[1]) A. Smith l. c. I. S. 159.

[2]) A. Smith l. c. S. 174.

Teil der von ihm beobachteten Grundrente bejahen mußte und bejaht hat.

Das Problem der Grundrente stellt noch heute im wesentlichen die Frage, auf Grund welcher Gesetze ein verhältnismäßig wenig zahlreicher sozialer Stand, derjenige der Grundbesitzer, einen verhältnismäßig ungeheuer großen Anteil des gesamten Erzeugnisses der Volkswirtschaft unter dem Titel Grundrente beziehen darf.

Dieses Problem stellte sich zu Smith' Zeit mit noch ganz anderer Wucht und noch ganz anderer Klarheit, als es sich uns heute stellt. Denn noch war selbst in Großbritannien der Stand der Rentenbezieher de facto die herrschende Klasse, und fast im ganzen übrigen Europa war er es sogar noch de jure. In Frankreich, Deutschland und in ganz Osteuropa bestand die feudale Wirtschaftsordnung noch in alter Kraft: es darf nie vergessen werden, daß Smith nur eben noch den Anfang der großen französischen Revolution erlebt hat; er starb am 17. Juli 1790. Aber seine ganze Lern- und Lehrzeit fällt noch in die Feudalepoche; Kapitalbesitz und Geschäftsprofit begannen erst ganz langsam und allmählich klassenbildend zu wirken, während Grundeigentum und Grundrente das Bild der Gesellschaft noch völlig beherrschten.

Kein Wunder daher, daß Smith überall da, wo er das feudale Grundeigentum und die feudale Grundrente ins Auge faßte, mit den Physiokraten ging, die ja noch ein von der Feudalrente im strengsten, eigentlichsten Sinne beherrschtes Gesellschaftsbild vor Augen hatten.

Nun fanden sich aber nicht nur in dem verkehrswirtschaftlich schon entwickelteren politisch freien Großbritannien, sondern auch in den wirtschaftlich weniger entwickelten Feudalstaaten Europas, die Smith beobachten konnte, Grundrenten, die augenscheinlich nicht feudalen Ursprungs waren. Freie Bauerngüter auf gutem Boden oder in guter Verkehrslage brachten ihren Besitzern Einkünfte, die augenscheinlich über den gewöhnlichen Arbeitslohn und Kapitalzins hinaus ein Mehreinkommen enthielten, das nichts anderes sein konnte als eben Grundrente. Ferner mußte einem Beobachter wie Smith das enorme Steigen der Grundwerte und Grundrenten in London und anderen Gewerbs- und Handelsstädten einen starken Eindruck machen; und es fanden sich auch bei Kohlen- und Erzgruben, bei Steinbrüchen und Waldungen usw. noch eine ganze Anzahl anderer Beispiele, wo Grundrente anscheinend unter der Wirkung rein ökonomischer Kräfte, im Spiel von Angebot und Nachfrage des Marktes, vor den Augen des Beschauers entweder entstand oder sich wenigstens vermehrte.

Kein Wunder, daß Smith, wenn er diese Erscheinungen betrachtete, sie, wie alle anderen, rein ökonomisch scheinenden naturrechtlich ableitete und erklärte.

Nun zeigte sich aber bei jeder genaueren Betrachtung, daß auch die ursprünglich feudale Rente gleichen oder wenigstens sehr ähnlichen Gesetzen folgte, wie die rein kapitalistische. Darum schwankte Smith ohne Entscheidung zwischen den beiden Theorien, die beide für einen Teil der gesellschaftlichen Tatsachen richtig schienen. Hier ist der psychologische Grund seiner Zwiespältigkeit aufgedeckt.

Nirgend scheint mir diese Zwiespältigkeit selbst *und ihr psychologischer Grund* klarer zum Ausdruck zu gelangen, als in den folgenden Sätzen:

„Der Boden, welcher eine gewisse Menge von Nahrung, Kleidung und Wohnung erzeugt, kann immer eine gewisse Menge von Menschen ernähren, kleiden und beherbergen; und welcher Art auch der dem Grundbesitzer zufallende Teil sein mag, so wird er ihm doch immer eine verhältnismäßige Herrschaft über die Arbeit dieser Menschen verleihen und über die Güter, mit denen diese Arbeit ihn versorgen kann.“[1])

Man achte darauf, wie vorsichtig, fast hilflos er sich hier mit den unbestimmtesten Ausdrücken weitertastet, ganz im Gegensatz zu der bei ihm gewöhnlichen Präzision seines Ausdruckes. „*Welcher Art auch der dem Grundbesitzer zufallende Anteil sein mag*, so wird er ihm doch immer eine verhältnismäßige *Herrschaft* über die Arbeit dieser Menschen verleihen.“

---

[1]) l. c. I. S. 189.

Mir scheint, als könne man hier zwischen den Zeilen deutlich erkennen, daß Smith eine jener feudalen, von ihm mit so viel Liebe geschilderten [1]) Großoikenwirtschaften, etwa Hochschottlands, vorgeschwebt hat, deren adliger Grundherr, ohne Getreide auf den zu weit entlegenen Markt zu schicken, dennoch eine große Rente bezog. Er unterhielt auf seinem Eigentum eine große Menge höriger Bauern, die ihm die Naturalien eines bedeutenden Hofhaltes lieferten, und ernährte damit wieder ein Gefolge kriegerischer Mannen, die ihm zu Beute verhalfen, und geschickter Künstler und Handwerker, die ihm den barbarischen Luxus seiner Zeit herstellten. Konnte er auch kein Getreide, vielleicht nicht einmal Vieh auf einen Markt senden, so konnte er doch Wachs, Honig, Pelzwerk, vielleicht Häute, Pech und dergl. an Händler oder auf dem nächsten Markte verkaufen und erhielt dadurch und durch Kriegsdienst auch Geld genug, um fremde hochwertige Waren eintauschen zu können.

Augenscheinlich war die Klassenlage eines solchen Feudalhäuptlings mutatis mutandis ganz dieselbe wie die seines späten Nachfahren, der über keinerlei feudale Dienste mehr gebot, sondern seine „Rente“ von freien Pächtern einzog, oder als Selbstwirtschafter beim Verkauf seiner Bodenprodukte auf dem Markte realisierte. Beide verfügten ohne eigene wirtschaftliche Tätigkeit über ein Einkommen, wie ihre Zeitgenossen es nicht entfernt besaßen; beide hatten die Herrschaft über alle Güter, die ihrer Zeit als wertvoll galten; und bei beiden hieß das Einkommen, auf Grund dessen sie diese Herrschaft ausüben konnten, G r u n d r e n t e.

Den hier bestehenden Widerspruch hätte Smith nur lösen können, wenn er die naturrechtliche „Kinderfibel von der previous accumulation“ auch für das Kapital preisgegeben hätte. Dazu war die Zeit noch nicht reif. Und so vertuscht er den Widerspruch durch Halbheiten und Unklarheiten:

„Nach Nahrung besteht immer eine größere oder geringere Nachfrage. Sie kann immer eine kleinere oder größere Menge von Arbeit erkaufen oder beherrschen, und es wird immer jemand zu

---

[1]) l. c. I. S. 423/4.

finden sein, der zu arbeiten bereit ist, um sie zu erlangen. Der Grund und Boden jedoch erzeugt in fast allen Lagen eine größere Menge von Nahrung als zum Unterhalte all der für ihr zu Marktebringen aufgewendeten Arbeit nötig ist, auch wenn diese Arbeit in der freigiebigsten Weise unterhalten wird. Ebenso ist der Überschuß stets mehr als genügend zur Wiedererstattung des in dieser Arbeit angelegten Kapitals zuzüglich seines Gewinnes. Etwas wird mithin immer für eine dem Gutsbesitzer zufallende Bodenrente übrig bleiben."[1])

Die Erschleichung liegt auf der Hand. Er setzt die Nachfrage nach Nahrung, die jemand durch Anbieten seiner Arbeit ausübt, gleich der Nachfrage nach Nahrung, die eine Bevölkerung durch Anbieten eines bestimmten Marktpreises ausübt. Und er setzt den Überschuß an Nahrung, der nach seiner Meinung, die wir nicht bestreiten wollen, „immer" nach Deckung des Unterhalts der Feldarbeit übrig bleiben muß, gleich einem Überschuß, der nach Deckung aller für das Zu-Markte-bringen erforderlichen Arbeit übrig bleiben soll. So blieb Smith hilflos in dem Widerspruch der Tatsachen stecken.

Ricardo konnte demgegenüber konsequent sein, weil er den Widerspruch überhaupt nicht ahnte. Er sah überhaupt nur die eine Reihe der Tatsachen, die kapitalistische: die feudale entzog sich seiner Aufmerksamkeit völlig[2]).

Aber, um gerecht zu sein: er hatte es auch schwerer, als Smith es gehabt hatte, diese Seite des Problems zu erkennen. Das zwischen den beiden liegende Menschenalter hatte die Struktur der europäischen, namentlich der britischen, Gesellschaft auf das stärkste verändert. Die französische Revolution mit ihren Folgen hatte

---

[1]) l. c. S. 158/9.

[2]) Das geht aus einer Stelle seiner Polemik gegen die physiokratische Auffassung Malthus' auf das klarste hervor: „Er scheint mir als ein allgemeines Gesetz ... aufzustellen, daß die Rente mit der Zunahme der Ergiebigkeit des Bodens steige und mit der Abnahme derselben falle. Malthus würde ohne Zweifel recht haben, wenn, auf einem gegebenen Landgute, im Verhältnisse als der Boden reichlichen Ertrag lieferte, an die Grundherrn ein größerer Anteil vom ganzen Erzeugnisse bezahlt würde: aber es ist das Gegenteil der Fall" (l. c. S. 373).

in ganz West- und Mitteleuropa Grundeigentum und Grundrente aus ihrer alles beherrschenden Stellung im Vordergrunde der gesellschaftlichen Bühne zurücktreten lassen. Die Feudalherrschaft war gebrochen und bei dem kurzen Gedächtnis der Völker auch schon vergessen. Der Ursprung der Rente aus feudaler Eroberung war nicht mehr lebendig im Bewußtsein der Zeitgenossen, und jeder Tag senkte ihn in tiefere Vergessenheit und rückte das Problem der Grundrente in eine Beleuchtung, in der es nur viel schwerer erkannt und gelöst werden konnte. Weil die adligen Güter mehr und mehr in die Hände bürgerlicher Emporkömmlinge gerieten, weil ferner, wie die Städte wuchsen, die Massen sich in immer geringerem Maße von der ländlichen, in immer steigendem Maße von der städtischen Grundrente bedrückt fanden; weil schließlich alter Grundadel und neuer Geldadel immer mehr — am schnellsten und gründlichsten wieder in Großbritannien — zu einer einzigen solidarischen Nobilität zusammenschmolzen, deshalb verlor man oben und unten immer mehr das Bewußtsein von dem feudalen Ursprung großer Teile der Grundrente.

Nichts kann dafür charakteristischer sein, als die Wendung des Sozialismus. Der erste britische Sozialismus ist vorwiegend antiagrarisch. Hall[1]) und Spence[2]) richteten ihre Angriffe fast ausschließlich gegen die Rente als feudale Machtposition, d. h. gegen den adligen Großgrundbesitz als den einzigen Störenfried der Tauschgesellschaft, ohne dessen Vorhandensein der Kapitalbesitz eine harmlose Institution sein würde, wie sie mit mehr oder weniger Klarheit nachzuweisen sich bemühten.

Allmählich aber wird der Sozialismus unter der Wirkung der gesellschaftlichen Verschiebungen, die wir soeben geschildert haben, ganz überwiegend, ja fast ausschließlich antikapitalistisch. Für Rodbertus bereits ist Kapitalprofit und Grundrente eins: Rente, Herreneinkommen; ihm erscheint die Grund-

---

[1]) Die Wirkungen der Zivilisation auf die Massen. Übersetzt von Oldenberg. 4. Heft der von G. Adler herausgegebenen Sammlung: „Hauptwerke des Sozialismus und der Sozialpolitik." Leipzig 1905.

[2]) Das Gemeineigentum an Boden. Übersetzt von F. v. Eichmann, Heft 1 derselben Sammlung. Leipzig 1904.

rente sogar als ein nur rechnerischer Überschuß über den Kapitalprofit. Und für Karl Marx ist „Grundrente“ nichts anderes als der „Mehrwert“ des landwirtschaftlichen Kapitalismus. Der Agrarsozialismus erlebte seine Auferstehung erst wieder in einem Lande, in dem die Rolle der Grundrente im Verteilungsprozeß wieder so offen zutage lag, wie in der präkapitalistischen Zeit Europas: in dem ebenfalls noch präkapitalistischen Kalifornien. Henry George war der Genius, der ihn neu entdeckte.

b) Die Entstehung der Feudalrente.

α) Die Kinderfibel von der „previous accumulation“.

Wie ist denn nun die präkapitalistische Rente entstanden?

Wir haben im ersten Teile die naturrechtliche Konstruktion von der Entstehung des Grundeigentums mit Turgots Worten wiedergegeben. Da sie in mancher Beziehung nicht ganz korrekt und vollständig ist, wollen wir von seinen Prämissen aus das Schlußverfahren selbständig anstellen[1]).

Wir setzen mit ihm voraus eine geringe Anzahl von politisch freien und wirtschaftlich gleichgestellten Volksgenossen, die ein weites leeres Gebiet zu okkupieren beginnen. Nehmen wir an, um die Untersuchung nicht zu komplizieren, alles Land sei von gleicher Güte. Wieviel Land wird jeder dieser Ursiedler okkupieren?

Wenn wir heute, sagen wir, 100 000 ha Land an 100 Familien überweisen, so wird sich jede 1000 ha nehmen; denn jeder weiß, daß in absehbarer Zeit durch Zuwanderung oder durch Nachwuchs das Land einen Seltenheitswert erhalten wird, und daß er dann in der Lage sein wird, als Herr desselben von den späteren Ankömmlingen ein arbeitsfreies Einkommen, die Grundrente, zu genießen. Die Naturrechtler nahmen an, daß die Mitglieder der Urgesellschaft von den gleichen Erwägungen beseelt waren und

[1]) Die Deduktion ist in voller Ausführlichkeit enthalten in meinem „Großgrundeigentum und soziale Frage“. Berlin 1898, S. 16 ff. Hier folgen nur die Hauptpunkte.

darum soviel Land, wie nur irgend möglich, für sich „okkupierten“. Diese Vorstellung ist unhaltbar.

Wo wenig Menschen und viel Land vorhanden ist, da ist der Boden „freies Gut“, wie Luft und Wasser, und hat daher keinen Wert. Niemand aber „wirtschaftet“ mit dem Wertlosen. So wenig, wie jemand auf den Gedanken kommen kann, sich einen Vorrat von Luft und Wasser hinzulegen, so wenig kann er unter den hier vorgestellten Verhältnissen den Gedanken fassen, sich einen Vorrat von Land hinzulegen, mit anderen Worten Terrainspekulant zu werden.

Um größere Grundstücke, die man nicht selbst nutzt, gegen die Bebauung durch andere aussperren zu können, dazu gehören zwei Bedingungen: eine politische und eine wirtschaftliche. Die politische Bedingung ist das Vorhandensein einer Staatsordnung, die den Okkupanten in seinem Rechtsanspruch schützt, und eine solche Rechtsordnung ist durch unsere Voraussetzung ausgeschlossen. Das Naturrecht erkennt nur das Recht auf dasjenige „Eigentum“ an, das dem „eigenen Tun“ entspringt, nur solches Recht ferner, das dem gleichen Recht der anderen keinen Eintrag tut. Wie sollte unter solchen Umständen irgend jemand den Anspruch auf die Dauer durchsetzen können, daß ihm kraft des „Rechtes der ersten Okkupation“ ein großes Gelände zu Eigentum gehöre, das er selbst nicht angebaut hat? Niemand würde sich um solchen Anspruch kümmern, die Gesamtheit würde nicht für, sondern gegen den angeblich Berechtigten auftreten. In der Tat finden wir denn auch wohl bei allen primitiven Völkern das Recht der Okkupation auf den wirklich produktiv genutzten oder wenigstens zur Produktion vorbereiteten Boden beschränkt und finden, daß das Eigentumsrecht bei Nichtnutzung nach kurzer Zeit erlischt: das ist der Inhalt des germanischen Rechtsinstituts der „Rückennutzung“[1]).

Aber wäre selbst solche Rechtsordnung als gegeben vorstellbar, so fehlte doch jedes *wirtschaftliche* Motiv,

[1]) Vgl. dazu Laveleye-Bücher: „Das Ureigentum“. Leipzig 1879; mit unzähligen Belegen.

das den „Ursiedler“ zur Okkupation eines großen Geländes bewegen könnte. Auf unabsehbare Zeit hinaus ist nach der Voraussetzung jedem künftigen Mitgliede einer noch so vermehrten Volkszahl die Besitznahme eines eigenen Grundstückes für seine Zwecke aus dem unendlichen Landvorrat gewährleistet. So lange das aber der Fall ist, kann das „hingelegte“ Terrain keinerlei Wert erhalten. Selbst wenn also der Ursiedler bereits die Motivation des Sombartschen „homo sapiens lombardstradarius“ hätte, würde er diese Spekulationsidee als zwecklos fallen lassen.

Man kann nun aber solches Terrain auch nicht dadurch nutzen, daß man andere für sich arbeiten läßt. „Wo jeder arbeitsame Mann soviel Boden fand wie er wollte, konnte niemand sich bewogen fühlen, für andere zu arbeiten“, sagte Turgot. Wenigstens würde sich niemand bereit finden, einem anderen für einen geringeren Ertrag Arbeit zu leisten, als er selbst als freier Eigentümer erzielen würde. Ja, er würde sogar für die Aufgabe seiner Selbständigkeit einen höheren Lohn verlangen; und, da er natürlich für einen Fremden weder so fleißig noch so sorgfältig arbeiten wird, wie für sich, so wäre das Resultat für den „Anwender“ ein sehr ungünstiges. Er müßte den Luxus, sich einen Arbeiter zu halten, mit einem Teil seines eigenen Arbeitsertrages erkaufen. Also auch dieses Geschäft würde der homo lombardstradarius als unrentabel fallen lassen.

Danach ist es also auch aus rein ökonomischen Gründen unmöglich, daß das Maß der Urhufe größer ausfalle, als der Arbeitskraft einer bäuerlichen Familie entspricht. Ja, nicht einmal das Maximum der durch diesen Faktor bestimmten Größe ist denkbar. Denn wozu sollte der Urbauer sich anstrengen, um ein „produit net“ hervorzubringen? Man kann Getreide, und noch dazu unter so primitiven Verhältnissen, nicht lange aufbewahren: es geht schnell zugrunde. *Man kann aber hier auch Getreide nicht verkaufen.* Es gibt noch keinen Markt. Die paar Handelskarawanen, die vielleicht schon durch das Land ziehen, handeln noch kein Korn, sondern Pelze, Hörner, Elfenbein, Goldkörner und derartige Seltenheiten. Danach bestimmt sich also, unter den hier vorausgesetzten Verhältnissen, das Maß der

Urhufe noch nicht einmal nach dem Maximum der Arbeitskraft einer bäuerlichen Familie, sondern lediglich nach dem Maximum ihres Bedarfes. Das absolute Maß wird sich je nach Kopfzahl, Bodengüte und Beschaffenheit der Werkzeuge usw. verschieden gestalten: aber unter keinen Umständen wird es den Umfang eines heutigen mittelbäuerlichen Betriebes überschreiten.

Aus dieser Betrachtung geht unseres Erachtens mit vollkommenster Sicherheit hervor, daß die Bildung irgend eines, dieses sehr bescheidene Maß irgendwie erheblich überschreitenden, Großgrundeigentums unter der Voraussetzung der previous accumulation durchaus ausgeschlossen ist und bleibt, *solange freies Land noch verfügbar ist.*

Bis hierher stimmen wir, wie man sieht, mit Turgot in der Entwicklung sehr nahe und im Resultat völlig überein.

Was geschieht aber nun, wenn durch den geschilderten Prozeß „alles Land seinen Herrn gefunden hat"? Dann sehen sich nach Turgot die Nachkommenden gezwungen, bei den Grundeigentümern Arbeit anzunehmen, um nicht zu verhungern. Der Grundbesitz ist, nicht für Turgot, wohl aber für Smith, zum „Monopol" geworden und erzwingt den „Monopolpreis", die Grundrente.

Das klingt in der Tat prima facie ungemein plausibel: *wenn* einmal alles Land „okkupiert" war, dann mußten die von Turgot geschilderten Verschiebungen im Grundbesitz und der gesamten gesellschaftlichen Struktur in der Tat unfehlbar eintreten. Und damit war dann die Grundrente naturrechtlich abgeleitet und gerechtfertigt: sie war zwar als „Monopolpreis" anerkannt, aber als der Preis eines *Naturmonopols*, nicht eines „verliehenen" Monopols: und was die Natur selbst erzwingt, muß der Mensch hinnehmen.

Aber: so plausibel die Lehre auch ist, sie ist doch falsch, ist „Kinderfibel"[1]), wie Marx sie bitter nennt.

---

[1]) „Ein ursprünglicher Naturzustand, ein Übergang desselben in die sog. bürgerliche Gesellschaft auf Grund bestimmter Triebe und Verträge, ein gesellschaftlicher Zustand mit Regierung, Finanzen, Arbeitsteilung, Verkehr, Geldwirtschaft, verschiedenen sozialen Klassen, wie er dem 17. und 18. Jahrhundert

Denn die Bedingung, an die die Entstehung der Grundrente hier geknüpft ist, war zu Turgots Zeit noch nicht gegeben. Sie ist auch heute noch nicht gegeben und kann, wie ich an anderer Stelle zu zeigen versucht habe [1]), wahrscheinlich überhaupt niemals, mindestens erst in einer Jahrtausende vor uns liegenden Zeit eintreten.

Noch heute ist, trotz der ungeheueren Vermehrung der Bevölkerung, die die seit dem Erscheinen der „Réflexions" verflossenen anderthalb Jahrhunderte gebracht haben, nicht einmal in den meistbevölkerten größeren Kulturstaaten Westeuropas jener Zustand erreicht, in dem alles Land „okkupiert" wäre, wenn jener naturrechtliche Vorgang der Aneignung sich ungestört vollzogen hätte: die Zahl der landwirtschaftlich genutzten Hektare dividiert durch die Zahl der im Hauptberuf landwirtschaftlichen Bevölkerung ergibt überall eine Zahl, größer als die der in Urzeiten pro Kopf genutzten Ackerfläche [2]).

---

entsprach, wird ohne weiteren Beweis als selbstverständlich vorausgesetzt" (G. Schmollers Grundriß, I., S. 83).

[1]) Großgrundeigentum und soziale Frage. Berlin 1898. I. Buch. 2. Kapitel, 3: „Physiologie des sozialen Körpers der Tauschwirtschaft", S. 57 ff.

[2]) Nach der Erhebung von 1893 hatte z. B. Deutschland über 35 Millionen Hektar „landwirtschaftliche Fläche", ohne Forstfläche und Ödungen usw. und nach der Berufszählung von 1895 rund 17,8 Millionen „zur Berufsart Landwirtschaft gehörige Bevölkerung (erwerbende und nicht erwerbende.") Es kämen also auf den Kopf rund 2 Hektar oder auf die Familie von fünf Köpfen rund 10 Hektar gleich 40 Morgen. Die altgermanische Hufe umfaßte aber nur etwa 30 Morgen. Freilich hatte der Hufner freie Weide und Waldnutzung: aber dafür hat der moderne Bauer unverhältnismäßig höhere Erträge von der Flächeneinheit, die er viel intensiver bebauen kann, weil er dank der gesellschaftlichen Arbeitsteilung viel bessere Methoden und Werkzeuge hat und alle Kraft und Zeit auf den Ackerbau verwenden kann, während die Urhufner nicht nur Bauern, sondern Krieger, Jäger, Richter und Universalhandwerker sein mußten. Niemand wird bestreiten wollen, daß heute eine durchschnittliche Hufengröße von 40 Morgen für Deutschland nicht etwa nur das Minimum der „bäuerlichen Nahrung", sondern sogar geradezu das Maximum dessen darstellt, was eine bäuerliche Familie ohne Lohnarbeiter bestellen kann. Und die gäbe es hier ja nicht! (Die Zahlen nach der amtlichen Veröffentlichung: die deutsche Volkswirtschaft am Schlusse des 19. Jahr-

Selbst nach dieser Probe auf das Exempel müßte demnach die Turgotsche Konstruktion abgelehnt werden: sie muß es aber um so kräftiger, weil unser Divisionsexempel mit ganz anderen, noch viel schlagenderen Zahlen angestellt werden muß, wenn es korrekt sein soll. Die nationalen Grenzen haben in der naturrechtlichen Spekulation gar keine Rolle zu spielen[1]), denn freie Wanderung und freie Besitznahme des noch nicht genutzten Landes sind ihre Voraussetzungen. Man hat demnach die Summe des überhaupt erreichbaren freien Landes durch die Zahl der überhaupt vorhandenen Bevölkerung zu dividieren — und da kommt man auf einen Quotienten, der noch viel weiter über das Maß einer bäuerlichen Nahrung herausgeht. Ravenstein[2]) berechnete die auf der Erde vorhandene nutzbare Fläche auf 73,2 Millionen Quadratkilometer = 7,32 Milliarden Hektaren. Die Gesamtbevölkerung dürfte jetzt höchstens 1,8 Milliarden Köpfe umfassen. Danach entfallen auf den Kopf der heute lebenden Menschheit, Gewerbetreibende, Handeltreibende, freie Berufe usw. mitgezählt, über 4 Hektar, und auf die Familie von 5 Köpfen nicht weniger als 20 Hektar = 80 Morgen „fruchtbaren Landes"; und davon sind rund $^1/_3$ Ödung und Wald, $^2/_3$ Ackerland und Wiese[3]): die Hufe wäre also 53,3 Morgen groß.

Wenn also selbst die menschliche Entwicklung sich so hätte vollziehen können, daß sich Hufe neben Hufe legte, ohne daß jemals eine volkswirtschaftliche Arbeitsteilung zwischen Stadt und Land eingetreten wäre, die einen großen Teil der Bevölkerung von der unmittelbaren Bodennutzung unabhängig machte: selbst dann wäre noch heute erst etwa die Hälfte des Planeten mit Bauern besetzt.

---

hunderts, herausgegeben vom Kaiserl. Statist. Amt Berlin 1900, Tabelle 10 [Anbaufläche] und 13 [landw. Bevölkerung].)

[1]) Die Physiokraten nehmen denn auch wie Smith grundsätzlich immer den Standpunkt der Internationalwirtschaft ein. Vgl. z. B. Dupont de Nemours in dem Briefe an Say. l. c. S. 399.

[2]) Vgl. meinen Malthus, S. 142 ff.

[3]) Mein Malthus, S. 155.

β) Die Bodensperrung.

Unmöglich könnte daher die „Okkupation“, wie sie Turgot aus dem Naturrecht konstruiert, selbst heute noch zur Bildung eines größeren Grundeigentums, eines Stammes besitzloser Arbeiter, und einer Grundrente führen.

Und dennoch sind alle diese Erscheinungen nicht nur jetzt gegeben, sondern sie waren es bereits in Zeiten, in denen die Dichtigkeit der Bevölkerung unendlich viel geringer war als heute. Nichts anderes kann das erklären, als die „Okkupation“ des Bodens. Wie ist das Rätsel zu lösen?

Auf die einfachste Weise in der Welt! Wir stoßen hier auf denselben Trugschluß aus dem doppeldeutigen Worte „Okkupation“, mit dem wir schon einmal zu tun hatten:

Alle die von Turgot geschilderten gesellschaftlichen Tatsachen können in der Tat nur eintreten und müssen eintreten, wenn alles erreichbare Land „okkupiert“ ist. Erst, wenn kein „freies Land“ mehr vorhanden ist, kann der Boden Wert erhalten; erst dann ist Verschuldung möglich, erst dann kann es durch sie oder durch Zersplitterung unter viele Erben hier, und durch Zusammenschlagen mehrerer zusammengekaufter oder zusammengeheirateter Höfe dort zu groben Verschiedenheiten des Bodenbesitzes kommen; erst dann kann es besitzlose Arbeiter geben, die sich den Monopolpreis der Grundrente gefallen lassen müssen.

Von welcher Art die Okkupation des erreichbaren Landes ist, ob wirtschaftliche Vollbesetzung alles Bodens durch selbstwirtschaftende Bauern, oder ob rechtliche Aussperrung alles noch nicht genutzten Landes durch eine privilegierte Person oder Klasse: die Folgen sind immer die gleichen.

Da unsere Betrachtung uns gezeigt hat, daß von der Okkupation im ersten Sinne auch heute noch nicht die Rede sein kann, so können wir schon per exclusionem schließen, daß es sich nur um die Okkupation im zweiten Sinne gehandelt haben kann. Die Rente kann nur entstanden sein, weil aller erreichbare Boden durch ein rechtliches Monopol, eine Machtposition, gegen die wirtschaftliche „Okkupation" der selbstwirtschaftenden Bauern gesperrt war.

Und dieser Schluß wird durch die Weltgeschichte voll bestätigt.

Ich habe den Prozeß eingehend mehrfach dargestellt[1]) und muß für die Einzelheiten darauf verweisen. Hier seien nur die Hauptpunkte wiederholt.

Alle höheren Staatswesen und vor allem die uns in der Frage der heutigen Grundrente vor allem interessierenden Staaten Westeuropas, sind ursprünglich Schöpfungen der Eroberung[2]): in England unterwarfen Angelsachsen und Normannen, in Frankreich, Belgien und Holland Römer und Franken, im deutschen Stammlande wieder die Franken, im ostelbischen Kolonisationsgebiet deutsche Ritter, in Italien Franken, Longobarden und Normannen, in Spanien Westgoten, Mauren und Franken die Urbevölkerung und gründeten über ihnen ihren „Staat". Sie selbst bildeten die Herrenschicht, und die Besiegten hatten ihnen einen bestimmten Teil ihres Arbeitserzeugnisses, ihres „natürlichen Lohnes" abzutreten. Dieses Erzeugnis war in jenen primi-

---

[1]) Großgrundeigentum und soziale Frage. I. Teil. 1. Kap.: „Die Entstehung des Großgrundeigentums" und „Der Staat", II. Abschnitt: „Die Entstehung des Feudalstaates."

[2]) Vgl. Rodbertus-Jagetzow: Beleuchtung der sozialen Frage. I. S. 240: „Gehen Sie doch, mein verehrter Freund, so weit Sie können, in der Geschichte zurück! Wie finden Sie hier die Grundeigentums- und Anbauverhältnisse? Wo Sie nur noch Spuren des Ackerbaus finden, finden Sie auch bereits ein Eigentumsnetz über den Boden der Nation von einem Ende zum andern geworfen. Über jeder Masche dieses Netzes thront schon ein Eigentümer, und in allen Maschen zusammen befindet sich sämtlicher angebauter wie unangebauter Boden zerstreut und verteilt. Lassen Sie $^{1}/_{100}$ des Landes erst angebaut sein, die übrigen unangebauten $^{99}/_{100}$ sind nichtsdestoweniger auch schon im Eigentum. So haben sich die Grundeigentumsverhältnisse bei allen Nationen entwickelt, denen wir unsere Kultur zu danken haben." ..... — Vgl. Gumplowicz. Soziologische Essays. Innsbruck 1899. S. 66. „Und zwar besteht und liegt das Wesen des Eigentums (wir sprechen zunächst nur vom Eigentum an Grund und Boden) in der gewaltsamen Ausschließung einer unterjochten Bevölkerung von der Nutznießung des dem Sieger vorbehaltenen Grund und Bodens."

tiven Verhältnissen im wesentlichen ein agrarisches, der Tribut also nichts anderes als — Grundrente.

Die Erobervölker zerfallen zumeist bereits im Wanderstadium in drei soziale Klassen: einen herdenreichen Adel, der häufig das Patriarchat innehat (die „Fürsten der Stammhäuser“ nennt sie die Bibel); die Gemeinfreien; und die Sklaven, deren größter Teil im Eigentum der Großen steht. Daraus ergeben sich bei der Niederlassung im eroberten Gebiete primitive Bodenbesitzverschiedenheiten schon in einem Stadium, wo von einer Seltenheit des Bodens ebensowenig die Rede sein kann, wie von einer Vorstellung, davon, daß ungenutzter Boden irgend einen „Wert“ haben könne. Die großen Sklavenbesitzer okkupieren mehr Land zu Eigentum als die Gemeinfreien, weil sie für ihre nicht rechtsfähigen Sklaven Siedelland nehmen müssen.

Die Abgaben, die diese mitgebrachten ehemaligen Weidesklaven, und die Abgaben, die die im eroberten Gebiete vorgefundenen frisch unterworfenen Bauern ihren Herren zu leisten haben, sind augenscheinlich beide nur aus der Monopol-Lohn-Theorie zu erklären. Sie sind offenbar und unverhüllt Abzüge vom „natürlichen Arbeitslohn“ des Ackerbauers, eingezogen auf Grund einer r e c h t l i c h e n M a c h t p o s i t i o n, die vom „Staatsrecht“ statuiert und durch die Herrschaftsgewalt gesichert wird. Ganz dasselbe gilt von den Abgaben, die die kleinen Gemeinfreien von ihren wenigen Sklaven erhalten, bzw. von der Arbeit, die diese ihren Herren lediglich gegen Gewährung des Lebensunterhaltes leisten. Hier ist der Embryo des „Mehrwerts“.

Nun führt eine überall ganz gleich verlaufende, weil aus der Grundlage dieser Staatswesen selbst notwendig folgende Entwicklung, die wir hier nicht darstellen können, allmählich zu einer überaus starken Vermehrung des Umfanges und der politischen und militärischen Macht jenes primitiven Großgrundeigentums der Anfänge. Die Grundherren depossedieren die Zentralgewalt, reißen alle Macht an sich und drücken nun auch die Gemeinfreien in Abhängigkeit herab, durch Mißbrauch der Amtsgewalt, der Steuer- und der Heerbannpflicht usw.

„Den Rest aber gibt dem Stande der Gemeinfreien die formelle Delegation oder tatsächliche Usurpation des wichtigsten Kronregals, der Verfügung über das noch nicht okkupierte Land. Das gehört ursprünglich dem „Volke", d. h. den Freien zur gesamten Hand; aber nach einem wohl überall geltenden Urrecht hat der Patriarch die Verfügung darüber. Auch dieses Verfügungsrecht geht mit den anderen Kronrechten an den „Landesherrn" über — und damit hat er das Mittel in die Hand bekommen, den Rest der Freien zu erdrosseln. Er erklärt das gesamte noch unbebaute Land für sein Eigentum, sperrt es gegen die Okkupation freier Elemente, gewährt nur denen noch den Zugang, die seine Oberherrschaft anerkennen, d. h. sich in irgend eine Art von Abhängigkeit, von Hörigkeit begeben.

„Das ist der letzte Nagel zum Sarge der Gemeinfreiheit. Bisher war die Gleichheit in der Vermögenslage einigermaßen gewährleistet. Und wenn der Bauer zwölf Söhne hatte: das Erbgut blieb unzersplittert, denn elf rodeten sich neue Hufen in der Gemeinen Mark oder dem noch nicht an die Gemeinden aufgeteilten Volkslande. Das ist fortan unmöglich; die Hufen zersplittern, wo viele Kinder aufgezogen wurden, andere werden zusammengelegt, wo Erbsohn und Erbtochter die Ehe eingingen: jetzt gibt es ja „Arbeiter", die die größere Fläche bestellen helfen, nämlich jene Halb-, Viertel- und Achtelhufner. So wird die freie Dorfschaft in Reiche und Arme zerklüftet; schon das löst das Band, das bisher das Bündel Pfeile unzerbrechbar machte; und wenn dann gar Unfreie in die Dorfgemeinde eindringen, weil ein allzu arg geplagter Genosse, dem Druck weichend, sich dem Herrn „kommendierte", oder weil der Herr einen durch Tod oder Überschuldung des Inhabers erledigten Hof mit einem seiner Hörigen besetzte, dann ist jeder soziale Zusammenhalt gelöst, die durch Klassen- und Vermögensgegensätze zerspellte Bauernschaft dem Machthaber wehrlos preisgegeben [1])."

Von jetzt an ist die eigentliche Hörigkeit mit ihrer Bindung des Arbeiters an die Scholle überflüssig geworden. Man kann ihm

---

[1]) Mein „Staat", S. 120/21.

die „Freiheit“ geben — und gibt sie ihm. Der Zweck, ihn zu Abgaben von seinem Arbeitsertrage, zur Zahlung einer Rente zu zwingen, ist jetzt auch gesichert, wenn der Mann persönlich frei ist. Denn sein Produktionsmittel ist, soweit es ihm irgend erreichbar, gegen ihn gesperrt: er muß die Bedingungen des Eigentümers annehmen oder verhungern [1]).

Die historische Betrachtung bestätigt also unseren deduktiven Schluß in jeder Hinsicht: die „Okkupation“ allen erreichbaren Bodens, aus der die Grundrente folgen mußte, ist nicht durch wirtschaftliche Nutzung, sondern durch rechtliche Sperrung erfolgt. Das Bodenmonopol ist kein „Naturmonopol“, sondern ein rechtliches, ein „verliehenes“ Monopol; es ist nicht entstanden aus naturrechtlichen, sondern aus das Naturrecht verletzenden Beziehungen zwischen den Menschen, aus Versklavung, Mißbrauch der Amtsgewalt und Usurpation der Existenzbedingungen; das große Grundeigentum und seine Folge, die Grundrente, ist nicht „ökonomisches“, sondern „politisches Mittel“ [2]).

---

[1]) Vgl. Rodbertus-Jagetzow: Beleuchtung der sozialen Frage. I., S. 140: „Auch war mit der Aufhebung der Sklaverei oder der Leibeigenschaft die moralische oder rechtliche Verpflichtung des Herrn, sie zu futtern oder für ihre Notdurft zu sorgen, fortgefallen. Aber ihre Bedürfnisse waren geblieben; sie mußten leben. Wie sollten sie mit ihrer Arbeitskraft für dies Leben sorgen? Von dem in der Gesellschaft vorhandenen Kapital nehmen, und damit ihren Unterhalt produzieren? Aber das Kapital in der Gesellschaft gehörte schon anderen als ihnen, und die Vollstrecker des „Rechts“ hätten es nicht gelitten. Mit nackten Händen aus dem Schoße der Erde sich das Material graben, um sich daraus erst ein eigenes neues Kapital zu bilden? Aber wenn dies auch gelungen wäre, selbst der Boden, auch der unbebaute, gehörte schon anderen als ihnen, und die Vollstrecker des „Rechts“ hätten es abermals nicht gelitten. Was blieb ihnen also in dieser Lage zu tun übrig? Nur eine Alternative: entweder das Recht der Gesellschaft umzustürzen, oder unter den ungefähren früheren wirtschaftlichen Bedingungen, wenn auch in veränderter rechtlicher Stellung, zu ihren früheren Herren, den Grund- und Kapitalbesitzern, zurückzukehren, und als Lohn zu empfangen, was sie früher als Futter bekommen hatten.“

[2]) Es gibt zwei grundsätzlich verschiedene Mittel, mit denen der vom Trieb der Lebensfürsorge gelenkte Mensch seine Bedürfnisse befriedigen kann: eigene Arbeit (und äquivalenter Tausch): das ökonomische Mittel;

Als Turgot und Smith dachten und schrieben, steuerte in ganz Osteuropa, östlich der Elbe, der Bauer seinem Feudalherren noch die primitive unverhüllte Monopolrente in Arbeitstagen oder Produkten; er war noch schollengebundener Unfreier. In Westeuropa war er freilich im allgemeinen politisch frei: aber sein Produktionsmittel war durch die feudalen Mächte: Krone, Kirche und Adel, völlig gesperrt. Es gab zwar noch überaus viel ungenutztes, aber durchaus nicht mehr herrenloses Land: und so mußte er sich den Zugang zu seinem Produktionsmittel, die Möglichkeit einer Existenz überhaupt, durch die Abgabe der Grundrente erkaufen.

Somit ist der Turgotsche Trugschluß aufgelöst. Er beobachtete gesellschaftliche Erscheinungen, die allerdings nur aus der „Okkupation" allen Bodens erklärt werden konnten. Aber er sah nicht, daß es zwei toto coelo verschiedene Methoden der Okkupation gibt, und schob so der einen, der ökonomischen, zu, was die andere, die politische, verursacht hatte.

Und so kann also das feudale Grundeigentum, so kann die feudale Grundrente, nicht aus dem Naturrecht abgeleitet werden. Das feudale Grundeigentum ist zweifellos Rechtsmonopol, die feudale Grundrente zweifellos Monopolpreis, Abzug vom natürlichen Lohne[1]).

---

und unentgoltene Aneignung fremder Arbeitskraft oder Arbeitserzeugnisse durch Raub, Krieg und kriegerische Unterwerfung: das politische Mittel. Sofort bei der Staatsbildung bemächtigt sich die erobernde Herrenklasse des Bodens und seiner Bebauer und legt ihnen den Tribut der Grundrente auf. „Im Anfang war die Grundrente!" (Vgl. meinen „Marx", S. 136 ff., und die ausführliche Darstellung in meinem „Staat", S. 14 ff.)

[1]) Das gilt uneingeschränkt auch für das Herreneinkommen der Grundbesitzer in der kapitalistischen Sklavenwirtschaft. Nur mit der interessanten Variante, daß der Preis der Arbeit hier als Preis des Arbeiters, des Sklaven, erscheint. Je höher der Sklavenpreis, um so niedriger die Rente, und umgekehrt. Das war bereits den Physiokraten aufgefallen. Le Trosne (l. c. S. 1021) schreibt: „Mais ce renchérissement (des nègres) renchérit les frais de culture, diminue le produit net. ..." Und v. Halle (Baumwollproduktion und Pflanzungswirtschaft, Leipzig 1897, S. 368) deutet auf Grund der gleichen Tatsache bereits vorsichtig auf naheliegende theoretische Ableitungen hin:

Man muß kleines Grundeigentum, das dem ökonomischen Mittel, und großes Grundeigentum, das dem politischen Mittel allein seine Entstehung verdankt, grundsätzlich scharf auseinanderhalten. Die Physiokraten haben beide völlig verschiedenen Formen zusammengeworfen und dadurch die Verwirrung erzeugt, die bis auf den heutigen Tag nicht nur die bürgerliche, sondern sogar die sozialistische Theoretik abgelenkt hat: sie sprachen alles Grundeigentum schlechthin, kleines wie großes, heilig mit der Begründung, die nur für das kleine Geltung hat, das große aber verurteilt, sobald man sich seiner Geschichte bewußt wird.

Dabei lag ihnen in einem hochberühmten, zur Zeit Quesnays schon fast ein Jahrhundert alten philosophischen Hauptwerke die richtige naturrechtliche Theorie des Grundeigentums vor.

Georg Adler berichtet: „Locke hält es in seinem „Treatise on government" (1689) aus allgemein naturrechtlichen Gründen für selbstverständlich, daß die Erde allen Menschen gemeinsam gehöre, — da aber jeder Mensch ein Eigentum an seiner eigenen Person habe, so gebühre es sich, daß das, was er durch seine Hände geschaffen habe, sein eigen werde. Aber „dasselbe Gesetz der

---

„Der Preis des Sklaven bemaß sich angesichts der starken Nachfrage und des durch das Einfuhrverbot beschränkten Angebots nicht nach dem Durchschnittsertrag oder der unteren Grenze der Rentabilität der Wirtschaft, sondern nach dem höchstmöglichsten Ertrag unter den günstigsten Bedingungen der besteingerichteten Großbetriebe in fruchtbarster Gegend. Die kaufkräftigsten Abnehmer der Sklavenhändler waren von Haussespekulationsgesinnungen erfüllt, und damit kamen die Sklavenverkäufer in die Lage, einen großen Teil der Rente der besten Betriebe durch den Sklavenpreis für sich zu kapitalisieren.

Wir haben da das eigentümliche Phänomen, daß, was sonst Grundrente ist, hier sich im Sklavenpreis äußert. Dadurch erklärt sich neben den schon angeführten Gründen der niedrige Preis von Grund und Boden, der zwischen 1850 und 1860 nicht entfernt im Verhältnis zu den steigenden Baumwollpreisen heraufgeht."

Daß die Grundrente der kapitalistischen Sklavenwirtschaft nackteste Monopolrente ist, kann nicht bestritten werden. Darum wirft ihr Schwanken umgekehrt wie der Sklavenpreis ein scharfes Schlaglicht auf den Charakter der Feudalrente engerer Bedeutung und der kapitalistischen Verkehrsrente, die ebenfalls umgekehrt wie der Preis der Arbeit schwanken.

Natur, das uns auf diese Weise Eigentum gibt, begrenzt auch dieses Eigentum: soviel jemand zu irgendwelchem Nutzen für sein Leben verwenden kann, ehe es verdirbt, soviel darf er durch seine Arbeit als Eigentum aussondern, — was darüber hinausgeht, ist mehr als sein Anteil und gehört den anderen." Demnach ist eine Bodenfläche, die so groß ist, daß ein Mann sie bebauen kann, sein Eigentum, durch seine Arbeit sondert er dies Bodenstück gleichsam aus dem Gemeingut ab! „Das Maß des Eigentums des Menschen hat die Natur deutlich gegeben mit der Ausdehnung seiner Arbeit und seiner Bedürfnisse: keines Mannes Arbeit könnte alles bezwingen oder sich aneignen; noch könnten seine Genüsse mehr als einen kleinen Teil davon konsumieren, so daß es unmöglich für einen Menschen wäre, auf diese Weise in die Rechte eines anderen überzugreifen oder zum Nachteil seines Nächsten ein Eigentum zu erwerben. Dieses Maß beschränkte in den ersten Zeitaltern der Welt den Besitz jedes Menschen auf eine sehr bescheidene Grenze, auf so viel, als er für sich erwerben konnte, ohne jemand zu schädigen. Und heute noch, so voll auch die Welt erscheinen mag, könnte man ohne Nachteil jedermann Eigentum in diesem Umfang zuerkennen."[1])

Warum haben die Physiokraten diese überzeugende Darlegung ihres größten Meisters[2]) nicht aufgenommen?

Weil sie — natürlich unbewußt und gutgläubig — im Grunde dennoch Klassenadvokaten waren. Sie vertraten das landed interest gegen das von dem Merkantilismus übermäßig geförderte moneyed interest. Unmittelbare oder mittelbare Nutznießer der Grundrente als Mitglieder der privilegierten Klasse des späten Feudalstaates, kamen sie gar nicht auf den Gedanken, daß das Einkommen ihrer Klasse aus einem brüchigen Rechtstitel fließen könne. Und so läßt sich ihre gesamte Theorie mit allen ihren

[1]) Zitiert in der Einleitung zu Hall: Die Wirkungen der Zivilisation auf die Massen. (Hauptw. d. Sozialismus usw.) S. 15/16. Im Orig. nicht gesperrt.

[2]) Vgl. Hasbach, Die allgemeinen philosophischen Grundlagen usw., S. 48 ff.

Wunderlichkeiten auf das einfachste aus dem πρῶτον ψεῦδος dieser klassenmäßigen Selbsttäuschung ableiten: die spätfeudale Staatsordnung, mit ihrem Monarchen, ihrem Adel und ihrer Grundrente muß aus diesen Prinzipien abgeleitet, durch sie gerechtfertigt, als „naturnotwendig" dargetan werden.

Zu dem Zwecke wird zunächst nach uraltem Muster[1]) die „autorité tutélaire" deduziert. Sobald das Grundeigentum erfunden ist, bedarf es eines Spezialschutzes, den das mobile Eigentum, das sich dauernd unter der Aufsicht des Eigentümers befindet, nicht braucht. So entsteht „der Staat", natürlich als Monarchie, wobei jeder der Schüler Quesnays seinen politischen Neigungen Sonderopfer darbringt: fast die einzige grundsätzliche Verschiedenheit dieser Apostel des einen Meisters. Hier finden sich alle Spielarten, vom Vernunftmonarchismus bis zum leidenschaftlichen Legitimismus, von der Propaganda des Konstitutionalismus bis zu der des aufgeklärten Despotismus.

Ihr W i s s e n um die allgemeine Tatsache, daß der Staat durch Unterwerfung, nicht durch Vertrag entstanden ist, stört sie nicht im mindesten. Sie deduzieren, daß nur zwei Fälle möglich seien, entweder „l'ordre naturel" unter der „schützenden Autorität", oder das Chaos der Anarchie, in dem alle Kultur zugrunde gehen muß. Ich zitiere von hundert gleichlaufenden Stellen nur eine einzige aus Duponts „Avis au lecteur" zu Quesnays „Analyse du Tableau économique", die diese Zusammenhänge vorbildlich zeigt: „Il (Quesnay) a vu que ce p r o d u i t n e t était nécessaire et indispensable à la société, que s'il n'y avait point de p r o d u i t n e t, il ne pourrait y avoir aucune sûreté de possession ni même d'existence pour quelque individu que ce soit, puisqu' il n'y aurait point alors d'autorité tutélaire pour protéger

---

[1]) Die Fabel von der „natürlichen" Entstehung des Staates aus dem Schutzmotiv stammt gleichfalls aus der stoischen Philosophie. Cicero schreibt (de officiis II., cap. 21): „Hanc enim ob causam maxime u t s u a t u e r e n t u r, respublicae civitatesque constitutae sunt. Nam etsi d u c e n a t u r a e congregabantur homines, tamem spe custodiae rerum suarum urbium praesidia quaerebant." Grotius übernahm den Gedanken mit vielen anderen in sein Naturrecht. (Oncken, l. c. I. S. 191.)

le droit de propriété de chacun et réprimer la cupidité des méchants. De sorte que ... sous l'aspect étendu où cettes grandes matières doivent être envisagées, sans produit net, il ne pourrait point y avoir de culture." [1])

Das ist die politische Rechtfertigung der Grundrente: weil sie allein das Mittel darstellt, aus dem der „Staat" als Schutzmacht erhalten werden kann, weil ohne ihn das Chaos der Anarchie herrschen und jede Kultur im Keime ersticken würde [2]), ist sie naturnotwendig, durch die „lois naturelles" geheiligt.

Wirtschaftlich wird sie gerechtfertigt, wie wir sahen, aus den Prinzipien des Eigentums: sie erscheint diesen Philosophen als das Ergebnis eigener Arbeit und eigener Kapitalverwendung, d. h. „Entbehrung" (privation) des ersten wirtschaftlichen Okkupanten. Sie ist, wie oben gezeigt, der gerechte Lohn der von diesem angewandten „avances foncières", d. h. der Arbeit und Kosten der ersten Urbarung.

Um aber die Grundrente ganz aus der Sphäre des Wirtschaftskampfes herauszuheben, erscheint sie schließlich als produit net, als „pur don", als „livraison gratuite" der Natur, als derjenige Teil des Gesamtproduktes, der keiner beteiligten Arbeit, sondern lediglich der Güte des Schöpfers seine Entstehung verdankt, auf den also keine beteiligte Arbeit gerechten Anspruch erheben kann; er bleibt der classe disponible (classe sociale, nennt sie l'Abbé Baudeau [3]) mit klarer captatio) als gerechter Anteil für die Mühe der Staatsverwaltung,

---

[1]) Quesnay, Oeuvres, p. 441.

[2]) Vgl. Mercier de la Rivière, zit. bei Daire l. c. XIII: „La propriété foncière est établie sur la nécessité dont elle est aux deux premières propriétés qui sans elles deviendraient nulles; dès qu' il y aurait plus d' hommes que de subsistances le besoin les mettrait dans le cas de s' entrégorger, et alors il n'existerait plus ni propriété mobilière, ni propriété personelle ni société." Der Bourgeois-Liberalismus hielt diese Auffassung getreulich fest, vgl. z. B. Mac Culloch „Principles", S. 50/1, der einen langen Panegyricus auf das Grundeigentum wie folgt abschließt: „Without its protection the rich man would become poor and the poor man would never be able to become rich — all would sink to the same bottomless abyss of barbarism and poverty."

[3]) ed. Daire l. c. p. 668 ff.

nachdem sowohl der Unternehmer wie der Arbeiter *seinen* durch die Konkurrenz bestimmten, „gerechten" Anteil seiner Wirtschaftsarbeit erhalten hat.

Hier ist die „Willenswurzel" der naiven Theorie von der ausschließlichen Produktivität der Urproduktion — zu der sonderbarerweise auch Bergwerke usw. gerechnet werden, obgleich hier keine natürliche réproduction statt hat — und der „Sterilität" der Gewerbe; hier die Willenswurzel der krausen Verschlingungen des „tableau économique". Auch hier stellte sich die Logik in den Dienst der Psychologik, des *Klassenwillens*.

So wurde alles verzerrt. Die Staatstheorie ist gröblich falsch: zwischen Anarchie und ordre naturel gibt es noch ein drittes, den auf Unterwerfung begründeten Staat der Wirklichkeit, der die Funktionen der autorité tutélaire genügend ausübt, um Eigentum und Kultur zu gewährleisten;[1]) und dasjenige Grundeigentum, das ein „produit net" abwirft, ist nicht durch ökonomische, sondern durch politische „Okkupation" entstanden und daher von dem Naturrecht verdammt, da es die Freiheit in sämtlichen drei Arten des Eigentums, dem persönlichen, mobilen und Grundeigentum verletzt [2]).

---

[1]) Vgl. meinen „Staat", S. 40 und 53/4. Die Herrenklasse der Eroberer übernimmt in der Tat den Grenzschutz nach außen und Rechtsschutz nach innen aus denselben Gründen des Selbstinteresses, aus denen der Imker den Schutz „seiner" Bienen übernimmt, die er doch „ausbeutet". Aber es ist gerade so verkehrt, den Staat *nur* als Organisation dieser Schutzfunktion aufzufassen, wie es verkehrt ist, ihn *nur* als Organisation der „Ausbeutung" aufzufassen. Er ist seiner *Entstehung* nach *nur* Ausbeutung, seinem *Wesen* nach sofort außer Ausbeutung auch Organisation des Grenz- und Rechtsschutzes, und seine Entwicklung besteht der Hauptsache nach in der allmählichen Ausstoßung der ersten „Komponente", d. h. des „politischen Mittels".

[2]) Die Schüler der Physiokraten eine Generation später erkannten das mit aller Klarheit und zogen blutig die Konsequenz. Sieyès schreibt:

„Warum sollte der Dritte Stand nicht alle Familien, die den närrischen Anspruch erheben, einer Erobererrasse zu entstammen und Erobererrechte geerbt zu haben, in die Frankenwälder zurückschicken? Hätte es keine Polizei gegeben, so hätte sich Cartouche vielleicht auf einer großen Heerstraße niedergelassen und vielleicht einen Mautschranken errichtet; wäre er dazu aber gesetzlich berechtigt gewesen? Und hätte er dieses Monopol — was einst sehr oft

Und daher sind alle weiteren Ableitungen aus diesen falschen Konsequenzen des ersten richtigen Prinzips nichts besseres als eben eine — Kinderfibel!

2. Kapitalistische und Feudalrente.

Die Feudalrente ist also sicher Monopolpreis! Damit ist, so sollte man annehmen, die Ricardosche Theorie bereits widerlegt. Denn sie will nicht nur die Rente der kapitalistischen Gesellschaftsordnung, sondern jede Rente ableiten und erklären. Sie beruht auf dem „Gesetz der sinkenden Erträge", das in jeder denkbaren menschlichen Gesellschaft richtig ist. Mag sie geordnet sein, wie sie wolle: immer wird der fruchtbarere Boden seinem Eigentümer mehr Rohertrag bringen als der weniger fruchtbare dem seinen. Und wo ein Markt besteht, wird der marktnähere Boden seinem Eigentümer einen höheren Reinertrag erbringen. Ricardo selbst hat zweifellos sein Rentengesetz als ein Grundgesetz jeder Wirtschaftsgesellschaft aufstellen wollen, und Diehl legt ihn richtig aus, wenn er schreibt:

„Die Grundrente ist nicht beschränkt auf eine bestimmte wirtschaftliche Rechtsordnung, sondern kommt vielmehr in allen denkbaren Gesellschaftsformationen vor.

„Die Grundrente in dem Ricardoschen Sinne ist das Ergebnis natürlicher Produktionskostendifferenzen; da diese aber unabhängig von irgendwelcher Rechtsordnung sich vorfinden, ist die Grundrente auch nichts etwa der privaten kapitalistischen Wirtschaftsordnung Eigentümliches. Vielmehr muß sie sich finden, ganz gleich, ob der Boden im Privateigentum Einzelner oder im Gemeineigentum des Volkes steht, oder wie die Rechtsverhältnisse an Grund und Boden auch geordnet sein mögen." [1])

---

der Fall war — einem ehrlichen Nachfolger verkauft —, wäre dasselbe in des letzteren Händen rechtmäßiger geworden?..." (zit. nach Taine, Entstehung des modernen Frankreich, übers. von L. Katscher, 2. Aufl. Leipzig o. J. Bd. I, S. 376).

[1]) Diehl, l. c. I. S. 245.

Wenn aber in jeder denkbaren Gesellschaft Grundrente vorhanden sein muß; — und wenn die feudale Grundrente der Monopolpreis eines Rechtsmonopols unzweifelhaft gewesen ist, dann ist, so sollte man meinen, die Ricardosche Grundrentenlehre widerlegt, die behauptet, daß jede, also auch die feudale Grundrente, das Ergebnis rein naturrechtlicher Beziehungen ist.

Der Schluß scheint unanfechtbar. Trotzdem ist er, und zwar mit zwei verschiedenen Begründungen, angefochten worden, einerseits von Richard Jones [1]), andererseits von Berens [2]), dem sich Diehl [3]) genau anschließt. Alle drei erklären feudale und kapitalistische Grundrente für verschieden und lehnen daher den Schluß auf die Ungültigkeit der Ricardoschen Lehre als eine quaternio terminorum ab.

Sie unterscheiden sich aber in der Begründung sehr bedeutend. Jones erkennt die feudale Rente als echte Rente, und zwar als Monopolrente, an: er behauptet aber, daß die kapitalistische Verkehrswirtschaft eine grundstürzende Änderung aller Verhältnisse mit sich brachte, die die Monopolrente in naturrechtliche Rente verwandelte.

Berens und Diehl aber leugnen, daß die feudale Rente überhaupt „Rente" gewesen sei. Sie unterscheide sich von der kapitalistischen „wie Gewicht und Farbe" [4]). Zwei ganz verschiedene gesellschaftliche Bildungen trügen zufällig den gleichen Namen.

Beide Einwände bedürfen der sorgfältigsten Prüfung. Wir werden dabei folgendermaßen vorgehen:

Große Teile der kapitalistischen Rente sind sicher in ununterbrochener geschichtlicher Kontinuität aus der feudalen hervorgegangen, nämlich die auf die ehemals feudalen Großgüter des Adels fallende Grundrente. Wir werden vorläufig alle anderen kapitalistischen Renten nicht-feudalen Ursprungs aus dem Spiele lassen und uns auf die Frage beschränken: „Sind jene ur-

[1]) An Essay on the distribution of wealth and on the sources of taxation. London 1831.

[2]) a. a. O. S. 240 ff.

[3]) a. a. O. I. S. 248.

[4]) Berens, l. c. S. 242.

sprünglich feudalen kapitalistischen Renten mit ihren Vorläufern identisch oder nicht?

Wenn diese Frage bejaht werden muß, dann ist die Ricardosche Theorie durch Tatsachen widerlegt: denn dann ist die Monopol-Lohn-Theorie bewiesen, nicht nur für die Feudalrente, die dann als echte Grundrente dargetan ist, sondern vor allem auch für bedeutende Teile der kapitalistischen Gesamtgrundrente.

Um die Monopol-Lohn-Theorie ganz zum Siege zu führen, bliebe dann nur noch übrig, nachzuweisen, daß sie auch den Rest der kapitalistischen Gesamtgrundrente ableiten kann. Könnte sie es etwa nicht, so wäre sie zwar nicht falsch, aber unzureichend; sie gäbe nur eine Teilerklärung, und es müßte nach einer übergeordneten Theorie Umschau gehalten werden, die alle Erscheinungen ihres Gebietes zu erklären vermag.

Sind also feudale und „ursprünglich feudale" Rente dem Wesen und der Entstehung nach identisch?

a) Jones' Grundrentenlehre.

α) Darstellung.

Richard Jones gehört in die Ahnenreihe zweier hervorragender soziologischer Schulen: er ist einerseits historischer und ethnologischer Soziolog im guten Sinne, ein Mann, der entschlossen ist, die Ergebnisse der reinen Deduktion immer wieder an den in möglichster Vollzähligkeit gesammelten Tatsachen zu kontrollieren und die einzelne Wirtschaftserscheinung aus den gesamten Gesellschaftsverhältnissen des betreffenden Volkes zu der betreffenden Zeit zu verstehen. Er gehört andererseits zu jener „sozialliberalen Schule", die gleich der bourgeois-ökonomischen, von Malthus und Ricardo eingeleiteten, aber in divergenter Richtung von Adam Smith abzweigt. Für den Gegensatz ist bestimmend die Stellung dieser Denker zum „Gesetz vom sinkenden Spielraum". Alle, die es akzeptieren, sind der bourgeois-ökonomischen, alle, die es ablehnen, der sozialliberalen Schule zuzurechnen.

Jones ist eine der frühesten Erscheinungen dieser zweiten Richtung, die in Carey ihren stärksten Ausdruck fand und dann über Dühring, H. George und Hertzka zu den von mir selbst vertretenen Gedankenreihen führt. Bastiat, in vielem ein Anhänger, wenn nicht Nachahmer Careys, nimmt in mancher Beziehung eine Zwischenstellung zwischen Bourgeois-Ökonomik und Sozialliberalismus ein.

Gleich allen Sozialliberalen und namentlich gleich Carey, dem er auch in der Vorliebe für das Zusammentragen massenhafter geschichtlicher und völkerkundlicher Tatsachen ähnlich ist, ist auch Jones Gläubiger der „Interessenharmonie": eine notwendige Folge aus dem Umstande, daß er an das Gesetz vom steigenden Nahrungsspielraum glaubt; wir haben gesehen, daß derselbe Glaube an einen „unendlichen" (indefinite) [1]) Fortschritt bei Smith aus derselben Prämisse folgte. Gleich Carey verabscheut er die „miserable philosophy" [2]), die er auch einmal „dismal" nennt; und gleich ihm führt er die Überzeugung von einem göttlichen Weltenplan gegen die Verelendungsphilosophie ins Feld.

Namentlich Ricardo behandelt er mit unverhohlener Verachtung. Er wirft ihm, wir wissen: nicht mit Unrecht vor, von einem allzu kleinen Beobachtungsmaterial aus rücksichtslos draufloszuschließen und alle entgegenstehenden Tatsachen zu vernachlässigen. Malthus dagegen behandelt er rücksichtsvoller. Er lehnt zwar das Bevölkerungsgesetz ab, macht aber Malthus gewisse Konzessionen, als wenn dieses ganze angebliche Gesetz nicht mit dem von ihm entschieden bestrittenen Gesetz vom sinkenden Spielraum zusammenbräche. Er skizziert [3]) ein Bevölkerungsgesetz, das dem von Julius Wolf in seinem oben zitierten Aufsatz: „Ein neuer Gegner des Malthus" [4]) vermeintlich neu entwickelten, außerordentlich ähnlich sieht. Er nimmt namentlich, gleich Wolf, an, daß bei steigender Bildung und steigendem Wohlstande die physiologische „Potenz" der Volksvermehrung nicht mehr in dem Maße wirklich aktuell wird, um Störungen hervorzurufen, während in rohen Gesellschaftszuständen tatsächlich die Bevölkerung

---

[1]) Jones, l. c. S. 141.

[2]) S. XIII.

[3]) S. XVII, XXXIII, 234.

[4]) Zeitschr. f. Sozialwissenschaft, 4. Jahrg., 1901, S. 256 ff.

leicht einmal über ihren Spielraum hinauswachsen könnte. Wenn er Malthus unverdienterweise mit so viel höherer Achtung behandelt als Ricardo, so hat das zwei Gründe: erstens ist er im Herzen ein Anhänger des „landed interest", und sein Buch verfolgt eingestandenermaßen den Zweck, dieses gegen Ricardo zu verteidigen, der, wie wir wissen, einen Gegensatz des Grundeigentums gegen Kapitaleigentum und Arbeit konstatiert hatte. Je schwieriger es wird, den Lebensunterhalt eines wachsenden Volkes aus dem Acker herauszuholen, weil man zu immer geringeren Böden seine Zuflucht nehmen muß, desto höher steigt nach Ricardo die Rente, desto mehr sinkt der Kapitalprofit und der Reallohn der Arbeit. Das bestreitet Jones auf das heftigste und versucht immer wieder, das Gegenteil zu demonstrieren. Den zweiten Grund, warum Jones sich Malthus mehr zuneigte als Ricardo, erblicke ich darin, daß auch er noch physiokratische Reste mit sich herumschleppt. Er schreibt [1]): „Die Kraft der Erde, selbst der rohesten Anstrengung des Menschen mehr als den für die Erhaltung des Bebauers selbst notwendigen Ertrag zu liefern, befähigt ihn, noch einen Tribut zu bezahlen; daher stammt die Rente."

Und in einer Anmerkung [2]) nimmt er für Malthus gegen Ricardo in der entscheidenden Frage Partei, ob die Rente ein reiner Gewinn und eine neue Schöpfung von Reichtum ist. Ricardo bestreitet es, Malthus nimmt es mit den Physiokraten an, und Jones stellt sich auf Malthus' Seite.

Was nun den direkten Angriff von Jones auf die Ricardosche Rententheorie anlangt, so versucht Jones in dem einzig erschienenen, die Rente behandelnden Bande seines groß angelegten, auf drei Bände berechneten Systems die Widerlegung sowohl a posteriori aus den Tatsachen, wie auch den immanenten Gegenbeweis.

Um zuerst von der formalen Prüfung zu sprechen, so leugnet Jones, wie gesagt, das Gesetz vom sinkenden Spielraum. Seine Argumente zu diesem Punkte ähneln den von Rodbertus, Carey, Henry George und mir selbst in meinen ersten Publikationen

---

[1]) S. 4.
[2]) S. 213.

gebrauchten außerordentlich. Er zeigt, daß Verbesserungen im „agricultural skill“ den Ertrag sehr stark vermehren können, und entwickelt sogar eine eigene, mir sonst nicht wieder vorgekommene, sehr feine und fruchtbare Unterscheidung zwischen zusätzlichem und Hilfskapital (additional und auxiliary capital)[1]. Aber es gelingt auch ihm nicht, seine Argumente bis zur vollen Überzeugungskraft zu entwickeln; das konnte erst geschehen, nachdem man ausdrücklich terminologisch, so, wie es mir zuletzt geglückt ist, zwischen dem Gesetz des sinkenden Ertrages und dem des sinkenden Nahrungsspielraums unterschieden hatte.

Die zweite Prämisse der Rentenlehre, die Lohnfondstheorie, erkennt er an; und das ist m. E. die Hauptursache, warum es ihm nicht geglückt ist, Ricardo ganz zu widerlegen. Denn so lange kann man die Monopol-Lohn-Theorie nicht reinlich entwickeln. Davon weiter unten.

Was nun die Prüfung der Beweisführung selbst anlangt, so kann sich Jones an logischem Scharfsinn mit Ricardo nicht messen. Er polemisiert vielfach gegen ihn mit ungenügenden Gründen und ungenügendem Verständnis. So namentlich gegen die Ricardosche Behauptung, daß bedeutende Fortschritte des Ackerbaus die Rente erniedrigen müßten[2]. Hier ist Ricardo nicht mit der Auseinandersetzung zu widerlegen, daß solche Fortschritte sich nur sehr langsam verbreiteten, so daß die Rente gleichbleiben oder gar steigen könne. Ricardo würde das ohne weiteres zugeben können, ohne sein Prinzip aufzugeben; denn er selbst gibt an, daß, sobald die Bevölkerung genügend nachgewachsen ist, aus solchen Verbesserungen, die zuerst eine Senkung der Rente hervorbrächten, schließlich doch ihre Erhöhung folge.

Dann versucht Jones etwa mit denselben Argumenten, die wir im 6. Abschnitt unter B. 2 unter dem Titel: „Nahrungsspielraum und Grundrente“ entwickelt haben, die Ricardosche Lehre ex consequentibus zu widerlegen. Er zeigt gleichfalls, daß das Gesetz des sinkenden Spielraums unmöglich richtig sein könne,

---

[1]) S. 224 ff.

[2]) S. 204 ff.

da in fortschreitenden Ländern die Zahl der industriellen Bevölkerung viel stärker wachse, als die der bäuerlichen Bevölkerung, und daß daher die hier zweifellos stattgehabte sehr bedeutende Erhöhung der Rente unmöglich nach dem Ricardoschen Prinzip erklärbar sei. Aber er kommt nicht zu der Erkenntnis, daß ein stringenter Beweis für diese Auffassung unmöglich zu führen ist, weil die Ricardosche Theorie einen solchen überhaupt nicht zuläßt.

Ungleich stärker ist sein Angriff aus den Tatsachen der nichtkapitalistischen Rente. Er verwirft die Kinderfibel von der previous accumulation, soweit sie das Grundeigentum anlangt, mit Entschiedenheit, während er sie leider für das Kapital beibehält. Er hält die Konstruktion von der allmählichen wirtschaftlichen Okkupation des ganzen Bodens für eine abstrakte Möglichkeit, die niemals Wirklichkeit gewesen sei. In der Tat sei der Boden regelmäßig rechtlich angeeignet und so der Bebauer zu dem Tribut der Grundrente gezwungen worden[1]): also Monopol-Lohn-Theorie in voller Klarheit!

Über die Art, wie diese Appropriation sich vollzogen hat, macht er sich aber Vorstellungen, die der heutige ethnologisch geschulte Soziologe mindestens für die überaus große Mehrheit der vorliegenden Fälle entschieden ablehnen muß. Obgleich er einige Tatsachen der Eroberung und Unterwerfung anführt und leidlich würdigt, z. B. die dorische Unterwerfung der Peloponnes-Staaten[2]) und die „skythischen" Staatsbildungen in Osteuropa und Asien[3]), nimmt er doch als allgemeine Regel an, daß innerhalb der Völker selbst durch eine notwendige Rechtsentwicklung (er nennt sie „natural") [4]) sich eine privilegierte, über das Grundeigentum ausschließlich verfügende Klasse bildet. Das bekannte Schutzmotiv, das seit der Stoa immer für derartige Gedankengänge herhalten muß, spielt dabei eine bedeutende Rolle; aber auch der Wucher wird, vielleicht in Erinnerung an die Joseph-Sage, für die Erklärung herangezogen. So kommt er zu der wunder-

1) S. 4.
2) S. 76.
3) S. 110.
4) S. 82.

lichen Vorstellung, daß z. B. in Rußland die Leibeigenschaft der Landbevölkerung sich aus dem System der „Serfs" d. h. arbeitspflichtiger Hintersassen, entwickelt habe, während zweifellos umgekehrt dieses System die Folge verhergegangener politischer Unterwerfung ist. Wie es scheint, bestimmen ihn die auch heute noch nicht genügend aufgeklärten Verhältnisse der hochschottischen Clans [1]) zu der Annahme, daß das große Grundeigentum im allgemeinen „gradually" aus dem Gemeineigentum der Volksmasse sich herausgebildet habe.

Doch das sind Irrtümer, die in diesem Zusammenhange von geringer Bedeutung sind. Jedenfalls vertritt er die Monopol-Lohn-Theorie in ihrer reinsten Fassung. Das Land wird durch das „feudale" Grundeigentum gesperrt, und die Volksmasse muß den Tribut der Grundrente bezahlen.

Zu dem Wort „feudal" ist eine Bemerkung zu machen. Jones bestreitet auf das entschiedenste, daß es sich bei den Renten, die die Bauern an ihre Grundherren zahlten, um feudale Abgaben gehandelt habe. Er versteht nämlich unter Feudalabgaben lediglich die lehnsrechtlichen Leistungen; außerdem nimmt er das Wort Feudalsystem in seinem engeren Sinne, wie es sich im entfalteten Feudalstaat ausgebildet hat. Ich kann auf diese Streitfrage hier nicht eingehen, muß vielmehr auf meine Abhandlung „Der Staat" verweisen, in der ich die Entwicklung vom primitiven zum entfalteten Feudalstaat genau dargestellt habe. Der Widerspruch von Jones gegen die Bezeichnung Feudalabgaben für die Grundrente der Feudalzeiten braucht uns jedenfalls nicht zu beunruhigen. Denn diese Abgaben sind es, die das ganze Feudalsystem wirtschaftlich tragen, dürfen also zweifellos als feudal

---

[1]) Vgl. Schmollers „Grundriß" I. S. 374 und Sismondi, Etudes sur l'Economie politique, Paris 1837, S. 211 ff., nach dessen Darstellung es sich um nackte Usurpation des Bodeneigentums durch die Clanhäuptlinge unter Duldung der englischen Regierung gehandelt hat: „C'est par un cruel abus des formes légales, c'est par une usurpation inique ..." (p. 229). Dieser Mißbrauch, diese Usurpation war nur möglich, weil sie sich auf die englischen Bajonette stützte, die eine unvernünftige Rechtsauslegung den Titularinhabern eines uralten Gemeineigentums zur Verfügung stellte.

bezeichnet werden; und schließlich läuft der Streit nur um einen Disput über den Umfang eines Begriffes hinaus. Wir wollen also konstatieren, daß dasjenige, was wir feudale Grundrente nennen, von Jones nicht derartig bezeichnet wird. Der psychologische, wahrscheinlich unbewußte Grund für seine auffällig enge Definition liegt augenscheinlich darin, daß er Bedenken trug, die kapitalistische Grundrente des von ihm verteidigten modernen Grundeigentums als eine ursprünglich feudale Machtposition den Angreifern zu denunzieren.

Um zum Thema zurückzukehren, so sei wiederholt, daß Jones die vorkapitalistische Rente als Monopolpreis, als Abzug vom natürlichen Arbeitslohn der Landbauern auffaßt. Er ordnet das zu seiner Zeit zugängliche Tatsachenmaterial in zwei Hauptabteilungen, die „peasant-rents" und die „farmers-rents". Die erste Gruppe umfaßt die Grundrenten, die von solchen Landbauern gezahlt werden, die „ihren eigenen Unterhalt aus dem Acker zu holen haben", während farmers-rents von kapitalistischen Unternehmern gezahlt werden, die aus ihrem „Lohnfonds", d. h. durch ihre Vorschüsse, die Arbeiter unterhalten. Diese zweite Gruppe umfaßt nur einen winzigen Teil der Erdoberfläche, die erste vielleicht 99 % davon. Und so müssen denn die primitiven Gesetze der Rente hier aufgesucht werden.

Die peasant-rents gliedert er in vier Abteilungen: die Arbeit- oder Leibeigenenrenten (labor- or serf-rents), die in Diensten und Leistungen der Leibeigenen auf dem Herrenacker abgetragen werden; zweitens die Teilpächterrenten (métayer-rents); drittens die ryot-rents, so genannt nach dem indischen Beispiel: Renten, die die Untertanen an den Fürsten zahlen, der der Eigentümer des ganzen Landes ist; und schließlich Kätnerrenten (cottier-rents), vertreten namentlich in Irland, gezahlt von nichtkapitalistischen Kleinpächtern an den Grundeigentümer. Überall schließen die folgenden, wie ein Leitmotiv immerfort wiederkehrenden Sätze die Darstellung der einzelnen Abteilungen: „die Existenz der Renten unter einem dieser Systeme hängt in keinem Grade von dem Vorhandensein verschiedener Bodenqualitäten oder von verschiedenen Erträgen des Kapitals und der Arbeit ab, die verwendet werden.

Wo kein genügender Lohnfonds vorhanden ist, um die Arbeiter zu ernähren, da müssen sie ihre Lebensmittel selbst aus der Erde hervorbringen oder Hungers sterben. Und dieser Umstand würde sie den Grundbesitzern tributpflichtig machen und Renten entstehen lassen, und zwar bei wachsender Volkszahl sehr hohe Renten, wenn auch alle Böden von völlig gleicher Bonität wären.

„Bauernrenten können aus zwei Ursachen wachsen, erstens aus einer Zunahme des Gesamtertrages, die der Grundbesitzer ganz oder zum Teil für sich nimmt. Oder sie können, wenn der Ertrag gleich bleibt, wachsen durch Vermehrung des Anteils des Grundbesitzers."

In seiner Schlußzusammenfassung über diese nichtkapitalistischen Renten verspottet Jones in folgender Weise die Lehre Ricardos und seiner Schüler:

„Stellen wir uns einen Augenblick die Wirkung einer Rede vor, die ein Philosoph der Ricardoschen Schule vor einer Versammlung halten würde, die sich zusammensetzt aus fürstlichen Grundeigentümern solcher Ländereien, die von ryots, und den Eigentümern solcher Ländereien, die von Leibeigenen, Teilpächtern oder Kätnern bebaut werden. Er würde ihnen versichern, nach Herrn Mac Culloch, daß die Ausdehnung und der Reichtum ihrer Gebiete *in keiner Weise* ihre Fähigkeit beeinflusse, eine gewerbliche Bevölkerung zu unterhalten und zu beschäftigen: daß in den frühesten Stadien der Gesellschaft (und das sind ja gerade die, die ihnen am vertrautesten sind) niemals irgendwelche Renten gezahlt wurden: daß sie erst dann auftauchen, wenn es nötig wird, Böden von geringerer Fruchtbarkeit anzubauen. Er würde ferner die Grundherren darüber belehren, daß keine Verbesserung ihres Einkommens jemals auf irgendeine Weise durch Verbesserung im Ackerbau oder Vermehrung der Bodenfruchtbarkeit erzielt werden kann. Er würde ihnen im Gegenteil mitteilen, daß jede Vermehrung ihrer Rentensumme *gänzlich* aus der Notwendigkeit hervorgehen muß, mit wachsender Bevölkerung zu Böden geringerer Fruchtbarkeit überzugehen. Daß ferner die wachsende Unergiebigkeit des Ackerbaues und der Wohlstand der Landbesitzer immer Hand in Hand vorwärts ginge; daß ihr

Einkommen immer im umgekehrten Verhältnis zu dem durch Arbeit und Kapital erzielten Bodenertrage stehen muß, und daß ihre Renten deshalb wachsen würden, in dem Maße, wie der Nutzen der Landwirtschaftsarbeit sinkt, und sich vermindern würde, wie dieser Nutzen steigt. ... Wir können uns die Verblüffung des Zuhörerkreises dieser verschiedenen Grundherren lebhaft vorstellen. Sie würden wissen, daß sie, wie ihre Väter, von einer Bauernbevölkerung umgeben seien, die ihnen einen Teil ihres Arbeitsertrages abtritt als Tribut für die Nutzung des Bodens, von dem sie ihre Nahrung ziehen, und zu dem sie Zugang haben müssen, um nicht zu verhungern. Die Grundherren würden infolgedessen empfinden, daß ihr Einkommen als Grundeigentümer weder seinen Ursprung noch seine Dauer dem Vorhandensein verschiedener Bonitätsstufen verdanke ... Es ist schwierig, sich vorzustellen, daß in einem Kreise von diesen Erfahrungen unser Vortragender Gläubige finden würde. Seine Zuhörerschaft würde geneigt sein, zu glauben, daß der Philosoph, den sie hörten, von irgendeinem anderen Planeten herabgefallen sein müsse, und daß er die verschiedenen Behauptungen, die er ihnen plausibel zu machen versuchte, unmöglich aus einer Anschauung der Tatsachen abgeleitet haben könnte, mit denen sie aus dem täglichen Leben vertraut sind."[1])

In dem zweiten Teile geht nun Jones zu der Analyse der „farmers-rents" über.

Wenn sich eine Kapitalistenklasse gebildet hat, reich genug, um den Lohnfonds für eine ganze Produktionsperiode vorzuschießen, dann ändert das Grundeigentum völlig seinen Charakter. Es hört auf, Monopol zu sein!

„Eine der unmittelbaren Folgen dieser Wandlung" (der Entstehung von Privatkapital, das sich dem Ackerbau widmet) „ist die Möglichkeit, dasjenige Kapital und diejenige Arbeit, die in Ackerbau angelegt waren, nach Belieben auf andere Betriebszweige zu übertragen. Solange der Pächter selbstarbeitender Bauer war, der mangels anderer Unterhaltsfonds gezwungen war, seinen

[1]) S. 81 ff.

Unterhalt selbst dem Boden zu entziehen, war er durch die Not an die Scholle gefesselt, ... Aber wenn die Anwender der Arbeiter einen genügenden Fonds aufgehäuft haben, um sie zu unterhalten, dann ist diese Bindung an die Scholle gebrochen: und, falls nicht durch Anwendung der Arbeiterklasse in der Agrikultur ebenso viel verdient werden kann, wie von ihrer Arbeit in den verschiedenen anderen Erwerbszweigen, die in solchem Gesellschaftsstande im Übermaß vorhanden sind, dann wird das Geschäft des Ackerbaus verlassen werden.

Grundrente besteht in solchen Fällen lediglich aus Surplus-Gewinnen...."[1]).

Hier ist also die Ricardosche Theorie als für die Verkehrswirtschaft richtig anerkannt. Sie ist Jones nur zu eng! Sie gilt nicht für die 99 % aller auf diesem Planeten bezogenen Grundrenten, sondern lediglich für das eine Prozent der kapitalistischen Pächterrente. Jene ist Monopolpreis, diese „natürlicher" Übergewinn am Preise.

Wenn Jones recht hätte, wäre die Ricardosche Grundrentenlehre also für den vollen Umfang derjenigen Wirtschaftsordnung wahr, den sie allein erfüllen will, für die freie Verkehrswirtschaft. Dann wäre in der Tat „nur der Beweis geliefert, daß in dem wirklichen Verlaufe die Erscheinung der Rente unter den vielfach störenden Verhältnissen von Eroberung, Gewalt, Bedrängnis usw. nicht in ihrer ganzen Deutlichkeit zutage treten konnte. Das zwingt aber eben zu der Abstraktion, zu der Ausscheidung aller Momente, welche die Spuren des zu erforschenden Prinzips verwischen könnten ..." [2]).

Prüfen wir also die Jonessche Theorie genau.

β. Widerlegung.

Die von Jones gegebene Ableitung über Entstehung und Wesen der feudalen Rente, seiner „peasant-rents", unterschreiben wir mit den oben gegebenen Einschränkungen vollkommen und halten einen Widerspruch dagegen für äußerst unwahrscheinlich.

[1]) S. 188; die hier gesperrten Stellen sind im Original nicht gesperrt.

[2]) Berens in seiner Polemik gegen Jones, l. c. S. 240 ff.

Dagegen ist seine Theorie von dem Umschwung aller Verhältnisse mit dem Augenblicke, wo Kapital und eine kapitalbesitzende Pächterklasse entsteht, durchaus unhaltbar.

Sie beruht ganz auf der Lohnfondstheorie in ihrer naivsten, in der Tat ausschweifendsten Gestalt und muß mit ihrer Prämisse fallen.

Jones nimmt nicht nur an, sondern erklärt ausdrücklich [1]), daß der kapitalistische Pächter den ganzen Unterhaltsfonds für seine Arbeiterschaft während der ganzen Produktionsperiode zur Verfügung hat und „vorstreckt". Nur aus dieser Voraussetzung kann er den Schluß ziehen, daß der Unternehmer, falls ihm eine zu hohe Rente abverlangt wird, sein Kapital samt den Arbeitern „nach Belieben auf irgendeinen anderen Erwerbszweig übertragen kann". (Wie überaus naiv diese Anschauung bleibt, selbst wenn die Lohnfondstheorie richtig wäre, kann hier nur angedeutet werden. Man kann investierte Kapitalien und vor allem mit dem Boden verwurzelte Menschen nicht so einfach „übertragen", wie ein Guthaben von einem Bankkonto auf das andere.)

Die Voraussetzung ist aber falsch: die Lohnfondstheorie hat sich als völlig unhaltbar erwiesen, mindestens in diesem naiven Sinne. Auch in der Landwirtschaft braucht der Unternehmer nur einen Teil des Kapitals in der Hand zu haben, das während der Produktionsperiode gebraucht wird. Ja, es ist auch hier sogar möglich, daß ein besonders geschätzter und daher kreditfähiger, aber völlig kapitalloser Pächter eine Pacht erhält. Wenn der Grundeigentümer ihm das mit vollem Inventar eingerichtete Gut unmittelbar vor der Ernte übergibt, so braucht er überhaupt kein bares Geld. Er bekommt im Notfall von irgendeinem Getreidehändler der Nachbarschaft auf das in Halm und Ähren stehende Getreide, d. h. auf ein Produkt der laufenden Produktionsperiode, die kleine Summe vorgestreckt, die zum Hereinbringen der Ernte nötig ist, und kann dann das ganze Jahr hindurch von dem Erlöse die Wirtschaft betreiben.

---

[1]) S. 187.

Doch das sind Ausnahmefälle! Im allgemeinen wird der Pächter eine stattliche Summe baren Geldes oder einen entsprechenden offenen Kredit haben müssen, um eine Pachtung zu übernehmen. Aber sie ist niemals so groß, daß er seine Arbeiter das ganze Jahr daraus allein unterhalten kann. Er hat, wo Viehhaltung besteht, schon während der Produktionsperiode selbst regelmäßige Einnahmen aus Milch, Butter, Fleisch, Wolle usw. und selbst dort, wo reiner Getreidebau besteht, hat er in dem Maße, wie die Ernte sich entwickelt, Kredit; und das heißt auch nichts anderes, als daß er das noch nicht genußreife Produkt der laufenden Produktionsperiode verwertet, d. h. bedingungsweise verkauft.

Das Kapital also, das er einbringt, und das er, wie wir einmal annehmen wollen, bei Aufgabe der Pacht unverkürzt wieder herausnehmen kann, ist nur ein Teil der Summe, die erforderlich wäre, um seine sämtlichen Arbeiter in anderen Berufszweigen zu beschäftigen. Damit fällt Jones' Schluß in sich zusammen, daß das durch kapitalistische Pächter bewirtschaftete Grundeigentum nicht mehr Monopolcharakter habe.

Denn — das ist nur die andere Seite der Sache — denjenigen Teil ihres Unterhaltes, den der Pächter ihnen nicht aus seinem Privatkapital vorstreckt, sondern aus den laufenden Erträgen der Wirtschaft unmittelbar als Naturalleistung oder in erlöstem Gelde oder mittelbar auf dem Wege des Kredits vereinnahmt und an sie ausgibt: diesen Teil ihres Unterhaltes holen die Arbeiter geradeso durch ihre eigene Arbeit aus dem Boden, wie serf, métayer, ryot und cottier. Und darum sind sie geradeso „an die Scholle gefesselt", wie diese, wenn sie die Freizügigkeit haben.

Wenn das Grundeigentum dem Pächter gegenüber nicht als Monopol wirkt — dem Arbeiter gegenüber wirkt es unverändert als Monopol.

Das Dazwischentreten des Geldkapitals verhüllt den Charakter der Grundrente als eines Monopolpreises nur, aber es ändert ihn nicht. Das zu erkennen ist Jones nur durch die unglückliche Lohnfondstheorie verhindert worden. Und so kommt er schließlich zu der Verteidigung des englischen Systems der kapitalistischen Großpachtung, auf die das ganze Werk zugespitzt ist.

Er war nicht Sozialist, sondern bürgerlicher Harmonist, und er griff Ricardo nicht etwa darum an, weil er die kapitalistische Grundrente verteidigt hatte, sondern weil ihm die Verteidigung nicht genügte. Erschien bei Ricardo das Grundeigentum zwar als ein notwendiges Übel, aber doch als ein Übel, so wollte er es als ein segensreiches Gut dartun. Und so schließt denn der vorliegende Band mit der Feststellung, daß „in keiner Beschaffenheit der Gesellschaft, während keiner Periode des Fortschrittes der Zivilisation die wahren Interessen der Bodeneigentümer aufhören, mit denen der Bebauer und der ganzen Gesellschaft identisch zu sein".

Für uns aber, die wir uns nicht mehr durch die Lohnfondstheorie dazu verführen lassen, die farmers-rents für eine ganz andere gesellschaftliche Formation zu halten als die peasant-rents, dient die nachgewiesene Übereinstimmung zwischen beiden als erster Beweis dafür, daß diejenigen Teile der kapitalistischen Grundrente, die in historischer Kontinuität aus der feudalen Grundrente entstanden sind, dem Wesen nach mit ihr identisch sind.

b) Berens und Diehl gegen Jones.

Jones hatte behauptet, daß die Ricardosche Theorie zu eng sei: sie erkläre nur die farmers-rents, nicht aber die ungleich wichtigeren peasant-rents. Das wollen Berens und Diehl nicht gelten lassen: die Lehre Ricardos habe die von ihm behauptete allgemeine Gültigkeit für jede denkbare menschliche Gesellschaft.

Zu dem Ende müssen sie behaupten, daß jene feudalen Renten überhaupt nicht unter den wissenschaftlichen Begriff der „Grundrente" fallen. Sie seien toto coelo von dieser verschieden, und man dürfe sich durch den Gleichklang des doppeldeutigen Wortes nicht dazu verführen lassen, sie gleichzusetzen.

Diehl schreibt in fast wörtlicher Übereinstimmung mit Berens:

„Jones unterscheidet die peasant-rents und farmers-rents und rechnet zu der ersten Kategorie alle die Renten, welche bezahlt werden von solchen Bauern oder Landarbeitern, die in irgendeinem Abhängigkeitsverhältnis vom Grundherrn stehen. Es handelt sich aber hierbei gar nicht um „Rente" im nationalökonomischen Sinne, sondern um Abgaben und Steuern, die der Grundherr vom Bauern erhält, Abgaben, die teils Gegenleistungen darstellen für Dienste, welche der Grundherr den Bauern leistet, teils einfache Lasten sind, die der mächtige Grundherr dem schwachen Bauern auferlegt."

Dieselbe Behauptung stellt Diehl unmittelbar anschließend Thorold Rogers, dem berühmten englischen Wirtschaftshistoriker, entgegen, der in seinem Werk „The Economic Interpretation of History", London 1888, die Ricardosche Rententheorie mit der vollen Schale seines Hohnes übergossen hat. Gleich Jones erklärt Rogers die Grundrente für eine feudale Machtposition [1]), ein „perennierendes Übel der Vorzeit": er schiebt den Pauperismus auf „Gesetze, eingerichtet und aufrechterhalten im Interesse gewisser Klassen. Die meisten der Probleme, die unsere Gesellschaft heimsuchen, haben einen historischen Ursprung, nur einige eine in der Gegenwart liegende Ursache; aber das ist selten". In specie ist die Rente entstanden aus feudaler Unterwerfung; „da der Bauer der wehrloseste aller Arbeiter ist, so muß er sich darein ergeben, entweder unter dem Vorwande eines Schutzgeldes oder eines Lösegeldes für Nichtausrauben Tribut an bewaffnete Leute zu bezahlen, die sich zu seinen Herren aufwerfen" [2]).

Seine Auseinandersetzung gipfelt in folgendem Satze: „Niemand, der etwas weiß von der früheren ökonomischen Geschichte, kann daran zweifeln, daß die Rente ursprünglich und jahrhundertelang eine Steuer (tax) war, die vom Starken dem Schwachen auferlegt war, in Anbetracht eines wirklichen oder behaupteten Schutzes des Bauern." [3])

Diehl bemerkt gegen beide: „Damit ist aber ein ganz neuer Ausgangspunkt gegeben; wer eine Geschichte der Grundeigentumsverhältnisse schreiben will, muß natürlich auch diese Zustände in Betracht ziehen, wer aber das ökonomische Wesen der „Rente"

---

[1]) S. 7.

[2]) S. 47.

[3]) S. 172.

erklären will, kann sehr wohl, wie Ricardo, sich auf die Erscheinung beschränken, die sich bildet bei freien Grundeigentümern und freien Bauern, kurz, kann sich beschränken auf die kapitalistische Gestaltung der Grundeigentumsverteilung und kann die vorkapitalistischen Zustände außer acht lassen[1]). Jones hätte also die eingehende Schilderung der Sklaven, Schollenpflichtigen und Leibeigenen mit ihren Tributen, Abgaben, Diensten usw., die er alle „rents“ nennt, sich sparen können, soweit es ihm darauf ankam, die Ricardosche Auffassung der Rente zu bekämpfen. Wenn er solche Abgaben der verschiedensten Form „Rente“ nennt, ist es leicht, Ricardo gegenüber zu behaupten: „Die Notwendigkeit, welche diese Bauern zwingt, eine Rente zu zahlen, ist gänzlich unabhängig von irgendeinem Unterschied in der Qualität des Bodens, den sie besitzen, und würde nicht beseitigt, wenn alle Bodenklassen gleich wären“[2]).

Diehl nennt die Jones-Rogersschen Einwände gegen Ricardo einen „Kampf gegen Windmühlen“. Er ist schwer im Irrtum. Um im Cervantesschen Bilde zu bleiben, so gleicht sein eigenes Bemühen dem unglücklichen Zweikampf des edlen Ritters von der Mancha für die Jungfrauenschaft seiner Dulcinea.

Seine eigene Behauptung nämlich ist, wie wir sofort nachweisen werden, durchaus falsch: die feudale Rente und die kapitalistische, „ehemals feudale“ Rente sind ihrem Wesen und ihrem Ursprung nach völlig identisch.

Wären sie es aber, wie Diehl mit Berens behauptet, in der Tat nicht, dann fänden sich die beiden Forscher in einem Dilemma, aus dem wir keinen Ausweg sehen:

---

[1]) Rodbertus bemerkt zu diesem Problem folgendes (Beleuchtung usw. I, S. 240/1): „Ich weiß nun wohl, daß Sie mir einwenden werden, man müsse den nationalökonomischen Ursprung der Grundrente von dem historischen unterscheiden. Aber gesetzt, dieser Unterschied wäre zulässig — was ich aus bereits früher angeführten Gründen nicht glaube —, so darf man doch schon bedeutenden Zweifel gegen eine nationalökonomische Theorie hegen, die eine das Leben aller Völker beherrschende Tatsache, den Bezug von Grundrente, aus angeblichen Tatsachen erklären will, die niemals im Leben einer Nation vorgekommen sind.“

[2]) Diehl, l. c. I. S. 248.

Wenn nämlich in jeder denkbaren Gesellschaft Grundrente existieren muß; wenn aber die feudale Rente nicht „Grundrente“ in diesem Sinne gewesen ist: wo steckte dann in der feudalen Gesellschaft die Grundrente?

Berens und Diehl werden die Antwort geben, daß der Grundherr, der guten Ackerboden besaß, mehr Rente bezog, als sein Standesgenosse von schlechtem: denn entweder konnte er auf der Quadratmeile entsprechend mehr Hörige ansetzen, wenn jeder von seiner kleineren Hufe doch soviel Naturalien zu liefern hatte, wie der Hörige des anderen Seigneur von seiner größeren Hufe; oder er schnitt zwar die Hufen in herkömmlicher Größe, legte aber ihren Inhabern einen entsprechend größeren Kanon auf.

Unzweifelhaft richtig! Aber beweist das etwas für Ricardo? Nicht im mindesten. Jones, der den Einwand für unsinnig, aber — wie es scheint, eben deshalb — für möglich hielt, äußert sich dazu folgendermaßen:

„Man macht mich darauf aufmerksam, daß diejenigen, die daran festhalten, daß die Grundrente immer aus ungleichen Erträgen gleichen Kapitals erwächst, sich immer noch weigern könnten, anzuerkennen, daß die geschichtlichen Aufschlüsse über Ursprung und Wesen der peasant-rents eine Widerlegung ihrer engen Theorie sind. Ich würde den Einwand nicht vorausgesehen haben, aber ich kann mir ihn als möglich vorstellen.

„Unzweifelhaft gibt es oft unter den Arbeit- oder Produktrenten der abhängigen Pächterschaft einen Bruchteil, der der überlegenen Qualität des Bodens zugeschrieben werden muß. Der Grundherr einer hörigen Pächterschaft erhält mehr Arbeit von der gleichen Fläche, wenn das Land gut ist, und ebenso beziehen die Grundherren von Ryots, Teilpächtern und Kätnern höhere Geld- oder Naturalrenten von gutem als von schlechtem Boden. Aber: wie wir wissen, hat solche Differenz mit dem Ursprung oder der Form aller dieser Renten gar nichts zu tun und besteht inmitten der Wirkung der Ursachen, die ihre Veränderungen bestimmen, als eine Größe, die weder von den Zahlern noch von den Empfängern der Rente erkannt oder wenigstens beachtet wird.“ [1])

Ich wüßte nicht, was Berens und Diehl darauf erwidern sollten. Und so bleibt unser obiges Dilemma ungelöst:

Entweder ist die Feudalrente die in jeder denkbaren Gesellschaft notwendig vorkommende Grundrente. Dann ist sie „Monopolpreis“ — das ist gar nicht zu bestreiten. Sie könnte ja auch gar nicht „Übergewinn am natürlichen Preise“ sein, weil die Rente samt den Rentendifferenzen schon in den rohesten Gesellschaftsanfängen besteht, wo von einem Markte und einem Getreidepreise noch gar keine Spur existiert. Somit wäre die Monopol-Lohn-Theorie hier erwiesen, und zwar speziell in der Rodbertusschen Fassung: die Ricardosche Lehre kann zwar die Entstehung der Rentendifferenzen, aber nicht der Rente selbst erklären [2]).

Oder: die Feudalrente ist keine echte Grundrente. Dann muß in der Feudalperiode eine andere, echte Grundrente bestanden haben, und Berens und Diehl haben die Pflicht, sie aufzuweisen.

Keiner von beiden hat dies Problem auch nur gesehen. Aber das ist nicht das schlimmste Versehen:

---

[1]) Jones, l. c. S. 324.

[2]) Vgl. Rodbertus-Jagetzow: Das Kapital, S. 24: „Ebenso beginnt Ricardo, indem er von der Teilung des Bodens unter verschiedene Grundbesitzer und von seiner verschiedenen Beschaffenheit und Absatzentfernung ausgeht, offenbar schon mit der Differenz der Grundrenten, ehe er noch die Grundrente überhaupt erklärt hat. Die Theorien des einen wie der anderen stehen auf dem Kopf“.... Und ebenso in der Anmerkung S. 191: „Ich kann nicht oft genug darauf aufmerksam machen, daß die Ricardosche Grundrente nichts als dies Präzipuum und deshalb auch nicht die Grundrente, sondern nur eine Differentialgrundrente ist.“

Spöttisch sagt dasselbe Carey (Grundlagen, S. 127): „Er wird ohne weiteres ein Schüler Ricardos und gibt zu, daß der Grund, weshalb Preise für die Benützung des Landes bezahlt werden, darin liegt, daß das eine Land andere Eigenschaften habe als das andere; während er es doch höchst töricht finden würde, wenn ihm jemand zu beweisen suchte, daß Preise für Ochsen bezahlt werden, weil ein Ochse schwerer ist, als der andere, daß Mieten für Häuser bezahlt werden, weil das eine zwanzig, das andere nur zehn Personen beherbergen kann, oder daß für Schiffe Fracht bezahlt wird, weil das eine mehr laden kann als das andere.“

Beide haben nämlich in ihrem Eifer, Ricardo zu verteidigen, übersehen, daß sich unter den vier von Jones aufgeführten Arten der „peasant-rents" auch eine befindet, die für den deutschen Nationalökonomen ganz zweifellos „kapitalistische" Rente ist, nämlich die cottier-rent. Der englische Nationalökonom, der die Grundrente in ihrer reinen Form nur als kapitalistische Großpächterrente kannte, mochte die Kätnerrente der irischen Kleinpächter von der kapitalistischen Rente noch trennen: für den nichtbritischen Volkswirt, der die kapitalistische Rente unter den verschiedensten Verkleidungen zu erkennen gelernt hat, ist diese Unterscheidung gänzlich unzulässig.

Die Renten, die der irische Pächter zahlt, sind ohne jeden Zweifel kapitalistische Renten, reine Geldrenten, gezahlt von freien Rechtssubjekten, weder „Abgaben und Steuern", noch „Gegenleistungen für Dienste". Und diese Renten sind Abzug vom natürlichen Arbeitslohn der auf den tiefsten Grad menschlicher Entwürdigung und menschlichen Elends herabgedrückten Bauern. Das ist die Basis der Rente, die „absolute Rente"; und über ihr, nicht aber über dem Ricardoschen Nullpunkt, bauen sich nun die Übergewinne derjenigen Eigentümer auf, die Böden besserer naturgegebener und verkehrsgegebener Rentierung besitzen.

Diese eine Tatsache einer zweifellos kapitalistischen Monopolrente widerlegt die Ricardosche Theorie bereits vollkommen. Aber wir wollen uns damit nicht begnügen. Wir wollen mit aller Evidenz nachweisen, daß auch die britischen farmers-rents und die von selbstwirtschaftenden Eigentümern ehemals feudaler Grundherrschaften heute bezogenen kapitalistischen Renten mit den früheren feudalen Renten durchaus identisch sind.

c) Nachweis der Identität.

Unsere Betrachtungen haben uns der Lösung dieses entscheidenden Problems bereits sehr nahe geführt.

Wir haben gezeigt, daß die primitive Feudalrente, diejenige, die in Diensten und Abgaben rechtlich verpflichteter

Hintersassen an die Großoikenwirtschaft ihres Grundherren besteht, unverhüllter Monopolpreis, Abzug vom „natürlichen Lohn“, Folge außerökonomischer Gewalt, des „politischen Mittels“ ist. Und wir haben gezeigt, daß diese primitive Feudalrente, nachdem die Sperrung des ganzen noch freien Landes durchgesetzt war, überging in die späte Feudalrente, nämlich diejenige, die rechtlich mehr oder minder freie Hintersassen in Geld an die „Rentei“ eines Großgrundeigentümers bezahlten. Zwar war dieses Geldverhältnis noch nicht rein, sondern, z. B. in Frankreich, noch mit zahlreichen entschieden feudalen Lasten, Diensten und Naturalabgaben verquickt: aber es steht der Grundrente der ausgesprochen kapitalistischen Zeit, d. h. der Zeit nach dem Falle der feudalen Privilegien, doch schon so überaus nahe, daß man an der Identität beider Einkommen auf den ersten Blick kaum zweifeln würde.

Wir fanden dann in den cottier-rents der irischen Kleinpächter eine zweifellos kapitalistische Form der Grundrente, die ebenso zweifellos Monopolrente ist.

Widerlegte der Nachweis des Monopolcharakters der Feudalrente den Anspruch der Ricardoschen Lehre auf die Allgemeingültigkeit überhaupt, so widerlegt der Nachweis des Monopolcharakters der Cottier-rents seinen Anspruch sogar auf die Allgemeingültigkeit in dem engen Rahmen der freien Verkehrswirtschaft.

Wie steht es nun um die farmers-rents und ihr kontinentales Gegenstück, die Grundrente selbstwirtschaftender Großgrundeigentümer auf ehemals feudalem Besitz? Sind auch sie dem Ursprung und dem Wesen nach mit der echt feudalen Monopolrente identisch?

Was den Ursprung anlangt, so ist die Frage bereits beantwortet. Sie verdanken nicht wirtschaftlicher, sondern rechtlicher „Okkupation“ ihre Entstehung, sind gegen das Naturrecht durch Aussperrung des Bodens gegen seine Bebauer entstanden.

Daraus sollte man bereits auf ihr Wesen schließen können. Es wäre wunderlich, wenn sie nicht gerade so „Monopolrenten“ sein sollten, wie ihre Vorläufer[1]).

[1]) Vgl. Rodbertus-Jagetzow: Beleuchtung der sozialen Frage, I., S. 139: „Ist die Theorie richtig, so muß sich der nationalökonomische Grund der Rente

Da das aber hartnäckig bestritten wird, so werden wir jetzt den stärksten Beweis für die Identität dieser „ehemals feudalen" mit den echten feudalen Renten erbringen, der denkbar ist.

Sie sind in solchem Maße identisch, daß sich fortwährend, und vor unseren Augen, eine in die andere verwandelt, die „Abgaben verschiedenster Art" in „Renten im nationalökonomischen Sinne", und diese in jene, und zwar durchaus im Rahmen unserer Rechts- und Wirtschaftsordnung, lediglich durch legitimen Vertrag zwischen „freien Grundeigentümern und freien Bauern", und ohne daß die außerökonomische Macht des „mächtigen Grundherrn" die Wage dabei irgend beschwerte.

Nicht nur, daß im Laufe der geschichtlichen Entwicklung tausendfach die „Abgaben verschiedenster Art" in echte „Grundrente" übergegangen sind und noch heute überall übergehen: auch der umgekehrte Weg ist ungezählte Male beschritten worden und wird noch heute beschritten.

Ja, es könnte sich, durchaus im Rahmen der von Berens und Diehl selbst festgestellten Bedingungen der freien Verkehrswirtschaft, ein „ökonomischer" Grundrentenbezieher von heute ohne weiteres zurückverwandeln in einen Grundrentenbezieher der Feudalzeit einer beliebigen Periode, voller oder überwiegender Naturalwirtschaft; das Grundeigentum könnte wieder eine „villa" im Sinne des Kapitulars Karls des Großen werden.

Orientieren wir uns an diesem zwar nur gedachten, aber wohl denkbaren Grenzfall:

Ein z. B. russischer Großgrundbesitzer, glühender Verehrer Henry Georges und Tolstois, ist von der Ungerechtigkeit, der Antisozialität seines Rentenbezuges tief durchdrungen. Wie sich davon loslösen? Er weiß aus „Anna Karenina" und „Auferstehung", wie schwierig die Reform einzuleiten und durchzuführen ist. Er studiert Ricardo und jauchzt sein „Heureka!" Grundrente ist

auch in ihrem ersten historischen Ursprunge nachweisen lassen, wie dieser erste historische Ursprung sich auch zu allen Zeiten in den nationalökonomischen Gründen der Rente fortsetzen muß."

ausschließlich der bei dem Verkaufe auf dem Markte realisierte Übergewinn am Preise! Beschluß: es wird grundsätzlich nur noch so viel Korn und Vieh verkauft, wie nötig, um den — auch nach George ganz legitimen — Gewinn am investierten Kapital, der ja nach Ricardo keine Rente ist, samt der Amortisationsquote hereinzubringen; alles andere wird dem Markte nicht mehr zugeführt, sondern in der Eigenwirtschaft verbraucht.

Zu dem Zwecke einigt sich der junge Graf Ljowin oder Nechljudow im freien, gerecht abgewogenen Vertrage mit seinen bisherigen Tagelöhnern auf folgender Grundlage: jeder erhält soundso viel Morgen Land und Wiese, von schlechteren Klassen mehr, von besseren weniger, dafür gibt er „Abgaben verschiedenster Art“: Geld nur für vorgeschossenes Kapital, aber für die „ursprünglichen und unzerstörbaren Kräfte des Bodens“ nur bestimmte Mengen von Weizen, Hafer, Heu, Honig, Obst, Flachs, Wolle, Häuten usw. und soundso viele Arbeitstage ohne Lohn.

Der junge Graf gewinnt nun Maurer, Schlosser, Glaser, Töpfer, Zimmerleute, Weber, Färber, Gerber, Schuster, Schneider, Gold- und Silberschmiede, einen Arzt, einen Architekten, Bildhauer, Maler, Schauspieler und Tänzerinnen usw. gegen völlig freie Station inkl. Kleidung usw. und einen sehr geringen Barlohn. Diesen kann er aus seinem nach der Theorie harmlosen Kapitalgewinn entnehmen, mag nun sein Kapital in Staatspapieren oder Aktien oder zinsbringend in den Häusern und dem Inventar seiner Bauern angelegt oder auf dem Markte realisierter Profit sein. Nun hat er nach Diehl keine Rente mehr. Denn von einem Gewinn am natürlichen Marktpreise ist keine Rede [1]. Trotzdem wird er finden, daß sein Einkommen ganz dasselbe ist, wie zuvor (von der Mindergiebigkeit einer so wenig arbeitsteiligen Wirtschaft darf wohl hier abgesehen werden). Er hält Tafel wie früher, er

---

[1]) Diehl darf nicht einwenden, daß ja die Bauern ihre Produkte auf den Markt bringen: das taten nämlich die hörigen Bauern der Feudalzeit auch, und zwar immer. Etwas „Markt“ gab es von Anfang an, wenn er auch nur durch einige Hausierer dargestellt wurde; und ehe Getreide „Ware“ wurde, waren es Pelze, Wachs, Honig und Produkte des Hausfleißes: Leinewand, Tuche usw.

hält Pferd und Wagen wie früher, baut ein neues Schloß und läßt sich neue Möbel und Kutschen, neue Kleider und Schuhe, neuen Schmuck und neue Kunstwerke anfertigen (die Rohstoffe, die sein Boden nicht trägt, auch Fabrikate, die seine familia domestica nicht herstellen kann, bezahlt er aus seinem Kapitalgewinn): kurz, er ist Grandseigneur wie zuvor — aber, nach Diehl, er hat keine Rente mehr! Sonderbar, daß sein Einkommen dadurch nicht kleiner geworden ist!

Was ist hier geschehen? Nichts anderes, als daß sich der kapitalistische Geldrentenbezieher in den feudalen Naturalrentenbezieher zurückverwandelt hat. Nicht der kleinste ökonomische Unterschied ist zu finden, zwischen unserem glücklichen Löser des praktischen Problems der Grundrente und dem hochschottischen Than der Vorzeit. Nur, daß Graf Nechljudow andere Befriedigungsmittel eines hohen sozialen Standard herstellen oder eintauschen wird, als Macduff zu seiner Zeit.

Unser Held könnte auch den Begriff der Grundrente weniger wissenschaftlich exakt fassen, könnte alles aus dem Verkauf seiner Bodenerzeugnisse gewonnene Geld als Grundrente im landläufigen Sinne verwerfen und darum den Markt ganz meiden: dennoch bliebe alles beim alten! Es bleiben ihm, ganz wie dem Than von Fife, immer noch Tauschwaren genug, auf die keine landwirtschaftliche Arbeit verwandt ist, und die von den Differenzen der Ackergüte ganz unabhängig sind, also keine „Rente" abwerfen können, wenn Ricardo und Diehl recht haben. Er geht dann eben noch eine Epoche weiter in der Wirtschaftsgeschichte zurück und vertauscht an Hausierer oder ihre modernen Nachfolger, die Geschäftsreisenden, nur edle Pelze aus seinen Wäldern und Erzeugnisse des Hausfleißes seiner Pächter: Leinewand, Wolltuche usw.

Das ist ein konstruierter Fall, gewiß! Aber es gibt in der kapitalistischen Wirtschaft starke Annäherungen daran. Der geniale Orthopäde Hessing in Göggingen verbraucht den ganzen bedeutenden Rohertrag seiner Garten- und Feldwirtschaft, seiner Waldungen und Viehställe im Hause, und zwar durchaus nicht ausschließlich kapitalistisch zum Verkaufe an seine kranken

Pensionäre, sondern zum großen Teile „feudal" im Dienste seiner fürstlichen Baulust.

Aber was in unserem erdachten Beispiel aus ethischen, hier aus ästhetischen Motiven geschieht: genau dieselbe Verwandlung aus Naturalrente in kapitalistische Rente vollzieht sich täglich vor unseren Augen aus den einfachsten ökonomischen Motiven, aus dem „Selbstinteresse". Ein Beispiel:

Nehmen wir einen jungen, unvermählten Gutsbesitzer, der frugal mit der geringsten Dienerschaft auf seinem Erbgute lebt, also nur einen sehr geringen Teil der Gutserzeugnisse verbraucht und daher eine sehr bedeutende „Rente" realisiert. Wenn er im Laufe der Zeit sich ein Weib nimmt, ein Dutzend Kinder aufzieht, viele Gäste aufnimmt, die entsprechende Dienerschaft samt Erziehern und dergl. und einen großen Marstall von Reit- und Kutschpferden hält und die Nahrung für Haushalt und Stall von den Feldern und aus den Ställen resp. aus Wald und Fluß oder See gewinnt; wenn er ferner ein großes Stück Feldland als Gemüse- und Obstgarten ausschließlich zum eigenen Gebrauch und als Ziergarten und Park einrichtet — dann wird nach Diehl seine „Grundrente" um den ganzen Betrag kleiner, den er weniger als in seiner Junggesellenzeit auf dem Markte über seinen Kapitalgewinn hinaus an seinen Bodenerzeugnissen eingenommen hat. Der arme Mann! Glücklicherweise hat er ein ausgezeichnetes Mittel an der Hand, um seine „Grundrente" mit einem Schlage um einen ungeheueren Betrag zu vermehren; er braucht nur Schloß, Jagd und Park nebst Fischerei zu verpachten und selbst mit seiner ganzen Familie nebst Dienerschaft nach der Hauptstadt zu ziehen: dann hat er mehr „Grundrente" ....ob mehr Einkünfte und vor allen Dingen einen eben so hohen Lebensstandard, kommt, wie es scheint, nicht in Betracht.

Diehl macht hier eine Unterscheidung ohne Unterschied. Er verwechselt die Art, wie die Grundrente sich realisiert, mit ihrem Wesen als Einkommen, und glaubt darum, die feudale Naturalrente sei im Wesen etwas anderes gewesen als die kapitalistische Geldrente. Sie sind aber völlig identisch, so identisch, daß sie, wie gezeigt, sich auch in der höchstkapitalistischen Gesellschaft ohne weiteres vertreten können und täglich vertreten. Ob freie oder unfreie Arbeit, ob rechtliche Arbeitspflicht oder freier Arbeitsvertrag, ob Selbstverbrauch oder Verkauf auf dem Markte: das Endergebnis wird nicht geändert. Es bleibt immer dieselbe Wertsumme aus derselben Quelle mit derselben Bestimmung: einem an der Arbeit nicht beteiligten Wirtschaftssubjekte aus dem Titel seines Eigentumsrechtes ein Einkommen zu gewähren.

Am deutlichsten und in der Tat für jeden, der sehen will und kann, unzweifelhaft zeigt sich diese Identität der feudalen und der kapitalistischen Rente in solchen Zeiten, wo mit der fortschreitenden Differenzierung des ökonomischen Mittels ein regelmäßiger Markt für Lebensmittel und Geldwirtschaft entsteht. Dann verwandelt die Feudalrente ihr „ökonomisches Wesen" nicht, wie Diehl meint, sondern sie maskiert es überall dort in geldwirtschaftliche Formen, wo die Nachfrage des Marktes hingelangt. Außerhalb dieser verhältnismäßig kleinen Kreise und für alle noch nicht marktgängigen Produkte innerhalb dieser Kreise behält sie aber ihre alte Form. Und ich möchte den Nationalökonomen oder Wirtschaftshistoriker sehen, der in solchen Übergangszeiten feststellen könnte, was Rente im Ricardoschen und was Rente im Rogersschen und Jonesschen Sinne ist. Selbst dort, wo eine staatliche Aktion die Untertänigkeit oder Sklaverei mit einem Schlage aufhob, hatte sie es immer nur mit mehr oder weniger großen Resten der alten Institution zu tun. Die ersten Grundherren, die im mittelalterlichen Deutschland ihre Hörigen freisprachen und auf Pacht setzten: die holsteinischen, preußischen, böhmischen, ungarischen, baltischen, russischen, südstaatlichen Großgrundbesitzer, die im 18. oder 19. Jahrhundert die Staatsaktion vorwegnahmen, indem sie sich mit ihren Leibeigenen oder Sklaven einigten: was bezogen sie vor-, was nachher? Und worin unterschieden sie sich in ihrem Einkommen und ihrer sozialen Stellung von den benachbarten Großgrundbesitzern, die das alte Verhältnis festhielten? Wenn die Diehlsche Definition richtig wäre, könnte man den Widerstand des Grundadels gegen alle diese Maßnahmen nicht verstehen: denn ihre „Rente" im Diehlschen Sinne wuchs ja sichtlich mit jedem emanzipierten Bauern, der Rente bezahlte, und mit jedem Stück Land, das sie für die Marktproduktion frei bekamen.

Den stärksten Beweis aber für die Identität der beiden Renten gibt die Tatsache, daß überall, wo solche Agrarreformen stattfanden, die alten Abgaben und Leistungen, die in der Großoikenwirtschaft unmittelbar verzehrt worden waren, so genau wie möglich nach dem inzwischen entstandenen Marktpreise der Arbeit und der Produkte in Geld umgerechnet wurden. So geschah es, als im frühen germanischen Mittelalter die Grundherrschaften ihre hörigen Bauern auf Geldzinse setzten, und ganz genau ebenso — von der regelmäßigen „Plusmacherei" des Grundadels bei derartigen Maßnahmen mag hier abgesehen werden — verfuhr man bei der Emanzipation der Gutsuntertanen in Preußen und bei derjenigen der Leibeigenen in Rußland wie auch bei der Befreiung der Sklaven in Brasilien. Abgesehen von Akten der Revolution oder der kriegerischen Unterwerfung, wie sie sich in Frankreich 1789 oder beim Friedensschlusse der Nord- mit den Südstaaten nach dem Sezessionskriege vorfinden, wo die Feudalherren resp. Sklavenhalter ohne Entschädigung auf ihre Rechte verzichten mußten, war es bei allen diesen Vorgängen der Befreiung der Landbebauer von ihrer Arbeitspflicht der oberste Gesichtspunkt, die Grundrente der Herrenklasse wenigstens unvermindert zu erhalten. Das ging zuweilen so weit, daß man den expropriierten Herren nicht nur den vollen Ersatz des lucrum cessans bewilligte, sondern ihnen sogar den Fortbezug einer „Rente" in modern kapitalistischem Sinne dadurch gewährleistete, daß man die Reform nicht auf die ganze Landbevölkerung erstreckte, nur zu dem Zwecke, um eine genügende Anzahl von Arbeitern übrig zu lassen, die zwar nicht mehr aus gesetzlicher Pflicht, aber aus wirtschaftlicher Not den Herrenacker bestellen mußten. Das war z. B. der Inhalt der Hardenbergschen Ausführungsgesetze zur Steinschen Agrarreform.

Doch davon abgesehen: weder den Berechtigten, noch den Verpflichteten, noch schließlich den mit der Ausführung der Reform betrauten Beamten konnte jemals ein Zweifel daran aufsteigen, daß die alte und die neue „Rente" völlig identisch waren ihrem

Entstehungsgrunde, ihrer Höhe und ihrem Zwecke nach. Und sie waren es auch in der Tat! Die Rente ist selbst in ihrer höchst entfalteten kapitalistischen Form ökonomisch ganz das gleiche wie in ihrer primitivsten Feudalform: das Recht, ohne Gegenleistung eine bestimmte Menge genußreifer Güter aus dem Erzeugnis des Bodens zu entnehmen, und zwar als echten Monopolpreis: „so viel der Bebauer irgend zahlen kann". Ob diese Entnahmen vorwiegend unmittelbar, aus den Arbeitserzeugnissen der Hintersassen selbst, und nur zum kleinen Teile mittelbar, durch Tausch des Überschusses dieser Arbeitserzeugnisse gegen fremde geschieht, wie in der primitiven Periode, — oder vorwiegend mittelbar, durch das Medium des Geldes, das die Hintersassen steuern oder der Markt bezahlt, macht für das „ökonomische Wesen" der Rente grundsätzlich gar keinen Unterschied.

Ebensowenig macht es ökonomisch einen Unterschied, ob die Rente von freien oder unfreien Bauern gezahlt wird, worauf Diehl so großen Wert legt. Es gab z. B. auf den mittelalterlichen Grundherrschaften neben den Hörigen geringen Rechtes Censualen, die vielleicht oder wahrscheinlich gar nicht Hörige, sondern nur eine Art von freien Hintersassen waren, und schon früh auch unzweifelhaft freie Pächter, auch Zeitpächter. War nun die von den echten Hörigen gezahlte Grundrente etwas anderes als die von den freien Pächtern gezahlte?

Doch warum noch mehr Zeit und Kraft auf einen Beweis verschwenden, der überhaupt keiner Worte bedürfen sollte? Niemand kann ernstlich zweifeln, daß die feudale Naturalrente und die feudale Geldrente höriger Bauern absolut identisch ist mit der Pacht und der Wirtschaftsgrundrente, die der Rechtsnachfolger des alten Feudalbesitzers, der moderne Großgrundbesitzer, auf Grund freier Pacht- oder Arbeitsverträge erhält. Diejenigen Teile der heutigen kapitalistischen Gesamtgrundrente, die auf die Eigentümer ehemals feudaler Großgüter fallen, sind also zweifellos Monopolpreis.

Um die Entstehung dieses Teiles der kapitalistischen Gesamtgrundrente einwandfrei zu erklären, muß das „naturrechtliche" Schema durch das „gewaltrechtliche" ersetzt werden.

Die naturrechtliche Konstruktion betrachtete den Bodenanbau als eine Abhängige der Marktgröße, d. h. des Getreidepreises. Nur so weit konnte sich die Kulturzone dehnen, wie die kaufkräftige Nachfrage reichte. Jenseits dieser Grenze war unbebaute Wildnis, die keinen Ertrag und keine Rente brachte.

In Wahrheit aber vollzog sich die Entwicklung nach dem folgenden, ganz andersartigen Schema:

So weit das Land reicht, ist es von „autarkischen Großoikenwirtschaften" belegt. Schon in Zeiten, wo noch nicht die ersten Anfänge eines städtischen Marktes für Nahrungsmittel bestehen, ist ein größerer oder geringerer Teil der Fläche eines jeden solchen Großbesitzes angebaut; ein Teil des Ertrages dient dem Unterhalt des Bebauers, der Rest geht in natura an die Kämmereiverwaltung des Herrn, als seine „Rente".

Irgendwo entsteht nun eine Stadt, wächst und dehnt den Kreis ihrer kaufkräftigen Nachfrage nach „Getreide" weiter und weiter. Wie wird die Nachfrage befriedigt? Es gibt keinen herrenlosen Boden in irgend erreichbarem Umkreise. Will die Stadt Getreide haben, so muß sie es also von dem Bodeneigentümer kaufen: und der gibt es nur her, wenn ihm der „Grenznutzen" des angebotenen Preises höher erscheint als derjenige der bisher von ihm bezogenen Naturalrente.

Die Grundrente entsteht also nicht, wie Ricardo glaubte, in dem Augenblicke, wo ein Grundstück höherer Rentierung in die Zone des Marktpreises einrückt; es trug sie lange vorher, und trug sie sogar schon in einer Höhe, die der naturgegebenen Rentierungsdifferenz anderen Grundstücken gegenüber entsprach. Der ganze Unterschied der Marktwirtschaft gegen die Großoikenwirtschaft besteht darin, daß in jener die Masse des dem Herrn des Bodens zufallenden Erzeugnisses einen weiteren Weg durchläuft, ehe sie als sein Einkommen verbraucht werden kann: sie geht durch die Geldform: der Herr verkauft seinen Anteil, statt ihn unmittelbar, mit Garde und Dienerschaft, zu verzehren, und kauft für den Erlös Genußgüter.

Für diejenigen Teile der kapitalistischen Gesamtgrundrente, die auf das ehemals feudale Großgrundeigentum entfallen, ist mit diesen Betrachtungen die Monopol-Lohn-Theorie erwiesen. Wenn sie auch noch imstande ist, die nicht ursprünglich feudalen Teile der kapitalistischen Gesamtgrundrente, nennen wir sie die „autochthon-kapitalistische“ Grundrente, zu erklären, dann kann sie als völlig bewiesen gelten. Vermag sie diese Aufgabe nicht zu lösen, so wäre sie nur als teilweise richtig nachgewiesen, und man müßte nach einer übergeordneten Theorie Umschau halten, die alle Erscheinungen zu erklären vermag.

Für einen Teil der autochthon-kapitalistischen Grundrente, nämlich für die großstädtische Mietsrente, braucht dieser Beweis nicht erst erbracht zu werden. Sie ist von jeher als unzweifelhafter Monopolpreis angesehen worden, und wird es noch heute.

Ad. Smith schreibt ohne Umschweife: „Daß die Hausmieten in London teuer sind, entsteht nicht nur ... hauptsächlich aus der Teuerung der Grundrente, indem jeder Grundbebesitzer wie ein Monopolist handelt...“ [1]).

Dieselbe Anschauung vertreten heute noch Adolf Wagner [2]), Gustav Schmoller [3]), Karl Bücher [4]) und wohl die Mehrzahl aller lebenden Hochschullehrer. Und sie beweist sich in der Tat selbst.

Es bleibt also nur noch nachzuweisen, daß die ländliche „autochthon-kapitalistische“ Grundrente der Neuzeit nur aus der Monopol-Lohn-Theorie erklärlich ist, sowohl des ehemals nicht feudalen bäuerlichen Grundeigentums in den Ländern des ehemaligen Feudalsystems, wie auch des modernen Groß- und Mittelgrundeigentums in den überseeischen Kolonisationsgebieten.

Dieser Nachweis wird im folgenden Abschnitt geführt werden. Vorher aber bleibt uns noch übrig, die Ricardosche Theorie auch noch aus der Problemstellung zu widerlegen.

---

[1]) l. c. I. S. 127.

[2]) Grundlegung der Polit. Ök., 3. Aufl. (Leipzig 1894.) S. 488 ff., und Theoretische Sozialökonomik (Leipzig 1907), S. 401.

[3]) Grundriß der allg. Volkswirtschaftslehre. Leipzig 1900. I., S. 380. „Das Grundeigentum hat nirgends einen so monopolartigen Charakter erhalten als im Zentrum der größeren Städte.“

[4]) Die wirtschaftlichen Aufgaben der modernen Stadtgemeinden. Leipzig 1898.

B. Widerlegung aus der Problemstellung.

Wir haben unsere Kritik jetzt weit genug gefördert, um eine Behauptung aufstellen zu können, die zu Anfang unserer Erörterung unverständlich gewesen wäre.

Die Ricardosche Theorie löst ein Problem, das ihr gar nicht gestellt ist.

Welches Problem zu lösen war, darüber war sich Ricardo durchaus klar. Die allerersten Sätze, die er in die Welt schickte, der Anfang zur Vorrede der ersten Auflage seiner „Principles", stellen es in unübertrefflicher Klarheit und Schärfe dar:

„Das Erzeugnis der Erde oder mit anderen Worten alles dasjenige, was von ihrer Oberfläche mittels der vereinigten Anwendung von Arbeit, Maschinen und Kapital bezogen wird, verteilt sich unter drei Klassen von Mitgliedern des Gemeinwesens[1]): nämlich unter die Eigentümer des Bodens, unter die Eigner des Kapitals oder Vermögensstammes, welches zur Bebauung des Bodens erforderlich ist, und unter die Arbeiter, durch deren Gewerb- und Betriebsamkeit derselbe bebaut wird."

„Indessen", fährt er fort, „es sind, je nach dem verschiedenen Zustande der Gesellschaft, die verhältnismäßigen Anteile an dem ganzen Erzeugnis der Erde, welche einer jeden von jenen Klassen unter dem Namen Rente, Gewinn und Arbeitslohn zufallen, wesentlich verschieden ... Die Darlegung der Gesetze, welche diese Verteilung anordnen, ist die Hauptaufgabe der Volkswirtschaftslehre."

Das ist unübertrefflich gesagt und umreißt das Problem, dessen Lösung die Volkswirtschaftslehre zu finden hat, mit vollster Präzision.

Im Fortgang der Untersuchung verliert aber Ricardo das Problem so gut wie ganz aus den Augen. Die sozialen Klassen, um deren Anteile am Gesamtprodukt es sich handelt, deren Mitglieder vorwiegend von Grundrente, vorwiegend vom

---

1) Ricardo, l. c. S. XXIX. Die unterstrichenen Stellen sind im Orig. nicht gesperrt.

Kapitalgewinn, vorwiegend vom Lohn leben, verschwinden in ihrer geschlossenen Einheit, und mit ihnen der soziologische Gesichtspunkt. Es gibt plötzlich nur noch einzelne Gesellschaftsatome, die nach ganz anderen Gesichtspunkten in ganz andere „Klassen" eingeteilt werden, so daß statt der realempirischen Tatsache der sozialen Klassen, deren Wider- und Zusammenspiel das ganze Gesellschaftsleben beherrscht, plötzlich blutleere, nirgend greifbare, rein aus der Abstraktion gewonnene „Klassen" vor uns stehen, die uns in diesem Zusammenhange gar nicht interessieren. Statt der Grundbesitzerklasse, die, wenn auch ihre Grenzen nach unten nicht haarscharf gezogen werden können, doch eine lebendige, in gemeinsamer Handlung gemeinsame Interessen vertretende Einheit ist, statt dieser Grundbesitzerklasse, die vorwiegend aus Grundrente ihr Einkommen bezieht, wird uns als Klasse der Grundbesitzer eine Addition der sämtlichen Gesellschaftsmitglieder untergeschoben, die irgendein Stück Boden, groß oder klein, zu Eigentum besitzen. Derart rückt der Zwergparzellant, der auf einem Viertel Morgen eigenen Ackers noch nicht die Hälfte der für seine Küche nötigen Kartoffeln zieht, in eine „Klasse" mit dem Herzog von Westminster, dem halb London, oder dem Duke of Sutherland, dem halb Schottland zu eigen ist[1]). Dasselbe gilt für die Klasse der Kapitalisten, in die der armseligste Proletarier durch Ricardo erhoben wird, wenn er zwei Pfund auf einer Sparkasse hat. Das heißt alles Lebendige auseinanderreissen, alles Charakteristische verwischen, alle Wahrheit verschütten.

Gewiß, auch der Splitter Grundrente, der den Arbeitslohn des Zwergparzellanten, auch das Stäubchen Kapitalgewinn, das den Arbeitslohn des Industrieproletariers vermehrt, müssen von einer ökonomischen Theorie erfaßt und erklärt werden. Und zu dem Zwecke muß man gewiß und unerläßlich zur rechten Zeit

---

[1]) Die Physiokraten ließen sich diesen Fehler nicht zuschulden kommen. Wo sie von „Klassen" sprechen, geschieht es im soziologischen, nicht im statistischen Sinne. So z. B. nennt l'Abbé Baudeau (ed. Daire, p. 609) im Chap. III der „Introduction à la philosophie économique" die Grundbesitzerklasse „classe des n o b l e s ou des propriétaires" !

sein Augenmerk von den Einkommensberechtigten auf das Wesen des Einkommens selbst richten. Aber man darf das Problem niemals so vollkommen aus dem Auge verlieren, wie Ricardo es tat.

Nirgend zeigt sich das so deutlich und rächt sich das so schwer, wie in der Frage der Grundrente. Was war hier zu erklären? Nach seiner eigenen Feststellung das Einkommen der Grundbesitzerklasse! Dieses Einkommen ist offenbar das Produkt aus zwei Faktoren: der durchschnittlichen auf die Ackereinheit entfallenden Rente multipliziert mit der Zahl der in den Händen der Grundbesitzerklasse befindlichen Ackereinheiten. Ricardo hat den ersten Faktor allein untersucht und meisterhaft bestimmt, den zweiten hat er überhaupt nicht gesehen! Und doch ist er für das Verständnis allen sozialen Zusammenhangs, selbst für die Wirtschaft allein, viel wichtiger als die Abstufung der Grundrente je nach der Rentierung der Einheit. Oder entscheidet über die Güterversorgung und Klassenangehörigkeit eines „Mitgliedes des Gemeinwesens" das Eigentum von fünfzig Quadratmetern allerbesten Boden dicht an der Weichbildgrenze der reichsten Weltstadt etwa mehr als das Eigentum von zehntausend Hektaren schlechtesten Roggen- oder gar Kiefernbodens dicht an der Grenze des durch den Marktpreis bestimmten Anbaukreises?

Auch hier wieder beruht der Denkfehler auf derselben Verwirrung zwischen einer volkswirtschaftlichen Kategorie der Produktivität und einer privatwirtschaftlichen Kategorie der Rentabilität, die wir schon dreimal festgestellt haben; einmal bei den Merkantilisten bei der Frage des Fabrik- und Handelskapitals und der Bedeutung des Bargeldes; einmal bei Adam Smith bei der Frage des Lohnfonds, und einmal bei den Physiokraten bei der Frage des produit net. Ja, im Grunde handelt es sich hier bei Ricardo noch immer um den letzten Rest dieses physiokratischen Kernirrtums, den er in allem übrigen so konsequent abgeschüttelt hat.

Man kann nicht scharf genug betonen und nicht streng genug festhalten, daß die Grundrente nur als Privateinkommen von privaten Wirtschaftssubjekten Problem ist. Rente ist Einkommen. Einkommen kann nur ein Mensch haben, nicht aber ein Acker.

Das klingt wie Wortklauberei, denn offenbar setzt sich die Gesamtgrundrente, die ein Privatmann bezieht, aus denjenigen Überschüssen zusammen, die seine Grundstücke nach Abzug von Lohn und Profit übrig lassen. Und dennoch liegt hier die Wurzel aller Ricardoschen Irrtümer. Indem er seinen Blick ganz von den Eigentümern, die die Rente bezogen, fort, und ganz auf die Äcker, die sie abwerfen, hin richtete, verlor er das eigentliche Problem völlig aus den Augen.

Diese Vertauschung der Sphären hat die unglaublichste Verwirrung gestiftet, so daß es eine fast hoffnungslose Aufgabe ist, die Ricardosche Theorie aus den Gehirnen ausroden zu wollen. Selbst bei den geschworenen Gegnern der Grundrente, den Bodenreformern, ist die Vorstellung nicht auszurotten, daß die Ricardosche Differentialrente die ganze Bodenrente ist, und sie sind ebensowenig davon zu überzeugen, daß, nach dem Verschwinden der Monopolrente, die vielleicht (?) noch übrig bleibenden Splitter von Differentialrente nicht im mindesten mehr ein soziales Problem darstellen würden [1]. Wie weit die Verkennung des Problems geht, zeigt wohl am deutlichsten eine Stelle bei Diehl [2], wo er zeigt, daß von „zwei selbstwirtschaftenden Landwirten, die beide ohne Hilfskräfte ihr Stück Land bewirtschaften," und bei denen auch alle übrigen Umstände der Kapitalbewaffnung usw. gleich sind, doch der Eigentümer des fruchtbareren Bodens einen Extragewinn, die Grundrente, einsteckt. Die Grundrente, die als feudales Herreneinkommen Problem war (und ist), abgeleitet von dem Einkommen zweier Kleinbauern!

Mehr kann man in der Tat nicht erwarten.

In Parenthese: Diehl hat natürlich völlig recht, wenn seine Voraussetzungen einmal gegeben sind. Er irrt nur, wenn er meint, daß sie immer gegeben sein müssen. Wie es möglich ist, daß von zwei selbstwirtschaftenden Landwirten der auf besserem Boden

---

[1] Vgl. meine Polemik mit Pohlmann in der „Deutschen Volksstimme" 1905, Heft 2, S. 36.

[2] l. c. S. 279.

sitzende dennoch nur seinen Arbeitslohn ohne Grundrente, und zwar nicht mehr als sein Genosse auf dem schlechteren Boden erhält, und das alles ohne „Zukunftsstaat" und „single tax", durchaus auf dem Boden der „freien Konkurrenz" und der „natürlichen Freiheit", davon im letzten Abschnitte dieser Erörterung.

Um den Faden wieder aufzunehmen: Ricardo hat den einen der beiden Faktoren, aus deren Multiplikation sich das zu erklärende, das gesamte Grundrenteneinkommen der gesamten, vorwiegend von Grundrente lebenden Klasse, erst ergeben konnte, nicht der Untersuchung für wert gehalten, und zwar den wichtigeren Faktor. Wie gelangte diese Zahl von Bodeneinheiten in das Eigentum dieser Klasse? Die Frage, so gestellt, ist für den größten und wichtigsten Teil der Bodeneinheiten bereits beantwortet. Sie lautet: durch außerökonomische Gewalt, durch das politische Mittel! Die Grundrente als Klasseneinkommen von diesen Grundstücken ist mithin zweifellos Monopolpreis, nicht rein ökonomische Kategorie. Wie es mit dem Rest der Grundstücke steht, bleibt noch zu untersuchen.

Wie immer diese Untersuchung ausfalle, eins steht schon jetzt fest: Ricardo hat ein Problem gelöst, das ihm gar nicht gestellt war. Er sollte das Gesetz entdecken, demzufolge ein bestimmter Teil des Nationalproduktes auf eine soziale Klasse von Personen entfällt. Und er hat anstatt dessen das Gesetz nachgewiesen, demzufolge ein bestimmter (aber ein ganz anders bestimmter!) Teil des Nationalproduktes auf eine agronomische Klasse von Böden entfällt.

Somit läßt die Ricardosche Theorie das Problem selbst unberührt.

Fassen wir zusammen:

1. Der Ricardosche Beweis ist völlig verfehlt: falsche Prämissen, das Verfahren ein Zirkel; die Konsequenz verdächtig.

2. Die Ricardosche Behauptung ist falsch: die feudale Rente, die mit den wichtigsten Teilen der kapitalistischen Rente identisch ist, ist nicht „naturrechtlich" aus einem Übergewinn am Marktpreise erklärbar.

3. Die Theorie im ganzen verfehlt völlig das ihr gestellte Problem.

Achter Abschnitt.

Die Monopoltheorie der Grundrente.

Im folgenden werde ich diejenigen Teile der gesellschaftlichen Gesamtgrundrente, die in der modernen freien Verkehrswirtschaft an die Rechtsnachfolger feudaler Grundeigentümer fallen, als „feudal-kapitalistische", und alle anderen Teile als „autochthon-kapitalistische" Grundrente bezeichnen.

Mit unserem Nachweis, daß feudale und feudal-kapitalistische Grundrente nicht nur dem Ursprung nach, sondern überhaupt identisch sind, haben wir Ricardos Rententheorie widerlegt. Aber damit ist die Monopoltheorie noch nicht bewiesen.

Sie ist noch nicht einmal für die feudal-kapitalistische Grundrente vollendet. Denn bisher wissen wir nur so viel, daß diese der Monopolpreis eines Rechtsmonopols ist; aber es bleibt uns noch die Aufgabe, den gesellschaftlichen Prozeß in seinem Mechanismus genau klarzustellen, durch den sie unter den völlig veränderten Verhältnissen der freien Verkehrswirtschaft in die Taschen der Grundeigentümer geleitet wird.

Dasselbe bleibt auch noch für die autochthon-kapitalistische Grundrente zu leisten.

Und erst dann kann das Problem als völlig gelöst betrachtet werden, wenn alle, sowohl die feudal-, wie die autochthon-kapitalistische Grundrente als das Ergebnis eines und desselben gesellschaftlichen Prozesses erwiesen ist. Denn für alle kapitalistische Grundrente darf natürlich nur ein Gesetz angenommen werden.

A. Die unvollständige Monopoltheorie.

1. Das „römische" Grundeigentumsrecht.

Mit wenigen Ausnahmen, von denen wir sofort ausführlich handeln werden, haben bisher alle Vertreter der Monopoltheorie der Grundrente in dem herrschenden Rechte des Grundeigentums die einzige Ursache der von ihnen beklagten oder angeklagten gesellschaftlichen Schäden erblickt.

Dieses Bodenrecht, dem man es ansieht, daß es nur von der Herrenklasse eines durch Eroberung entstandenen, auf Unterwerfung begründeten Staatswesens den Untertanen auferlegt werden konnte, verdankt in der Tat seine feinste formale und schroffste praktische Ausgestaltung dem berühmtesten Erobervolke der Weltgeschichte, den Römern[1]). Dieses „private", „privative", „quiritische" Grundeigentumsrecht läßt sich kurz durch zwei Züge kennzeichnen: es gestattet erstens die Okkupation beliebig großer Flächen und gibt zweitens dem Eigentümer das Recht des „usus et abusus" wie an jeder beweglichen Sache, vor allem auch das Recht des Nichtgebrauchs. Es unterscheidet sich namentlich durch die letzte Bestimmung sehr stark von dem ursprünglichen Bodenrechte fast aller freien Völker, das den Besitz eines Grundstücks nur so lange gewährleistet, wie es wirtschaftlich genützt wird (Rückennutzung), und auch außerdem noch das Obereigentum der Gesamtheit, zunächst des Geschlechtes, aber auch der weiteren politischen Verbände, sichert.

Dieses Recht soll also nach der Meinung der meisten Vertreter der Monopoltheorie die einzige Wurzel aller Übel sein.

---

[1]) „Die römisch-rechtliche Okkupationstheorie, die alles individuelle Eigentum aus einem individuellen Willensakt ableitet, ist für das ursprünglich meist durch soziale Gemeinschaften okkupierte und verteilte Grundeigentum, und vielfach auch für alle spätere Eigentumsverteilung gänzlich falsch; sie stammt aus den kriegerischen Beuteerinnerungen von Männern, die nach Gajus „maxime sua esse credebant, quae ex hostibus cepissent.". Schmoller, Grundriß I, S. 389. „Wie die Eroberung in allgemein politischer Hinsicht, so beherrschte im Wirtschaftlichen der Begriff der gewaltsamen Aneignung, der Besitzergreifung, des „rapere" und „occupare" die Erwerbstätigkeit der Römer. Es ist das Beute- oder, wie man heutzutage sagt, das Ausbeuteprinzip, welches allem zugrunde liegt. Nicht, weil man etwas, was vorher nicht da war, erzeugt hat, sondern weil man die Macht hat, sich dauernd im Besitz einer Sache zu behaupten, wird einem diese Sache zu Eigentum zugesprochen. So hat der wirtschaftliche Begriff der Arbeit im modernen Sinne den Römern gefehlt." (Daher heißt Arbeit auch nicht im Singular „labor", sondern im Plural „operae": die Arbeit der Sklaven" (Oncken, Gesch. d. Nat.-Ök. I, 61/2).

Diese „unvollständige Monopoltheorie der Grundrente“ — die Bezeichnung wird unten gerechtfertigt werden — ist sehr alt. Schon die Gesetzgeber, die sich in der ganzen mittelländischen Periode, dem „Altertum“ unserer üblichen Geschichtseinteilung, an dem in der kapitalistischen Sklavenwirtschaft unlösbaren Problem einer praktischen Bodenreform [1]) abmühten, ließen sich, mehr oder weniger bewußt, von jener Auffassung leiten: die angeblich mosaische Gesetzgebung vom Jobeljahr, die lykurgische, solonische, gracchische Reform, sie alle zielen auf eine Änderung des geltenden Bodenrechtes mit dem Inhalt, die Vereinigung allzu großen Grundeigentums in einer Hand zu verhindern und das kleine Grundeigentum gegen Verschuldung und Aufsaugung zu sichern.

Mit der Entstehung der freien Verkehrswirtschaft und des Kapitalismus steht diese unvollständige Monopoltheorie sofort in charakteristischer Ausbildung vor uns. Wir haben in der Einleitung den frühenglischen Agrarsozialismus gekennzeichnet und gezeigt, daß er erst spät durch den antikapitalistischen Sozialismus verdrängt wurde [2]). Auch in Deutschland fand schon

[1]) Vgl. die von G. Adler zu Ogilvies „Recht auf Grundeigentum“, deutsch von Adolf M. Freund, Leipzig 1906, verfaßte Einleitung, „Bodenreformer früherer Zeiten“.

[2]) Wir bringen aus der Frühzeit des Sozialismus noch einen Beleg, der die „naturrechtliche“ Prämisse und ihre Konsequenz, die Monopoltheorie, in charakteristischer Ausbildung zeigt. Charles Hall schreibt („Die Wirkungen der Zivilisation auf die Massen“, ed. G. Adler; „Hauptwerke“ usw., Heft 4 S. 35):

„Das Wesen, das die Erde und alle darauf lebenden Kreaturen erschuf, richtete die Erde so ein, daß sie die für die Existenz jener Kreaturen nötigen Dinge hervorbringt: und es erschuf jene Kreaturen so, daß ihr Dasein von den Dingen, die die Erde hervorbringt, abhängen mußte. Es ist daher klar, daß der Schöpfer das Land zum Gebrauch der Geschöpfe bestimmte, die er darauf setzte. Folglich; daß kein Geschöpf von dem Besitz des einen oder anderen Teiles der Erde, und zwar in dem Umfang, der für seine Versorgung mit Lebensbedürfnissen erforderlich ist, abgeschnitten werden darf. Eben dies aber haben bei dem System, das bei den meisten Nationen Europas gilt, die Personen, die sich im ausschließlichen Besitz des Grundeigentums befinden, nicht nur die Macht, zu tun, sondern sie tun es tatsächlich, und indem sie die Leute des hinreichenden Maßes der Lebensbedürfnisse berauben, vernichten sie somit alljährlich große Mengen von ihnen.“

vor der kapitalistischen Ära diese Monopoltheorie ihre Vertreter. Zachariä schrieb wörtlich: „Alle die Leiden, mit welchen zivilisierte Völker zu kämpfen haben, lassen sich auf das Sondereigentum an Grund und Boden, als auf ihre Ursache, zurückführen" [1]). Er war als Augenzeuge einer vorwiegend noch feudalen Gesellschaft natürlich Anhänger der Monopol-Lohn-Theorie; er sieht „die Grundrente als einen Abzug von dem Lohn an, welcher, wenn Grund und Boden keinen Eigentümer hätten, dem Arbeiter ganz zufallen würde" [1]). Fast alle Sozialisten, mit Ausnahme namentlich des größten von ihnen, Karl Marx, standen auf dem gleichen Standpunkt; und selbst die neueren Vertreter der bürgerlichen Ökonomik nähern sich ihm immer mehr. Wie wir sahen, sind wohl alle bedeutenderen lebenden Vertreter der bürgerlichen Volkswirtschaftslehre aller Schulen wenigstens für das städtische Grundeigentum Anhänger der Monopoltheorie, wonach das Eigentum allein die Ursache der beklagten Erscheinungen ist. Brentano bekennt sich sogar auch für das landwirtschaftliche Eigentum, unter ausdrücklicher Verwerfung der Ricardoschen Lehre, zu der Monopol-Lohn-Theorie, die das Grundeigentum als solches verantwortlich macht: „Nur für das Verhältnis zwischen einem gleichberechtigten kapitalistisch rechnenden Pächter und einem gleichberechtigten kapitalistisch rechnenden Grundeigentümer ist es richtig, . . . daß sich die Höhe der Rente nach der Differenz in den . . . Eigenschaften des Bodens richte. Die Sache stellt sich anders, sobald die . . . Beteiligten von verschiedener Macht sind . . . Die Verschiedenheit der Macht kann beruhen auf einer Verschiedenheit des Rechts, wie im Mittelalter, oder einer Verschiedenheit der wirtschaftlichen Lage. .,. Denn wenn der Boden auch nicht das Monopol zur Ausbeutung unzerstörbarer natürlicher Bodenkräfte im Sinne Ricardos geben kann, . . . so gibt er doch ein Monopol zur selbständigen und unabhängigen Betätigung der Arbeitskraft. Und derjenige, der auf diese Betätigung angewiesen ist, um davon zu leben, ist gern bereit, für die Gewährung der Gelegenheit zu dieser Betätigung durch Überlassung

[1]) zit. nach Rodbertus, Beleuchtung usw. I, S. 85.

eines Grundstücks eine Rente oder deren Kapitalwert, einen Kaufpreis zu zahlen, die außer allem Verhältnis stehen zu der Rente, welche Kapitalien in anderen Anlagen abwerfen. . . . Somit ergibt sich: die Rente ist ein Preis, der für die Überlassung . . . des ungestörten Gebrauchs eines Stückes Land gezahlt wird. Sie wird, wo an verfügbarem Lande Mangel ist, für Land jeder Art gezahlt, auch für das schlechteste. . . . Wo die Rechtsgleichheit zur Grundbedingung der Wirtschaftsorganisation geworden ist, wird sie bestimmt einerseits durch die verschiedene . . . Qualität des Grundstücks, andererseits durch die verschiedene wirtschaftliche Qualität des Nachfragenden, nämlich die Dringlichkeit seines Bedürfnisses . . ." [1]).

Das alles ist unbestreitbar richtig. Aber es sagt uns nichts über den Mechanismus, der, das Grundeigentum und sein Recht einmal gegeben, die Grundrente in die Taschen der Eigentümer leitet.

Offenbar reicht die Tatsache des Grundeigentumsrechtes allein nicht aus, um das zu erklären. Der ungeheuerste Latifundienbesitz in einem leeren Lande bringt dem Eigentümer keinen Pfennig Grundrente. Es muß also noch etwas anderes zu dem Eigentumsrecht hinzutreten. Die Diagnose der bisherigen Monopol-Lohn-Theoretiker war richtig, aber sie kann nicht vollständig sein.

2. Die „freien Arbeiter".

Karl Marx stand der letzten Erkenntnis nahe. Er schreibt: [2]) „Das bloße juristische Eigentum am Boden schafft dem Eigentümer keine Grundrente. Wohl aber gibt es ihm die Macht, seinen Boden so lange der Exploitation zu entziehen, bis die ökonomischen Verhältnisse eine Verwertung desselben erlauben, die ihm einen Überschuß abwirft, sei es, daß der Boden zur eigentlichen Agrikultur verwandt werde, sei es zu anderen Produktionszwecken, wie Bauten usw."

---

[1]) Lujo Brentano. Einleitung zu „Andersons drei Schriften über Korngesetze und Grundrente". Leipzig 1893. S. XXXIII ff.

[2]) Marx, das Kapital, III, 2, S. 289/90.

Wie müssen die „ökonomischen Verhältnisse" beschaffen sein, um dem Eigentümer „die Verwertung zu erlauben"? Diese Frage hat Marx dahin beantwortet, daß nur dann Grundrente (und Profit) an das Eigentum fallen könne, wenn sich auf dem Arbeitsmarkte „freie Arbeiter" in genügender Anzahl anbieten, „freie" Arbeiter in seinem besonderen bitterspöttischen Doppelsinn, daß sie einerseits rechtlich als freie Kontrahenten über ihre Person verfügen dürfen, und daß sie andererseits wirtschaftlich „frei", d. h. entblößt sind von allem eigenen Besitz, von allen „zur Verwirklichung ihrer Arbeitskraft nötigen Sachen" [1]).

Nur diese scharfe Formulierung gehört Marx zu eigen; und es ist sein Verdienst, diese wichtigste Erkenntnis in den Mittelpunkt eines ganzen Systems gestellt zu haben. Aber die Erkenntnis selbst liegt völlig auf der Hand und ist daher auch so alt wie die wissenschaftliche Nationalökonomie. Niemals hat ein Zweifel darüber bestanden, daß alles, was Marx „Mehrwert" nennt, nur zustande kommen kann, wenn das besteht, was Marx „das Kapitalverhältnis" nennt, d. h. ein Zustand des Arbeitsmarktes, bei dem „das Angebot gänzlich auf Seiten besitzloser Arbeiter steht". Schon Turgot besitzt diese Erkenntnis, wie wir zeigten, allerdings ohne den geringsten Versuch einer Erklärung: es ist ihm einfach Tatsache, daß die Arbeiter „durch die Konkurrenz" auf den notdürftigen Lebensunterhalt herabgedrückt werden. Nachdem Smith das Angebot der Arbeit durch seine Skizze einer Lohnfondstheorie zu erklären versucht hatte, diente das Gesetz vom sinkenden Spielraum der Bourgeoisökonomie zur Erklärung der dauernden Überfüllung des Arbeitsmarktes mit „freien" Arbeitern.

Hierin also stimmen Sozialismus und bürgerliche Theoretik überein; erst in der Frage nach der Herkunft der freien Arbeiter scheiden sich die Geister. Marx verwarf das „Bevölkerungsgesetz" des Malthus und stellte sein eigenes „Gesetz der kapitalistischen Akkumulation" auf, demzufolge das „Kapitalverhältnis", wenn es erst einmal durch „außerökonomische Gewalt" gesetzt ist,

---

[1]) Marx, das Kapital, I., S. 131; vgl. mein „Grundgesetz der Marxschen Gesellschaftslehre". Berlin 1903, S. 22 ff.

sich automatisch im kapitalistischen Produktionsprozeß immer wieder reproduzieren muß. Ich habe das Gesetz, Beweis und Behauptung, als falsch nachgewiesen [1]).

Woher stammen also die „freien Arbeiter", deren Angebot auf dem Arbeitsmarkte den „Mehrwert" jeder Form, speziell den uns hier interessierenden Teil, die Grundrente, erzeugt? Woher stammen sie, wenn ihr unleugbares Vorhandensein sich weder aus der bürgerlichen Bevölkerungslehre, noch aus der sozialistischen Akkumulationstheorie ableiten läßt? Erst durch die Beantwortung dieser Frage wird die bisher unvollständige Monopol-Lohn-Theorie ihre Vollendung erhalten.

B. Die vollständige Monopoltheorie.

Für das „feudal-kapitalistische" Grundeigentum bedarf die Frage, woher seine freien Arbeiter stammen, keiner langen Untersuchung. Sie sind ihm durch denselben historischen Prozeß überkommen, der das feudale Eigentum selbst erschuf. Es sind die Nachkommen der ehemaligen Untertanen, der „serfs", Teilbauern usw.

Wenn aber auch ihre H e r k u n f t keiner Untersuchung bedarf, so erhebt sich die ebenso bedeutsame Frage: w a r u m b l e i b e n s i e? Warum entziehen sie sich nicht sämtlich durch Fortwanderung dem „Monopole" und dem von ihm ausgeübten wirtschaftlichen Zwange, den Monopolpreis abzutreten? Hat doch die kapitalistische Ära nicht nur das formelle Recht der Freizügigkeit innerhalb der Grenzen derselben Nation vollendet, indem sie es von seinen letzten polizeilichen Hemmungen befreite, sondern vor allem auch die Freizügigkeit über die politischen Grenzen hinaus rechtlich, durch das Völkerrecht, und praktisch, durch die modernen Verkehrsmittel, erst zur fast schrankenlosen Bewegungsfreiheit erhoben! Unendliche Strecken neuen Siedellandes haben sich den Hintersassen des ehemals feudalen Grundeigentums namentlich in Nordamerika, aber auch in Südamerika (Argentinien, Brasilien), Australien, Südafrika und in Asien (Sibirien) erschlossen.

[1]) Vgl. meinen „Marx", Teil 2 und 3.

Warum haben sie sich nicht sämtlich ihres Rechtes der Freizügigkeit bedient, um sich dorthin zu flüchten und freie, von Grundrente nicht beschwerte Eigentümer zu werden?

Nun, wir wissen, daß sehr große Teile dieser abhängigen Bevölkerung in der Tat dieses Mittel ergriffen haben; es genügt, anzuführen, daß nicht weniger als rund zwanzig Millionen Menschen, weit überwiegend „Hintersassen" des ehemals feudalen europäischen Großgrundeigentums, in dem einen neunzehnten Jahrhundert sich in Nordamerika niedergelassen haben: die ungeheuerste Völkerwanderung aller bekannten Geschichte. Aber noch größere Massen sind zurückgeblieben, das Reservoir hat sich nicht ganz entleert. Warum nicht?

1. Der induktive Beweis der Monopoltheorie. (Die autochthon-kapitalistische Grundrente.)

a. Die Rente des kolonialen Großgrundeigentums.

Weil alles neue unbebaute Land immer wieder durch das Bodenmonopol gegen die kapitallose Kleinsiedlung gesperrt wird, sobald die Möglichkeit eines Grundrentenbezuges in solche Nähe rückt, daß eine Bodenspekulation aussichtsvoll erscheint.

Wo immer der europäische Hintersasse Bauernland finden könnte, dessen Ernten in absehbarer Zeit einen Getreidemarkt erreichen könnten, da findet er es bereits weithin gesperrt durch papierene Titel, hinter denen die Staatsgewalt drohend Wache hält. Und so bleibt ihm nur der Bruch auf lange hinaus mit dem Kulturkreise, nur die Naturalwirtschaft in der „Wüste", wie sie z. B. die Mormonen in Utah der „Zivilisation" vorzogen, oder die Zahlung eines Tributes an den Grundeigentümer, die Grundrente. Sein Arbeitseinkommen wird nur gerade so hoch sein, um noch ein genügendes Gefälle vom Orte seiner Herkunft zum Orte seiner neuen Ansiedlung zu lassen; denn sonst bliebe der Eigentümer im Kolonialgebiet ohne Ansiedler und ohne Rente überhaupt.

α) Die spekulative Bodensperrung.

Es ist kaum nötig, die allgemein bekannte Tatsache dieser modern-kapitalistischen Sperrung alles unerschlossenen Siedellandes durch Spekulanten, durch „Landhaie", wie der Amerikaner sie nennt, mit Tatsachen zu belegen. Nur einige charakteristische Notizen mögen sie illustrieren:

Sering berichtet von der Bodenpolitik der Vereinigten Staaten von Nordamerika zur Zeit ihrer Gründung:

„Zur selben Zeit, wo die französischen Bauern die Güter des Adels untereinander teilten, trieb die Regierung der amerikanischen Freistaaten einen krämerhaften Handel mit dem ihr anvertrauten Gute, dem Lande der Nation . . . Das grundlegende Gesetz vom 19. Mai 1796 bestimmte, daß, sobald eine gewisse Fläche vermessen sei, diese an den Meistbietenden, aber nicht billiger als für zwei Dollars pro acre und nicht in kleineren Stücken als 9 englische Quadratmeilen (23,3 qkm) verkauft werden sollte"[1]).

Das betrifft die alten Staaten im Osten und Süden der Union. Ein halbes Jahrhundert später war Henry George Zeuge des gleichen Prozesses im Westen. Er fragt[2]):

„Nun, warum kann diese unbeschäftigte Arbeit auf dem Lande keine Verwendung finden? Nicht weil alles Land in Benutzung wäre. Obgleich alle Anzeichen, die in älteren Ländern als Beweise von Übervölkerung angesehen werden, sich schon in San Franzisko bemerkbar machen, so ist es müßig, von Übervölkerung in einem Staate zu sprechen, der, bei größeren Hilfsmitteln der Natur als Frankreich, noch nicht eine Million Einwohner hat. Innerhalb weniger Meilen von San Franzisko ist unbenutztes Land genug, um jedem Manne Beschäftigung zu geben, der ihrer bedarf. Ich will keineswegs sagen, daß jeder unbeschäftigte Mann Landmann werden oder sich ein Haus bauen könnte, wenn er das Land hätte, wohl aber, daß genug dies tun könnten und würden, um den übrigen

---

[1]) Die landwirtschaftliche Konkurrenz Nordamerikas. Leipzig 1887. S. 111 ff.; vgl. auch Hall, l. c. S. 68.

[2]) Fortschritt und Armut. Übersetzt von Gütschow. 5. Aufl. Berlin 1892, S. 240.

Beschäftigung zu geben. Was ist es also, das die Arbeit verhindert, sich auf diesem Lande zu beschäftigen? Einfach, daß es monopolisiert und auf Spekulationspreisen gehalten wird, die nicht nur auf den gegenwärtigen Wert begründet sind, sondern auf den erhöhten Wert, der mit dem künftigen Wachstum der Bevölkerung erst kommen soll."

Wieder fünfzig Jahre später sind einige Länder an der Ostküste Südamerikas in die „grundrentenfähige Zone" eingerückt, und der gleiche Prozeß sperrt ihre Äcker gegen die Kleinsiedelung:

„Gegen die argentinische Regierung wird von sachverständiger Seite der Vorwurf erhoben, daß die Landpolitik nichts weniger als glücklich gewesen sei und der Einwanderung, der Bildung eines Kleinbauerntums und damit einer dichten Besiedlung des Landes in keiner Weise Vorschub geleistet habe oder leiste.

„Es wird gesagt: „Die Regierung hat es leider nicht verstanden, große und gute Terrains dem Lande zu erhalten. Anstatt größere Strecken guten Ackerbaulandes tüchtigen Kolonisten billig zu verkaufen und dem Lande damit einen großen Aufschwung zu geben, hat man es vorgezogen, große Strecken an einzelne Leute zu verkaufen. Diese Ländereien sind jahrelang unbenutzt geblieben und bilden heute die Latifundien, die schuld sind, daß das Land an jenen Punkten nicht so vorwärts kommt, wie es der Fall sein sollte. Im besten Falle wird ein Stückchen kolonisiert, aber nur, um aus dem Reste einen höheren Preis zu erzielen. Was heute noch relativ billig vom Staate und auf einer Auktion verkauft wird, sind Ländereien, die für den Ackerbau schwer sich eignen und früher von den „Protegidos" verschmäht worden sind; billig und schlecht."

„Diese Latifundienwirtschaft steht vor allem einer schnellen, starken Einwanderung hemmend im Wege. Wenn in letzter Zeit die Einwanderung sich auch vermehrt hierher richtet, so ziehen den größten Vorteil doch die Landbesitzer daraus, die ihre Ländereien zu hohen Preisen losschlagen können" [1]).

Dasselbe vollzieht sich in Brasilien nach Karl Bolle:

„So ist denn die Besiedelung der weiten fruchtbaren Einöden mit zahlreichen bäuerlichen Elementen über Gebühr erschwert.

---

[1]) Zeitschr. f. Soz. Wissensch. X. (1907), S. 319.

Auch will man gar keinen Kleingrundbesitzerstand haben. Die Großen und Mächtigen erwerben unter irgendwelchen Scheintiteln Latifundien in der Größe kleiner Fürstentümer, und hier wollen sie mit Arbeitern wirtschaften, nicht jedoch selbstwirtschaftende Bauern zu Nachbarn haben, die sich nicht wenigstens zur Ernte bei ihnen verdingen" [1]).

Nicht anders ist es in Kanada, nicht anders in Südafrika und Australien, nicht anders wird es im Sudan, in Sibirien, in Anatolien sein, sobald diese Gebiete an den Welt-Getreide- und den Welt-Arbeitsmarkt angeschlossen sein werden. Nur eine Ausnahme gibt es in aller Welt: Neu-Seeland! Hier ist die Politik eines im besten Sinne demokratischen Staates mit aller Tatkraft darauf gerichtet, das aus früheren Zeiten noch vorhandene kapitalistische Großgrundeigentum einzuengen und womöglich zu vernichten [2]). Die Folgen für die Gesundheit des sozialen Körpers sind denn auch fast wunderbar zu nennen. Hier herrscht nahezu die „reine Wirtschaft" meiner Terminologie, d. h. der rationelle „Sozialismus".

In allen anderen Ländern aber des europäischen Kulturkreises ist das Recht der unbeschränkten Okkupation gewährleistet, und die Spekulation mit dem Boden feiert ihre Orgien.

Unzweifelhaft ist daher dieses Recht die Bedingung der Grundrente in diesen Ländern, und insofern hat die bisherige Monopol-Lohn-Theorie recht. Aber ist es auch die Ursache der Grundrente?

Wir haben soeben auseinandergesetzt, daß die rechtliche Sperrung des Bodens überall da, wo sie zulässig ist, sofort einsetzt, „sobald die Möglichkeit des Grundrentenbezuges in solche Nähe rückt, daß eine Bodenspekulation aussichtsvoll erscheint". Wann ist dieser Zeitpunkt gegeben?

Wir haben die Erklärung bereits gegeben: Grundrente kann überall nur dort entstehen, wo freie Arbeiter in genügender Anzahl

---

1) Zeitschr. f. Soz. Wissensch. IX. (1906), S. 697.

2) Vgl. André Siegfried: La nouvelle Zélande. Paris 1904. Chap. XIV: „C'est ainsi qu'en nouvelle Zélande, le mouvement en faveur de la nationalisation du sol a tourné court pour se transformer en une croisade contre la grande propriété" (p. 160).

sich anbieten, um die Gestehungskosten des Getreides, *deren wichtigsten Bestandteil die Arbeitskosten darstellen*, so tief zu drücken, daß (bei gegebenem Marktpreise und gegebenen Transportkosten) Grundrente übrig bleibt.

Neues Land rückt also erst dann in die „*grundrentenfähige*“ Zone ein, wenn „freie Arbeiter“ in genügender Menge vorhanden sind.

Wir sehen uns also wieder vor unsere Frage gestellt: woher kommen diese freien Arbeiter? Im Lande selbst können sie nicht entstanden sein, wie folgende Betrachtung zeigt:

Wo ein weites Gebiet nur wenig Menschen beherbergt, da kann offenbar nur unter *einer* Bedingung hohe Grundrente von rechtlich-freien Arbeitern „erpreßt“ werden: wenn *ein* Mann *alles* Land besitzt; dann sind auch spärlich gesäete Arbeiter „Ryots“ und müssen sich allen Bedingungen des fürstlichen Grundherrn fügen, um nicht zu verhungern. Diese Voraussetzung gilt aber nicht für die kapitalistische Verkehrswirtschaft.

Wo aber viele Grundeigentümer wenn auch noch so großer Latifundien das Land unter sich teilen, da konkurrieren sie um die wenigen freien Arbeiter; die Konkurrenz steht „ganz auf ihrer Seite“, wie Ricardo sich ausdrückt, und der Arbeitslohn steht dicht am Arbeitsertrage, d. h. die Grundrente steht dicht an Null.

In dieser Lage befindet sich aber jede Grundeigentümerklasse in einem weiten, menschenarmen Gebiete auf unabsehbare Zeit hinaus, *wenn die Arbeiterbevölkerung nur durch ihren natürlichen Zuwachs zunimmt.* Denn jede Steigerung des Getreidepreises auf dem Zentralmarkte, und vor allem jede Verminderung der Frachtkosten vermehrt die mit dem Zentralmarkt verbundene Fläche viel schneller, als die Bevölkerung selbst zu wachsen vermag. Man denke an die unendlichen Ackergebiete, die die sibirische Bahn oder jede argentinische Strecke neu erschlossen hat.

Hier könnte also niemals irgend jemand auf den Gedanken kommen, Land zu Spekulationszwecken auszusperren. Der homo lombardstradarius am wenigsten: denn hier wäre niemals ein Geschäft zu machen. Keine Bodenspekulation ist denkbar, *wo* nicht die freien Arbeiter in genügender Anzahl von auswärts einströmen[1]). Das römische Recht der unbeschränkten Okkupation ist nur die Bedingung, die Masseneinwanderung aber die Ursache der Bodenspekulation und somit der Grundrente.

β) Henry George.

Das hat, wie alle Anhänger der Monopol-Lohn-Theorie, auch Henry George, der mächtige Wecker, nicht erkannt. Er hielt das Eigentumsrecht für die Ursache der Grundrente, die ihm daher als der Monopolpreis eines Rechtsmonopols erschien, und bekannte sich folgerichtig zur Bodenbesitzreform:

„Kurz, die Rente ist der Preis des Monopols, das daraus entsteht, daß natürliche Elemente, die die menschliche Arbeit weder schaffen noch vermehren kann, in den Besitz einzelner kommen“ [2]).

Es kann hier nur angedeutet werden, aus welchen Gründen seine Therapie, seine Fortsteuerung der Grundrente durch die schon von den Physiokraten, freilich mit ganz anderer Begründung, empfohlene „single tax“, verfehlt ist: sie ist praktisch unmöglich durchzusetzen, weil sie alle Grundbesitzer in Stadt und Land, also die Mehrheit der Bevölkerung der meisten Nationen, gegen sich hat; und sie ist theoretisch falsch, weil sie auf der falschen, ricardischen Anschauung beruht, daß alle Rente nur Differentialrente sei. Ihr Ertrag würde, wenn sie sich durchführen ließe, sofort auf Null oder doch fast auf Null fallen, weil kein spekulatives

---

[1]) „In neuen Ansiedelungen, wo Künste und Kenntnisse verfeinerter Länder eingeführt werden, hat wahrscheinlich das Kapital ein Streben nach schnellerem Anwachsen als die Menschenzahl, und wenn der Mangel an Arbeitern nicht aus volkreicheren Ländern gedeckt würde, so würde dies Streben den Preis der Arbeit sehr stark in die Höhe treiben“ (Ricardo, l. c. S. 71).

In aufblühenden Ländern, wie den amerikanischen Kolonien „the scarcity of hands occasions a competition among masters who bid against one another, in order to get workmen, and thus voluntarily break through the natural combination of masters not to raise wages“. (Ad. Smith, I., cap. 8).

[2]) Fortschritt und Armut, S. 147.

Engagement mehr aufrecht erhalten werden könnte und „so viel Boden auf den Markt käme, daß er den Monopolpreis nicht länger würde halten können“ [1]).

Diese Fehlgänge beruhen darauf, daß seine Diagnose — nicht falsch, aber — unvollständig war, Wohl war es richtig, daß das angeklagte Bodenrecht der unbeschränkten Okkupation die Bedingung der ungeheueren Grundrenten war, die George in Kalifornien entstehen sah, die Bedingung der Riesenvermögen, die sich aus der Spekulation mit dem Boden bildeten, und die Bedingung von „Fortschritt und Armut“. Aber die Ursache war doch auch hier die Masseneinwanderung landloser, kapitalloser „freier“ Arbeiter.

Daß George das nicht erkannte, darf ihm nicht zum Vorwurf gemacht werden. Unmöglich konnte er in der Wanderung ein eigenes Problem sehen. Sie mußte ihm, wie allen Beobachtern in neuen Ländern, als etwas schlechthin „Natürliches“, immer Gegebenes erscheinen, als die natürliche Folge der absoluten Übervölkerung der allzu dicht besiedelten Gebiete Europas und des amerikanischen Ostens.

Uns, an den Quellen dieses Riesenstroms lebendiger Menschen, erschien aber die Wanderung nichts weniger als „natürlich“. Nicht nur, daß uns ihre Hände schmerzlich bei der Arbeit auf unseren Äckern fehlten [2]); nicht nur, daß ihre „überseeische Konkurrenz“ [3]) uns eine schwere agrarische Preiskrise brachte:

Wir sahen auch, daß sie nicht, wie George angenommen hatte, aus unseren am dichtesten bevölkerten, sondern aus unseren ohnedies schon menschenärmsten Gebieten

---

[1]) Adam Smith, l. c. I., S. 432. Wir kommen auf diese Stelle sofort zurück.

[2]) Sering, „Innere Kolonisation“ usw., S. 8; v. d. Goltz, „Die ländliche Arbeiterklasse“ usw., S. 156.

[3]) Vgl. zu der Ausdehnung des nordamerikanischen Getreide-Areals: Sering, „Die landwirtschaftliche Konkurrenz“ usw., S. 60, und Buchenberger, „Agrarwesen und Agrarpolitik, II., S. 554.

abströmten[1]), aus den dünn besiedelten, ehemals feudalen Großgüterbezirken Europas. Großbritannien, dann Ostdeutschland und Süditalien, dann das slavische Osteuropa waren die Quellgebiete der kalifornischen Wanderung: die Stammgebiete des ehemals feudalen Großeigentums, soweit es nicht, wie in Frankreich, den Niederlanden, Westdeutschland und Norditalien, durch eine bäuerliche Siedelung schon ersetzt war.

Uns erschien daher jene Wanderung nichts weniger als „natürlich". Wir[2]) erkannten den Zusammenhang zwischen der Verteilung des Bodeneigentums und der Landflucht, den ich durch die annähernde Formel zu verdeutlichen versucht habe: „Die Wanderbewegung aus zwei verglichenen Bezirken verhält sich wie das Quadrat des in ihnen enthaltenen Großgrundeigentums". Und so enthüllte sich uns die Grundrente Kaliforniens und aller anderen überseeischen Kolonisationsgebiete als die Folge der primitiven feudalen Grundeigentumsverteilung in Europa.

b) Die großstädtische Mietsrente.

Wir wenden uns jetzt zu dem zweiten, überaus wichtigen Bestandteil der autochthon-kapitalistischen Grundrente, der großstädtischen Mietsrente. Daß sie Monopolpreis ist, ist unbestreitbar, und, wie wir wissen, unbestritten. Dabei ist allerdings auffällig, daß einige der gelehrten Volkswirte, die auf diesem Standpunkte stehen, trotz alledem den Monopolcharakter der landwirtschaftlichen Grundrente leugnen; denn offenbar sind beide mindestens überaus nahe verwandt. Die städtische Mietsrente nimmt gerade so die „natur- und verkehrsgegebenen Vorteile der Rentierung"

---

[1]) Vgl. meine „Siedlungsgenossenschaft", Leipzig 1896, S. 217 ff., und Sering: „Die landwirtschaftliche Konkurrenz Nordamerikas. Leipzig 1887, S. 98/99.

[2]) „Mit dem Umfang des Großgrundbesitzes parallel und mit dem Umfang des bäuerlichen Besitzes in entgegengesetzter Richtung geht die Auswanderung", v. d. Goltz, „Die ländliche Arbeiterklasse und der preußische Staat", S. 143.

eines angelegten Kapitals für sich in Anspruch, wie die ländliche Grundrente. Wenn in der Stadt auch die Ackerbonität nur eine geringe Rolle spielt, nur insofern ein Baugrund besser, d. h. billiger bebaubar ist als ein anderer, so wird doch die Schönheit der Lage sehr hoch bezahlt; und vor allem bringen die verkehrsgegebenen Vorteile der Lage zum Markte die größten Renten. Das sind Analogien, die zu denken geben sollten, wenn man schon die Mietsrente als Monopolpreis anerkennt[1]).

Doch das nebenbei! Jedenfalls wird auch hier die Monopoltheorie erst vollendet sein, wenn wir den Mechanismus genau durchschaut haben, der den Preis des Monopols in die Taschen der städtischen Grundeigentümer leitet.

Die Verhältnisse in einer Großstadt liegen ganz ähnlich, wie in einem neuen weiten Kolonisationsgebiet. Die Zunahme der städtischen Bevölkerung durch ihren eigenen Geburtenüberschuß ist im Verhältnis zu dem vorhandenen Baulande viel zu klein, selbst unter den denkbar günstigsten hygienischen Verhältnissen, als daß jemals eine erhebliche Grundrente hier entstehen könnte. Niemand, und sei er Sombarts homo sapiens lombardstradarius in der höchsten Potenz, wird auf den Gedanken kommen, hier Spekulationsterrain hinzulegen, d. h. gegen die sofortige Bebauung mit Mietshäusern abzusperren: denn, wie lange er auch warten möge, niemals wird er in dem erzielten Verkaufspreise seinen eigenen Anschaffungspreis samt Zins und Zinseszins, seinen „Buchpreis", wieder erhalten. Und wo er nicht starke Aussichten hat, mehr als den Buchpreis zu realisieren, da „spekuliert" gerade der lombardstradarius nicht.

Auch hier kann nur die Massenzuwanderung von landlosen Wohnbedürftigen die Grundrente ermöglichen. Der Zusammenhang ist genau der gleiche wie im neuen Kolonialagrargebiet:

Die Massenwanderung ist die Ursache der Spekulation mit dem Grund und Boden, das Recht der Okkupation beliebig großer Flächen ist nur ihre Bedingung.

---

[1]) Vgl. zu dieser Frage Ad. Weber: „Boden und Wohnung". Leipzig 1908. Zweiter Leitsatz S. 22 ff.

Sobald die Massenzuwanderung in die Städte zur dauernden gesellschaftlichen Erscheinung geworden ist, können spekulative Köpfe den Zeitpunkt mit einiger Genauigkeit berechnen, in dem ein beliebiges Grundstück in der Peripherie für das Wohnbedürfnis der Bevölkerung wird herangezogen werden müssen, und den Mietspreis, den es unter der Annahme einer bestimmten Bauordnung mindestens bringen wird. Wenn der danach berechnete Verkaufspreis (die kapitalisierte Grundrente der Zukunft) bedeutend größer ist, als der höchste voraussichtliche Buchpreis (Erwerbspreis des Grundstückes samt Zins und Zinseszins, Steuern, Kosten usw. für die längste wahrscheinliche Wartezeit): dann „legt der Spekulant das Terrain hin".

Sobald die ländlichen Eigentümer erst hinter diese Art von Spekulation gekommen sind, verwandeln auch sie sich in Menschen mit der Psychologie von Lombardstreet. Und so wird die wachsende Stadt durch einen Ring von „Terrains" umschlossen, die so lange gegen die Bebauung gesperrt werden, bis sie „ihren Preis" bringen. Und zwar stuft sich der Bodenpreis nach außen so ab, daß — bei sonst gleicher Annehmlichkeit der Lage, Güte der Wohnung, Bequemlichkeit der Versorgung mit anderen Lebensbedürfnissen usw. — der Mietsbedürftige an jedem Punkte dieses Ringes ungefähr die gleiche Last zu tragen hat, natürlich nicht in Geld, wohl aber in Geld und Transportlast an Fahrgeldern und Zeitverlust zusammengenommen. Nur, daß von innen nach außen der Bodenpreis sich so abstuft, daß gerade noch ein genügendes „Gefälle" bleibt, genau wie wir es im Kolonialgebiet sahen.

Und genau so wenig wie dort kann der Wohnungsbedürftige sich dem Monopol entziehen. Allerdings ist in der weiteren Umgebung der Stadt jenseits der Grenze, bis zu der die Spekulation noch auf einen Gewinn rechnen kann, Bauland in ungeheuerer Menge für billigsten Preis zu haben, gerade so wie im Kolonialgebiet jenseits der Grenze, bis zu der die Spekulation rationeller Weise greift, unendliches freies Land vorhanden ist. Aber so wenig der kapitallose Einwanderer jenes Ackerland besiedeln kann, weil er dadurch auf unabsehbare Zeit hinaus den Zusammenhang mit dem Getreidemarkte aufgeben müßte: so wenig kann der Arbeiter jenes Bauland besiedeln, weil er dann den Zusammenhang mit der Stadt, seinem Arbeitsmarkte, aufgeben müßte. Denn von jenseits des Ringes ist seine Arbeitsstätte mit den ihm verfügbaren Mitteln an Zeit und Geld nicht mehr regelmäßig täglich erreichbar. Es bleibt ihm also, wie dem Siedler im Kolonisationsgebiet, nichts anderes übrig, als dem Monopolisten den Monopolpreis zu zahlen [1]).

Hier handelt es sich um einen Monopolpreis mehr im Sinne der Monopol-Preis-, als der Monopol-Lohn-Theorie. Die Wohnung steht der „Ware" näher als dem Produktionsmittel, und ihre Miete ist eher ein Aufschlag auf den „natürlichen Preis" zu Lasten des Konsumenten, als ein Abzug vom „natürlichen Lohn" zu Lasten des Produzenten. Die reine Wohnstätte des Arbeiters steht der

---

[1]) Ad. Weber („Boden und Wohnung", S. 33 ff.) will zeigen, daß ein „Monopol" der städtischen Grundbesitzer nicht bestehe. Er tritt zu dem Zwecke den statistischen Nachweis an, daß in der Regel das Angebot von Baustellen der Nachfrage voraneile, nicht nur durch genügenden Aufschluß neuer Straßen, sondern auch durch Angebot von älteren Wohnungen resp. schon früher bebauten Grundstücken im Innern der Städte. Nehmen wir die Tatsachen als gegeben: dann entscheiden sie wohl gegen v. Mangoldts „Theorie vom schmalen Rande", die hier vorwiegend bekämpft wird (man kann sie als eine Theorie vom „Übermonopol" bezeichnen), aber nicht im mindesten gegen die Monopoltheorie an sich.

W. sagt, unter diesen Umständen sei die „wirksame Konkurrenz" (S. 36) auf der Seite des Angebots gegeben, und nimmt augenscheinlich an, wo das der Fall sei, stehe der Preis auf seiner „natürlichen" Höhe. Er übersieht dabei aber, daß dieses Preisgesetz nur für die „beliebig reproduzierbaren" Waren Geltung hat. Hausgrundstücke sind aber nicht beliebig reproduzierbar, haben keinen „natürlichen Wert", sei es nun ein Arbeits- oder ein Kostenwert. Sie haben einen Marktwert auf Grund ihres Monopols, der sich, trotz einzelner Rückschläge, auf die Dauer nicht herabsetzen wird, so lange mit der Zuwanderung seine Entstehungsursache gegeben ist; und es bedarf keiner Verabredung zwischen den einzelnen Eigentümern, um sie an dem Monopolpreise festhalten zu lassen. Sie konkurrieren nur auf der Basis dieses Monopolpreises, dieses „Wertes, der schon da ist, ehe die Grundrente gefordert wird" (S. 39).

W., der mit Recht behauptet, daß städtische und ländliche Grundrente im Wesen identisch seien, wird gegenüber dem hier geführten Nachweise, daß die ländliche Grundrente ein Monopolpreis ist, gewiß geneigt sein, seine Ausführungen noch einmal zu überdenken.

Ware, dem Konsumartikel, die reine Werkstatt dem Produktionsmittel näher. Aber, ob Aufschlag oder Abzug: beide Male ist die in der Miete gezahlte reine Bodenrente ein echter Monopolpreis, und zwar „so hoch, wie er dem Mieter irgend abgepreßt werden kann".

Es ist hier nicht der Ort, zu untersuchen, wie dieses Monopol der Bodeneigentümer in einer und um eine schnell wachsende Großstadt noch durch „Übermonopole" infolge unzweckmäßiger Bauordnungen und städtischer Verwaltungsprivilegien gesteigert werden kann. Das Monopol nimmt dem kleinen Mieter überall ungefähr den gleichen Teil seines Einkommens, nämlich ungefähr alles, was dem Durchschnittseinkommen seiner Klasse abgepreßt werden kann, ohne den gewohnheitsmäßigen standard of life allzusehr zu beeinträchtigen. Wo nur Kleinhäuser zugelassen sind, kann der Mieter unter günstigen Umständen eine einigermaßen heimatliche Wohnung für den gleichen Preis erhalten, den er dort, wo die Mietskaserne zugelassen ist, für eine eingebaute, luft- und lichtarme Wohnung im Massenquartier bezahlen muß. Wo alle Verwaltungsmacht in die Hände der Hausbesitzer gelegt ist, kann, indem man die „Regulierung" der Blocks hinhält, die Aufschließung neuen baureifen Geländes zugunsten der Haus- und zuungunsten der Terrainbesitzer derart verzögert werden, daß die Mieter noch stärker ausgebeutet werden, als unter einer gerechten Gemeindeverfassung. Wo sehr ungleichmäßiges Gelände eine Stadt umgibt, ist die Spekulation, deren Gegenstand überall recht eigentlich „fungible Werte" sind, erschwert, und die Mieten können tiefer stehen als dort, wo sehr gleichmäßiges Gelände die Spekulation erleichtert. Schließlich kann auch die Ordnung des öffentlichen Verkehrswesens von großem Einfluß sein: wo ein Staatsmonopol der Eisenbahnen besteht, da kann es, im Interesse der Terrainbesitzer angewendet, den Spekulationsring noch verstärken, während es umgekehrt, im Interesse der Volksmasse angewendet, ihn durch billigen Schnellverkehr in Verbindung mit einer gemeinnützigen Besiedlung geradezu sprengen könnte. Wo dagegen konkurrierende Eisenbahnunternehmen bestehen, da kann ihr Wettbewerb, etwa zur Erschließung entfernter, billig erworbener

Gelände, sehr herabdrückend auf die städtischen Mieten wirken, während ein Trust aller Linien natürlich noch viel schlimmer wäre, als ein schlecht angewandtes Staatsmonopol. So wirken Verfassung und Verwaltungsrecht wie Verwaltungspraxis [1]) vielfach mildernd oder verschärfend hier, wie auch sonst überall, ein: aber sie wirken doch nur auf der Basis der Grundursachen, die die Städte schwellen machen und die Spekulation überhaupt ermöglichen: auf der Basis des privaten Grundeigentumsrechtes und vor allem der Masseneinwanderung in die Großstädte.

Und so stehen wir denn wieder vor der Frage: woher kommen diese Massen? Und wieder lautet die Antwort: vom ehemals feudalen Großgrundeigentum! In den „alten Ländern" — so wollen wir die europäischen Staaten nennen, die durch das Feudalstadium gegangen sind — ist es die Abwanderung seiner Hintersassen in die Großstädte, in den Kolonialgebieten ist es ihre Auswanderung: immer dieselben Objekte des immer gleichen Monopols aus immer derselben Quelle!

c) Die bäuerliche Grundrente im alten Lande.

So bleibt uns nur noch ein letzter Bestandteil der autochthonkapitalistischen Grundrente abzuleiten: die bäuerliche Grundrente im „alten Lande".

---

[1]) Vgl. dazu Eberstadt: „Städtische Bodenfragen", Berlin 1894. „Zur Bildung der Bodenwerte", Düsseldorf 1902. „Rheinische Wohnverhältnisse usw.", Jena 1903. „Das Wohnungswesen" (Handbuch der Hygiene, IV. Suppl.-Band), Jena 1904. „Die Spekulation im neuzeitlichen Städtebau", Jena 1907. Handbuch des Wohnungswesens, Jena 1909. Ferner Abendroth: „Die Großstadt als Städtegründerin", Schlachtensee 1905. Albrecht: „Die Wohnungsnot usw.", München 1891. Bücher: „Die wirtschaftlichen Aufgaben der modernen Stadtgemeinden", Leipzig 1898. Heiß: „Wohnungsreform und Lokalverkehr", Göttingen 1903. Howard: „Gartenstädte in Sicht", Jena 1907. v. Mangoldt: „Die städtische Bodenfrage", Göttingen 1907. P. Voigt: „Grundrente und Wohnungsfrage in Berlin", Jena 1901. W. Zimmermann: „Die Wohnungsfrage" (Sonderabdruck aus dem „Türmer", 1905) usw.

Auch sie ist nicht anders zu erklären, wie alle bisher betrachtete, feudal- und autochthon-kapitalistische Grundrente. Auch sie ist die unmittelbare Folge der Fortdauer des ehemals feudalen Großgrundeigentums.

Hier können wir uns auf die Autorität eines wahrhaft „klassischen" Zeugen berufen. Kein Geringerer als Adam Smith selbst hat diesen Zusammenhang als Erster dargestellt.

α) Adam Smith als erster Entdecker der vollständigen Monopoltheorie.

Die überaus wichtigen Sätze, in denen diese Erkenntnis enthalten ist, sind, so weit ich sehen kann, kaum je beachtet worden. Sie stehen allerdings an einer Stelle, wo sie niemand sucht, weit entfernt von den grundlegenden Kapiteln über die Dreiteilung des Gesamterzeugnisses im allgemeinen und über die Grundrente im besonderen. Sie finden sich im dritten Buche, viertes Kapitel, das die Aufschrift trägt: „Wie der Handel der Städte zu dem Fortschritt des flachen Landes beiträgt", also sehr versteckt und in so kurzer Fassung, daß sie dem von der naturrechtlichen Vorstellung befangenen Leser kaum auffallen werden. Und, zweitens, freilich: es sind Sätze, die als ein coup de génie plötzlich aus dem Geiste hervorsprangen, um ebenso schnell wieder zu versinken. Für das System im ganzen und die Rentenlehre im besonderen sind sie nicht weiter verwertet worden.

Der Zusammenhang ist der folgende:

Smith schildert die geschichtliche Entstehung der großen Güter ganz ähnlich, wie wir es oben getan haben, und stellt namentlich die Sperrung des unangebauten Landes durch den Eroberer-Adel ausdrücklich fest: „Als die germanischen und skythischen Völkerschaften die westlichen Provinzen des römischen Reiches überschwemmten, ... erwarben oder usurpierten die Häuptlinge und Heerführer jener Völkerschaften den meisten Boden dieser Länder für sich selbst. Das meiste davon war unangebaut, aber kein Teil dieses Bodens, ob urbar gemacht oder nicht, blieb ohne Eigentümer. Alles wurde in Besitz genommen, und das meiste durch einige wenige große Eigentümer"[1]).

Smith zeigt weiter, wie diese feudale Usurpation verewigt wurde durch die Bestimmungen des Erstgeburtsrechtes und der Fideikommisse, die eingeführt wurden, um den Grundbesitz als „Werkzeug der Macht und Herrschaft" zu erhalten. Diese Gesetze sind noch heute in Kraft, obgleich ihre ratio völlig verschwunden ist, denn „im gegenwärtigen Zustande Europas ist der Eigentümer eines einzigen Morgen Landes in seinem Besitze gerade so sicher, wie der von hunderttausend". Aber „überall in Europa waren früher die Grundbesitzer auch die Gesetzgeber, und deshalb wurden auch alle auf den Boden bezüglichen Gesetze derart ersonnen, wie sie für das Interesse der Grundbesitzer am zuträglichsten schienen"[2]); und so bestehen jene Gesetze noch fort, die die primitive Aussperrung des Bodens verewigen. Ohne diese Gesetze „hätten sie bald wieder durch Erbgang oder Verkauf in kleine Stücke zerfallen können", und „das Übel wäre zwar groß, aber doch nur vorübergehend gewesen"[3]).

Von diesen Feststellungen aus kommt er nun, wie gesagt, zu Schlüssen über das Wesen und Entstehen der autochthonkapitalistischen Grundrente, die der Wahrheit mindestens sehr nahe kommen, wenn sie sie nicht ganz enthalten. Er schreibt:

„In Europa verhindern Erstgeburtsrecht und Fideikommisse aller Art die Zerteilung großer Landgüter und dadurch die Vermehrung der kleinen Grundbesitzer. ... Diese Gesetze entziehen dem Markte so viel Land, daß stets mehr Kapitalien zum Kaufe da sind, als Land zum Verkaufe, und letzteres mithin stets zu einem Monopolpreise verkauft wird." Und wenige Zeilen weiter: „Boden ist in Nordamerika beinahe umsonst ... zu haben, ein in Europa, wie in jedem Lande, wo der sämtliche Boden lange Zeit im Privatbesitz war, ganz unmög-

---

[1]) l. c. I. S. 396/7. Im Original nicht gesperrt.

[2]) l. c. I. S. 407.

[3]) l. c. I. S. 407.

liches Vorkommnis. Vererbte sich Grundbesitz jedoch unter allen Kindern zu gleichen Teilen, so würde bei dem Tode jedes Eigentümers, der eine zahlreiche Familie hinterläßt, das Gut in der Regel verkauft werden. Es käme dann so viel Boden auf den Markt, daß er den Monopolpreis nicht länger behaupten könnte"[1]).

Das ist die Auslassung, von der im ersten Abschnitt die Rede war, in der Smith das Grundeigentum ausdrücklich nicht als Naturmonopol im Sinne der Kinderfibel, sondern als feudale Machtposition, als Rechtsmonopol auffaßt.

Wie aus den unmittelbar an beide Stellen anschließenden Sätzen hervorgeht, hat Smith hier eine besondere Seite des Bodenmonopols ins Auge gefaßt, die Wirkung nicht auf den Pächter, auch nicht auf den Arbeiter, sondern auf den Landkäufer. Die Sätze lauten:

„Die Rente bezahlt niemals die Zinsen des Kaufgeldes und ist außerdem mit Reparatur- und anderen Kosten belastet, denen die Geldzinsen nicht unterworfen sind." Und korrespondierend schließt die zweite Stelle folgendermaßen: „Die reine Bodenrente würde den Zinsen des Kaufgeldes näher kommen, und ein kleines Kapital in Grund und Boden ebenso gewinnbringend angelegt werden können wie in irgendeiner anderen Beschäftigung."

Smith, der mit Recht den kleinen Eigentümer für den „fleißigsten, verständigsten und erfolgreichsten aller Kultivatoren" [2]) hielt, beklagte es, daß das Anlage suchende Kapital kleinerer Unternehmer durch den hohen Bodenpreis in die Gewerbe und den verdächtigen Fremdhandel getrieben würde.

Hier ist also weder vom Abzug vom Arbeitslohn, noch vom Aufschlag auf den Preis die Rede, sondern eher von einem Abzuge von dem Gewinn eines Kaufkapitals.

---

[1]) l. c. I. S. 432. Im Original nicht gesperrt.

[2]) l. c. I. S. 432.

Dennoch kann kein Zweifel daran bestehen, daß Smith hier für einen Augenblick die Erkenntnis besessen hat, daß in der durch das ehemals feudale Großgrundeigentum bewirkten Aussperrung sehr großer Teile des Ackerlandes die eigentliche Ursache der kapitalistischen Grundrentenbildung zu suchen ist. Er sagt wenigstens mit dürren Worten, daß alles ursprünglich nicht feudale Land durch die bloße Tatsache, daß so vieles Land durch das ursprünglich feudale Grundeigentum aus dem Markte ausgesperrt ist, einen höheren Preis erhält. Nun wußte aber Smith natürlich, daß der Preis des Landes nichts anderes ist als die kapitalisierte Grundrente[1]): wenn er also annahm, ohne jene Aussperrung würde das Land billiger sein, so kann das nur bedeuten, es würde weniger Rente bringen.

Ja, wenn man ihn wörtlich nimmt, so sagt er sogar, daß es ohne das Vorhandensein massenhaften agrarischen Großgrundeigentums im gleichen Wirtschaftskreise auch keine bäuerliche Grundrente geben könnte. Denn ohne das würden die bäuerlichen Grundstücke den Monopolpreis nicht länger halten können. Der „Monopolpreis" aber ist nach Kapitel XI eben die — Grundrente. Also würden, wörtlich genommen, die bäuerlichen Grundstücke die Grundrente verlieren.

Man könnte ja bezweifeln, ob er hier so weit hat gehen wollen, ob er das Wort „Monopolpreis" nicht eher in dem Sinne des Preises des Bodens als einer „nicht beliebig reproduziblen Ware" gebraucht hat, ohne sich darüber klar zu werden, daß er damit das Problem der Grundrente berührte. Aber dagegen spricht seine Bezugnahme auf Nordamerika, wo das Land „nahezu umsonst" zu haben ist. Denn er konnte nicht übersehen, daß hier der Bauer „nahezu" den „vollen Ertrag seiner Arbeit" bezog,

---

[1]) Wenn Smith sagt, daß die Rente die Zinsen des Kaufpreises nicht decke, so ist das kein Widerspruch gegen diese Behauptung. Er meint hier die Pächterrente und meint den üblichen Zinssatz. Der Käufer muß für die Sicherheit der Anlage und die Annehmlichkeit des Landaufenthaltes mit bezahlen und natürlich auch einen Teil des in der nächsten Zeit zu erwartenden Wertzuwachses vergüten, der sich vorerst nicht verzinsen kann, aber später beim Verkauf mit Zinsen zurückerwartet wird.

wenn er im Bodenpreise keine kapitalisierte Grundrente zu bezahlen hatte, die „Abzug von seinem natürlichen Lohn" war. Übrigens ist die Frage auch nur literarhistorisch von Belang, ob Smith die Konsequenz aus seinen Sätzen selbst geahnt oder gar gewollt hat, oder nicht. Sie bedarf keiner Autorität zu ihrem Schutze, sondern verteidigt sich selbst .... und keine Autorität könnte sie retten, wenn sie sich nicht selbst verteidigen könnte.

Hier fehlt nur noch ein einziger Schritt zur vollen Wahrheit: die Erkenntnis, daß die von den Arbeitern des ehemals feudalen Grundeigentums verdienten Löhne die Basis, den Bestimmgrund bilden aller übrigen Löhne, der landwirtschaftlichen sowohl wie der industriellen, des gesamten internationalen Wirtschaftskreises der heutigen Kulturwelt, soweit die Wanderung sich erstreckt. Das zu erkennen wurde Smith nur durch seine unglückliche Lohntheorie verhindert.

β) Ein Gedankenexperiment.

Der Smithsche Gedanke von der Bedeutung der Aussperrung für den Bodenmarkt ist von so großer Wichtigkeit im Zusammenhange dieser Erörterung, daß ich vorziehe, etwas näher auf ihn einzugehen. Was würde geschehen, wenn „soviel Boden auf den Markt käme, daß er den Monopolpreis nicht länger halten könnte"? Versuchen wir, uns wieder an einem Grenzfall zu orientieren! Wählen wir unser Deutschland zum Schauplatze dieses Gedankenexperimentes:

Dabei darf es kein Hindernis ausmachen, daß Smith ausschließlich das fideikommissarisch gebundene Großgrundeigentum im Auge hatte, das in Großbritannien das Feld beherrscht, während bei uns das freie Allod die vorwiegende Regel bildet, dessen Teilbarkeit durch kein gesetzliches Hindernis behindert wird. Es wird aber durch die „goldenen Klammern unserer Hypothekengesetzgebung", wie Max Weber sich treffend ausdrückte, zu fast ebenso „unzerreißbaren Einheiten" gemacht [1]), wie die britischen estates. Die

[1]) „Die Hypothekenverfassung macht die großen Güter zu fast unzerreißbaren Einheiten" (Max Sering, „Innere Kolonisation im östlichen Deutschland". Leipzig 1893. S. 96.).

Folgen dieser enormen Bindung, die Aussperrung des Bodens gegenüber der Nachfrage der eigentlichen Landbebauer, sind daher annähernd die gleichen, wie in Großbritannien. Was würde in Deutschland geschehen, wenn eine plötzliche Aufteilung des deutschen Großgrundbesitzes in Bauernstellen auf den Bodenpreis im allgemeinen und auf den der bäuerlichen Grundstücke im besonderen wirken würde? Nehmen wir an, der ostelbische Grundadel sehe keine Möglichkeit mehr, der „Leutenot" Herr zu werden [1]). Die Becken billiger Arbeitskräfte in Rußland, Galizien, Ruthenien, Ungarn seien erschöpft, entweder durch Auswanderung nach Amerika oder durch eine Agrarreform, wie sie ja in Rußland sicher eintreten wird. Die Einfuhr von Kulis erweist sich als unmöglich: das Volk leistet verzweifelten Widerstand gegen diese Bedrohung seiner Rasse, und die Regierung, die bereits die Verslawung des ganzen Ostens nur sehr widerwillig hat geschehen lassen müssen, hat doch weder das Gewissen noch die Macht, der alten Herrenklasse auch dieses letzte Opfer noch zu bringen. Der Lohn steigt immer höher, die Arbeiter werden immer seltener, und die Rente sinkt entsprechend.

In dieser verzweifelten Situation wendet sich die Grundeigentümerklasse zum letzten Male an ihren eigenen Ausschuß, den Staat, mit dem Rufe, sie zu retten, ganz wie sie sich von ihm retten ließ, als der ökonomische Niederbruch der Gutsuntertänigkeit

---

[1]) Es wird dahin kommen! Das englische Beispiel führt eine beredte Sprache: „Jetzt klagen Gutsbesitzer und Pächter über die fehlenden Hände, aber das Mittel, das beide anwenden, ist eine weitere Verminderung der beschäftigten Arbeiter, und zwar durch Vergrößerung der Gutsbetriebe, Ausdehnung der Maschinenarbeit und Zunahme der Weide. Damit zeigt sich unzweideutig, daß der Großbetrieb die Krisis aus sich selbst nicht zu überwinden vermag ... der landwirtschaftliche Großbetrieb ist also mit einer starken, gesunden, kaufkräftigen ländlichen Bevölkerung unverträglich. Wenn diese aber für ein gesundes Gemeinwesen unumgänglich notwendig ist, dann entsteht die Frage, ob der Großbetrieb andere Vorteile bietet, welche die modernen Völker nicht entbehren können" (Hasbach, Die engl. Landarb. usw. S. 379/80). Hasbach verneint diese Frage.

nicht mehr aufzuhalten war [1]). Es gibt nur noch ein Mittel: Ablösung des Großgrundeigentums aus Staatsmitteln. Es wird beschlossen und durchgeführt: das ganze Land, bis zur Ostgrenze, wird in Bauernstellen umgelegt.

Der Großbetrieb eignet sich für keine Produktion, die Qualitätsarbeit erfordert. Viehzucht und Feldgartenkultur sind dem klein- und mittelbäuerlichen Betriebe viel mehr angemessen. Darum kann der Bauer pro Arbeitskraft nur bedeutend weniger Land gebrauchen als der Großgrundbesitzer. Nach den Erfahrungen der preußischen Ansiedlungskommission leben auf der Fläche eines parzellierten Rittergutes etwa dreimal so viel Menschen nach wie vor der Zerteilung. Mit anderen Worten: ein Drittel des ehemaligen Großgrundeigentums verschluckt die ganze ehemalige Gutsarbeiterschaft. Zwei Drittel bleiben frei für andere Bewerber. Da der Staat, um überhaupt Siedler zu gewinnen, das Land sehr billig, für einen Rekognitionspreis, abgeben muß — er kann es auch, da er als Steuerfiskus reichlich wieder einnimmt, was er an dem Zins des Kaufkapitals einbüßt —, so saugt das hier entstandene gewaltige Minimum des wirtschaftlichen Druckes aus Nordwestdeutschland alles Gesinde der Großbauern und aus Mittel- und Süddeutschland die jüngeren Söhne und zahllose Klein- und Zwerglandwirte an. Die nordwestdeutschen Großbauern verlieren ihre Grundrente, weil sie, wenn überhaupt, nur noch zu enormen Löhnen Arbeiter erhalten; und die mittel- und südwestdeutschen Grundstücke verlieren ihren Monopolpreis, weil alle landhungrigen Elemente abgeströmt sind, so daß die gerade hier oft bis zur Tollheit geschraubte Nachfrage nach Ackerland auf Null sank, während gleichzeitig das Angebot sich vermehrte, weil viele Parzellen, die verlassen wurden, zum Verkauf stehen.

Aus dieser Betrachtung, die kaum angefochten werden dürfte, ergibt sich, daß Smith in der Tat recht hatte, wenn er das Vorhandensein massenhaften agrarischen Großgrundeigentums für

---

[1]) Vgl. Buchenberger, „Agrarwesen und Agrarpolitik". Leipzig 1892, I., S. 126 f.

die Grundrente des bäuerlichen Grundeigentums im alten Lande verantwortlich machte.

Fassen wir unsere Ergebnisse zusammen:

Der induktive Beweis der Monopoltheorie für alle in der freien Verkehrswirtschaft zur Erscheinung kommende Grundrente ist erbracht, sowohl für die feudal-kapitalistische, wie auch für die autochthon-kapitalistische in ihren sämtlichen Erscheinungsformen.

Das „römische" Grundeigentumsrecht ist nur die Bedingung der Grundrente; **ihre Ursache aber ist die primitive Grundeigentumsverteilung.** Die allerletzte, die prima causa, bis zu der wir gelangen können, ist die „außerökonomische Gewalt", das „politische Mittel" meiner Terminologie, das vor Jahrtausenden unsere Staaten erschuf.

Als der „Staat" durch Eroberung und Unterwerfung entstand, entstanden gleichzeitig aus derselben Wurzel die beiden Ursachen der Grundrente: das Recht der Sperrung des Bodens, und die primitive Grundbesitzverteilung, die jenem Recht erst den wirtschaftlichen Inhalt gibt, indem sie „landlose Arbeiter" schafft, die die Grundrente abtreten müssen.

Das Recht allein erzeugt keine Grundrente, wenn es auf neue Länder übertragen wird: die landlosen Arbeiter müssen erst zuwandern — wo nicht etwa Sklaven importiert werden dürfen. Die Einwanderung allein schafft auch noch keine Grundrente, wo jenes Recht nicht besteht: darum existiert sie in Neuseeland kaum in Ansätzen, weil hier das Staatsrecht die Latifundien einengt, die juristische Okkupation erschwert und die wirtschaftliche erleichtert. Nur wo jene beiden Geschwister, die erstgeborenen Zwillinge der erobernden Gewalt, einander ergänzen, entsteht Grundrente, kann und muß Grundrente entstehen.

Das ist das letzte Geheimnis der Grundrente, dem bisher, so weit ich sehen kann, nur A. Smith nahe gekommen ist [1]).

---

[1]) Das ist cum grano salis zu verstehen. Die Zusammenhänge zwischen Grundbesitzverteilung, Wanderung und Bodenpreissteigerung in den

2. Deduktiver Beweis der Monopoltheorie.

Der soeben ausführlich erbrachte induktive Beweis für die Monopoltheorie der Grundrente findet sich in Kürze bereits in meinem Werke: „Die Siedlungsgenossenschaft“ [1]). Alles Wesentliche ist dort bereits auf Grund der mir erreichbaren historischen und statistischen Tatsachen entwickelt worden; ich lege die gleichen Gedanken heute nur ausführlicher und in, wie ich hoffe, viel glücklicherer Formulierung vor. Ferner werden sie, wie ich annehme, dadurch an Beweiskraft gewonnen haben, daß ich jetzt nicht mehr bloß, wie damals, in der Hauptsache nur unser Deutschland, sondern den ganzen Kreis der Internationalwirtschaft der Betrachtung unterzogen habe. Dadurch wird ein gewisser, mir immer wieder gemachter Einwand unmöglich, nämlich daß der Kapitalismus ja auch in Ländern ohne Großgrundeigentum gerade so herrsche, wie in den ehemals feudalen Staaten [2]). Unsere Betrachtung der internationalen Wanderbewegung weist diesen Einwand a limine ab.

Zwei Jahre später, in meinem „Großgrundeigentum und soziale Frage“ ließ ich dem induktiven Beweise der Monopoltheorie den deduktiven folgen.

Ich ging, wie nicht anders möglich, von den Prämissen der klassischen Theoretik aus; und die Deduktion ergab, wie jede richtige Deduktion aus richtigen Prämissen, die völlige Bestätigung

Städten und über See sind von Agrarpolitikern und Statistikern immer wieder festgestellt worden. Wir nennen nur v. d. Goltz: „Die ländliche Arbeiterfrage und ihre Lösung“, und, „Die ländliche Arbeiterklasse und der Preußische Staat“; und vor allem Max Sering in seinen beiden grundlegenden Werken: „Die landwirtschaftliche Konkurrenz Nordamerikas“ und „Die innere Kolonisation im östlichen Deutschland“ für Deutschland; und W. Hasbach: „Die englischen Landarbeiter in den letzten hundert Jahren und die Einhegungen“. Leipzig 1894, z. B. S. 56 ff., für englische Verhältnisse. Aber keiner dieser Forscher scheint jemals den Versuch gemacht zu haben, diese neuen überaus wichtigen Erkenntnisse zum Prüfstein der Theorie von der Grundrente zu machen.

[1]) Leipzig 1896. Zweites Buch: I. Kapitel (Die Agrarfrage); II. Die kapitalistische Latifundienbildung der Neuzeit, namentlich von S. 213 an.

[2]) Vgl. meinen Marx, S. 121 f.

der Induktion. Dadurch war freilich noch kein stringenter Beweis für die Wahrheit der Grundaxiome der klassischen Ökonomik erbracht: denn aus der Wahrheit der Conclusio läßt sich nach den Regeln der formalen Logik nicht auf die Wahrheit der Prämissen rückschließen — aber es war doch ihre Wahrheit mit überaus großer Wahrscheinlichkeit erwiesen.

Um den Beweis der Monopoltheorie zur vollen Unerschütterlichkeit zu vollenden, wird es erforderlich sein, diesen deduktiven Beweis in seinen Hauptzügen hier zu wiederholen, wobei wegen aller Beweise und Einzelheiten auf jene sehr ausführliche Darstellung verwiesen werden muß, die ich heute noch bis auf unwesentliche Einzelheiten voll verantworte.

Ich stelle das Ergebnis voraus:

In unserer bürgerlichen Gesellschaftsordnung besteht nur noch ein einziges primäres „Monopol“: das ehemals feudale Großgrundeigentum. Alle anderen Monopole, sowohl das des autochthon-kapitalistischen Grundeigentums, wie auch des Kapitaleigentums, sind nur von jenem abgeleitet, sekundär, können sich nur erhalten, so lange es besteht, und müssen fallen, wenn es fällt.

Die Untersuchung zerfällt in zwei Kapitel: die „Physiologie“ und die „Pathologie des sozialen Körpers der Tauschwirtschaft“.

In dem ersten versuchte ich abzuleiten, wie sich eine vom „politischen Mittel“ nicht im mindesten gestörte, lediglich und durchaus vom „ökonomischen Mittel“ beherrschte Gesellschaft entwickeln müßte. Ich akzeptierte, mit anderen Worten, und zwar im vollen Bewußtsein ihrer Irrealität, die Prämisse der „Kinderfibel von der previous accumulation“. Aus dieser Voraussetzung und zunächst unter Zugrundelegung des v. Thünenschen Schemas vom „isolierten Staat“ ergab sich als Konsequenz die volle „Harmonie aller Interessen“: ein stetig steigender und doch — bei gleicher Leistung — sehr gleichmäßig verteilter Wohlstand in Stadt und Land. Es konnte sich weder Profit noch, was uns hier allein interessiert, irgendwelche Grundrente bilden. Der Boden erhielt niemals, selbst unter der Annahme der ungünstigsten äußeren Umstände, einen Seltenheitspreis, d. h. Wert. Nicht einmal

Differentialrente konnte in irgendeinem Maße entstehen, das ein soziales Problem hätte darstellen können[1]).

Da diese Behauptung den Ricardianern besonders kühn erscheinen wird, sei folgendes bemerkt: die naturrechtliche „Harmonie der Interessen" verlangt allerdings, daß aus den bonitäts- und verkehrsgegebenen Unterschieden der Rentierung keine erheblichen Differenzen des Einkommens der einzelnen Grundbesitzer folgen. James Anderson hat dieses letzte Problem der Grundrente ganz trefflich in folgenden Worten bezeichnet: „Die Rente ist in der Tat nichts anderes, als eine einfache und geistreiche Erfindung zur Ausgleichung des Gewinnes, der aus Feldern von verschiedenen Graden der Fruchtbarkeit und verschiedenen örtlichen Verhältnissen ... gezogen werden kann" [2]).

Dieser Ausgleich kann sich aber auch ohne Rente vollziehen durch Abstufung der Größe des jedem Wirte gehörigen Grundstücks derart, daß auf gutem Boden und in Marktnähe auf den einzelnen entsprechend weniger, auf schlechterem Boden und in Marktferne auf den einzelnen entsprechend mehr Land entfällt. Und das ist hier der Fall. Indem unter den ungestörten Verhältnissen der „reinen Wirtschaft" der Nachwuchs auf den ungünstigeren Böden in stärkerem, auf den günstigeren in geringerem Maße ab- und auswandert, wird die einzelne Hufe jederzeit annähernd diejenige „natürliche Größe" haben (dieser neueingeführte Terminus bedarf wohl in diesem Gedankenzusammenhang keiner Rechtfertigung), die jedem Eigentümer auf jeder Bodenklasse und in jeder Besiedlungszone dennoch bei gleicher Leistung ungefähr das gleiche Reineinkommen abwirft [3]).

Im zweiten Kapitel, der Pathologie, ließ ich die irreale Voraussetzung der „Kinderfibel" fallen und führte die reale Voraus-

---

1) Die Differentialrente der „Weinberge besonders geschätzter Lage" und hervorragend günstiger städtischer Grundstücke sind ausführlich in meiner Polemik gegen Pohlmann (Deutsche Volksstimme, 1905, Heft 2, S. 36 ff.) behandelt.

2) Anderson, l. c. S. 164.

3) Ad. Wagner (Theor. Sozialökonomik, S. 378) entwickelt einen ganz ähnlichen Gedanken: „Dächte man sich hier z. B. den landwirtschaftlichen

setzung des ehemals feudalen Grundeigentums in die Deduktion ein, indem ich annahm, in einem gegebenen Augenblick sei ein großer Teil des Bauernlandes durch Eroberer angeeignet und zinspflichtig gemacht worden. Ich ließ aber im übrigen alle anderen Institutionen der freien Verkehrswirtschaft, namentlich Vertragsfreiheit und Freizügigkeit, unverändert bestehen.

Dabei ergab sich eine zwiefache Wirkung dieses „Monopols" auf die Wirtschaftsordnung, eine auf das nicht unmittelbar bereits von ihm okkupierte Land, und eine auf die ihm untergeordnete Bevölkerung seiner eigenen „Hintersassen", wenn der feudale Ausdruck gestattet ist.

Was das Land anlangt, so ergab sich, daß vom Augenblick der Aussperrung an alles erreichbare Land Wert, Seltenheitswert erhält, und zwar nicht nur das Großgrundeigentum selbst und alles von der Monopolisierung verschonte Bauernland, sondern auch aller erreichbare Boden jenseits des Kreises der Sperrung von dem Augenblick an, wo das Wachstum der Bevölkerung ihn in den Wirtschaftskreis einzubeziehen zwingt.

Das führt erstlich zu einer tiefgreifenden wirtschaftlichen Differenzierung innerhalb der Bauernschaft [1]). In kinderreichen

---

Boden an Genossenschaften zur Benutzung oder selbst an bloße „Arbeitsabteilungen" der gesamten „sozialistischen Arbeitsgemeinschaft" vergeben, so müßte, gerade um Gleichheit der Arbeitsbedingungen, der Arbeitsmühe, des Arbeitsergebnisses herbeizuführen und festzuhalten, auf die Güte- und Lagedifferenzen des Bodens bei dessen Zuteilung Rücksicht genommen, der Genossenschaft auf schlechtem Boden mehr, auf gutem Boden weniger Landmaß zum Genuß der Produkte, umgekehrt der Arbeitsabteilung dort weniger, hier mehr Landmaß, um von beiden gleiche Arbeitsmengen zu beanspruchen, zuerteilt werden."

Wie sich diese Dinge „naturgesetzlich" von selbst ergeben, mag folgende Feststellung Laveleyes zeigen (Laveleye-Bücher, Das Ureigentum. Leipzig 1879, S. 82):

„Dieser Teil (die „Hufe") war, da er zur Befriedigung der Bedürfnisse einer Familie ausreichen mußte, um so größer, je weniger fruchtbar das Land war. So betrug er in der Rhein- und Lahngegend 30 Morgen, in der Trierer Gegend 15, im Odenwald 40 und in der Eifel 160 Morgen. Das gesamte Wirtschaftsfeld hieß auch wohl Mannwerk, d. h. was ein Mann bebauen kann, um daraus seinen Lebensunterhalt zu gewinnen."

[1]) Vgl. die oben zitierte Deduktion Turgots, die dasselbe Resultat hat.

Familien zersplittert das Erbgut zu Parzellen, die ihren Mann nicht mehr ernähren; so bildet sich ein Stamm von Lohnarbeitern, die bei glücklicheren Familien Arbeit annehmen müssen; und dadurch gibt der gleiche Prozeß die wirtschaftliche Möglichkeit, mehrere Bauernhufen zusammenzuschlagen, selbst ehe noch die Freizügigkeit der feudalen Hintersassen erkämpft ist. Und so entsteht hier sekundäres „Großgrundeigentum kleineren Umfangs" und — Grundrente. Selbst der kleine und Mittelbauer, der ohne regelmäßige fremde Lohnarbeit sein Grundstück bewirtschaftet, bezieht hier bereits Grundrente.

Das könnte stutzig machen. Läßt sich diese Behauptung noch mit der Monopol-Lohn-Theorie vereinigen? Wenn Grundrente immer Abzug vom natürlichen Arbeitslohn ist: wie kann derjenige Rente beziehen, der keine fremden Arbeiter beschäftigt?!

Die Frage löst sich dahin, daß auch diese Rente ein Abzug vom natürlichen Arbeitslohn ist, aber in diesem Falle ein nur rechnerischer. Von dem Augenblicke an, wo der Lohn des Ackerknechtes zum „üblichen Lohn" für die Ackerarbeit geworden ist, kann sich auch der freie Bauer seine Ackerarbeit nicht höher anrechnen und behält derart denselben Mehrgewinn als Rente übrig, den der Ackerknecht seinem Arbeitgeber abtreten muß.

Sobald der Boden Seltenheitswert erhalten hat, erhält er auch einen Preis. Er wird verkäuflich, und zwar gegen ein Vielfaches der Rente; dieser Fuß der „Kapitalisierung" ist je nach den zeitlichen Verhältnissen verschieden, aber zu jeder Zeit in ziemlich engen Grenzen bestimmt. Sobald man mit einer bestimmten Geldsumme eine bestimmte Rente kaufen kann, ist für das mobile Kapital die unerschütterliche Grundlage seiner eigenen Profitbestimmung gegeben. Je nach Sicherheit und Annehmlichkeit der Anlage, je nach der Wahrscheinlichkeit von außerordentlichen Gewinnen usw. wird sich der Profit der einzelnen Kapitalsanlage der Grundrente mehr oder weniger annähern: aber der „Durchschnittsprofit" ist sicherlich eine „Funktion" der mit dem gleichen Kapital zu erwerbenden Grundrente.

Bestimmt sich auf diese Weise jeweils die Höhe des Profits, so gibt die zweite Rückwirkung der Monopolisierung des Bodens, die auf die Bevölkerung der Großgrundbezirke, die Möglichkeit des Profits überhaupt mit der unter der Voraussetzung der Freizügigkeit notwendig gegebenen massenhaften Landflucht dieser Bevölkerung.

Das Großgrundeigentum nämlich stellt einen „Ort konstanten Druckes“ [1]) dar, während sonst überall: über den städtischen Gewerben, über dem Bauernlande im alten, und über dem autochthon-kapitalistischen Ackerlande im neuen Wirtschaftsgebiete (Kolonisationsländer) der Druck regelmäßig sinkt: nach dem nie bestrittenen „Gesetz des kleinsten Mittels“ [2]) (von mir als „Gesetz der Strömung“ neu formuliert) muß daher vom Ort höheren zum Ort geringeren Druckes ein Abstrom stattfinden, der um so stärker ist, je größer die Druckdifferenz, das Gefälle, ist.

Die Massen strömen abwandernd in die Industriebezirke, auswandernd in die Kolonisationsgebiete. Überall bieten sie sich für einen Lohn an, der nur um ein geringes höher ist als der Lohn ihres Herkunftsortes zuzüglich der Transportkosten und Spesen bis zum Arbeitsorte. Dadurch entsteht in den Städten das von Marx so bezeichnete „Kapitalverhältnis“: „zwei Arbeiter laufen einem Unternehmer nach und unterbieten sich“, und Produktionsmittel werden „Kapital, d. i. Mehrwert heckender Wert“. Doch das kann hier nur angedeutet werden [3]).

Dagegen interessiert uns, daß durch die gleiche Wanderung nun auch auf allem „autochthon-kapitalistischen“ Grundbesitz Rente entstehen muß, im altbesiedelten Bauernbezirk überall da, wo bislang „freie“ Arbeiter nicht in genügender Zahl vorhanden waren, und im neuen Kolonisationsgebiet überall da, wo es zulässig ist, größere Grundstücke rechtlich zu „okkupieren“. Derart

---

[1]) In Wirklichkeit ist es ein Ort langsamer sinkenden, also nur relativ konstanten Druckes, da die Abwanderung als „Landflucht“ die Löhne der Zurückbleibenden allmählich erhöht.

[2]) Vgl. Dietzel, Theor. Sozialökonomik, S. 177.

[3]) Näheres in meinem „Großgrundeigentum“ an der bezeichneten Stelle und ausführlicher in meinem „Marx“, Kap. 9.

enthüllt sich die Grundrente in Colorado und Argentinien als eine Funktion der Grundrente in Rußland und Unteritalien; denn daher wandern die Arbeiter aus, die dort die Weizenfelder bestellen.

Der Anbau dehnt sich so weit, daß jeweils die Grenzbauern die Rente Null haben! Sie erwerben nur eben das Einkommen des unselbständigen Ackerknechtes ihrer Gegend und etwa den Profit ihres geringen Kapitals.

Insofern hat also, wie schon oben gesagt, Ricardo Recht! Das „Getreide" steht auf seinem „natürlichen Preise" — wenn man mit ihm den üblichen Arbeitslohn als „natürlichen" unterstellt. Die Monopol-Preis-Theorie ist unhaltbar; das Getreide hat nicht, sondern die Rente selbst ist „Monopolpreis". Sie ist nicht Aufschlag auf den Preis zu Lasten des Konsumenten, sondern Abzug vom Lohn zu Lasten des Produzenten. Die Ricardosche Theorie von der Bestimmung des Getreidepreises ist durchaus vereinbar mit der Monopol-Lohn-Theorie! Nur darf sie sich nicht gleichzeitig als Erklärung des Ursprungs und des Wesens der Grundrente geben wollen.

So kommt also die Deduktion zu ganz dem gleichen Ergebnis wie die Induktion: ein stärkerer Beweis für die Wahrheit der hier vertretenen Monopoltheorie der Grundrente dürfte sich nicht erbringen lassen.

* * *

Wir haben in der Einleitung den theoretischen Kampf zwischen der bürgerlichen und der sozialistischen Wirtschaftserklärung als einen Prozeß dargestellt, der vor dem Höchstgericht des Naturrechts verhandelt wird. Der spätere, antikapitalistische, Sozialismus hatte gegen die bürgerliche Gesellschaftsordnung dieselbe Klage „wegen Monopols" angestrengt, die der ältere, antiagrarische Sozialismus und sein rechter Vetter, der Frühliberalismus, gegen die feudale Gesellschaftsordnung erhoben und siegreich durchgefochten hatten.

Ricardos Grundrentenlehre war die Verteidigung des Angeklagten gegen den einen Hauptpunkt der Anklage, insoweit sie sich gegen das Grundeigentum und seine Folge, die Grundrente, richtete. Unsere Kritik Ricardos ist als Duplik des Anklägers aufzufassen: wenn sie als berechtigt anerkannt werden muß, so hat der Angeklagte die Aufgabe, erstens: die hier vorgetragene Monopoltheorie zu widerlegen, und zweitens: eine neue, richtige Naturrechtstheorie zu entwickeln, mit anderen Worten, die Grundrente als legitime Schöpfung des „ökonomischen Mittels" zu erweisen[1]. Ehe diese Doppelaufgabe nicht gelöst ist, wird die Monopoltheorie als bewiesen zu gelten haben.

---

[1]) Das letztere hat die österreichische Schule der Grenznutzentheoretiker versucht, namentlich v. Böhm-Bawerk und v. Schullern-Schrattenhofen in ihren oben zitierten Abhandlungen. Hier ist nicht der Ort, nachzuweisen, aus welchen Gründen der Versuch abzuweisen ist. Nur so viel sei angedeutet, daß er schon an der Tatsache der feudalen Rente scheitern muß. Nach Böhm-Bawerk soll die Grundrente daher kommen, daß man bei dem Preise eines Grundstücks die entfernten Nutzungen gering oder gar nicht mit einschätzt. „Dies ist der letzte Grund, warum es eine Grundrente als reines Einkommen gibt ... die theoretische Erklärung der Grundrente fällt also in ihrem Schlußstücke mit der Erklärung des Kapitalzinses andauernder Kapitalstücke zusammen: die Grundrente ist geradezu nichts anderes als ein Spezialfall von Kapitalrente aus andauernden Gütern" (l. c. I., S. 380/1). Ganz abgesehen davon, daß diese Erklärung vor der Tatsache der feudalen Rente zerbricht, enthält sie noch eine petitio principii: denn das zu Erklärende wird vorausgesetzt. Wenn der Preis eines Grundstücks, wie unbestritten, der kapitalisierte Wert der ihm zufallenden Rente ist, so ist das Problem, aus welchen Gründen ein Grundstück überhaupt einen Preis erhält: Böhm-Bawerks Theorie könnte höchstens erklären, warum der Preis geringer ist, als der Rente und dem Kapitalisationsfuß entspräche. Schließlich setzt die Theorie die Kapitalstheorie Böhms als ihre Prämisse voraus, die sicher falsch ist, wenn die hier vorgetragene Monopoltheorie richtig ist. Denn danach ist der Kapitalprofit umgekehrt „ein Spezialfall" der Grundrente. Und das dürfte a priori das wahrscheinlichere sein, weil eben die Rente viel älter ist, als der Profit.

Bei v. Schullern-Schrattenhofen kommt noch das fast unglaubliche πρῶτον ψεῦδος hinzu, daß er die Grundrente aus dem Grunde für ein „wirtschaftliches Gut" erklärt, weil sie „Wert" habe (S. 8), obgleich er selbst richtig die „Güter" als „nützliche Gegenstände" bezeichnet hat (S. 1). Er verwechselt also das Problem des Teilungsschlüssels mit dem Problem der Bedürfnisbefriedigung durch Produkte. Die Frage der Grundrente geht nicht danach, aus welchen psychologischen Gründen die Menschen nach den „Gegenständen", aus denen sie besteht, streben, sondern da-

C. Die Monopoltheorie im System.

Die Monopoltheorie der Grundrente ergibt, sozusagen als ihr Korollarium, eine Lohntheorie.

Die klassische Ökonomik ließ den Lohn durch das Verhältnis zwischen dem gesellschaftlichen Gesamtkapital und der Zahl der Arbeiter bestimmt werden. Diese Theorie ist, wie gezeigt, falsch und aufgegeben. Der Lohn ist nicht eine Funktion des Kapitals, sondern der Rente. Was ursprünglich die Rente nicht nimmt, nimmt der Lohn. Erst spät, und auch dann erst auf einem sehr kleinen Teile der Erdoberfläche, beansprucht auch der Profit seinen Teil. Die Monopoltheorie der Rente fordert also eine ergänzende Monopoltheorie des Lohnes.

1. Die Monopoltheorie des Lohnes.

Kraft dieses engen Zusammenhanges der beiden Einkommensquellen mußten wir diese Theorie des Lohnes schon in nuce mitentwickeln.

Wir haben gezeigt, daß die spekulativen Eigentümer des autochthon-kapitalistischen Großgrundeigentums, um ihre Güter „verwerten" zu können, die Hintersassen des ehemals feudalen Großgrundeigentums in Europa dadurch heranziehen müssen, daß sie dem Menschenstrom durch Gewährung etwas höherer Löhne, als in seiner Heimat gezahlt werden, ein gerade genügendes Gefälle bereiten.

Ganz das gleiche gilt von den autochthon-kapitalistischen Eigentümern des Bodens im alten Lande und, was nicht streng

---

nach, aus welchen gesellschaftlichen Gründen sie sie aus dem Gesamterzeugnis ausgefolgt erhalten. Ferner spielt hier (S. 46 ff.) das Gesetz vom sinkenden Ertrage eine sehr merkwürdige Rolle, indem es als wirkend vorgestellt wird unter Bedingungen, die aus rein wirtschaftlichen Gründen nie eintreten können. Und schließlich spuken hier alle bösen Geister der alten Theoretik: die physiokratische Lehre von der Produktivität des Bodens, die Sayschen „services" usw. in naivster Unverhülltheit. Die Grenznutzentheoretiker mögen erst die Monopol-Theorie der Rente widerlegen; dann wird es Zeit sein, ihre eigene Lehre unter die Lupe zu nehmen. Hier ist nicht der Ort dafür.

hierher gehört, von den kapitalistischen Unternehmern des ganzen internationalen Wirtschaftskreises in Industrie und Handel.

Ich habe bereits vor fünf Jahren eine auf dieser grundlegenden Erkenntnis aufgebaute Lohntheorie in skizzenhafter Form der Wissenschaft vorgelegt[1]), die, wie ich annehme, geeignet sein dürfte, die durch den Zusammenbruch der Lohnfondstheorie entstandene Lücke in der Systematik zu schließen. Ich habe diese Skizze inzwischen weiter ausgebaut und kann die Theorie heute in einer Form vorlegen, die mich befriedigt[2]). Sie lautet in Kürze folgendermaßen:

An einem gegebenen Orte und zu einer gegebenen Zeit sind sämtliche Arbeitslöhne, von dem tiefsten bis zum höchsten, bestimmt durch den Lohn des unqualifizierten Landarbeiters der Nachbarschaft. Über dieser Grundlage staffeln sie sich „entsprechend der relativen Seltenheit der Vorbedingungen“ [3]).

Der Lohn des Landarbeiters seinerseits ist wieder bestimmt durch den Lohn des „Grenzkulis“. Darunter verstehe ich denjenigen freizügigen Hintersassen des feudalen Großgrundeigentums Osteuropas, den gerade eben noch, als letzten, die westliche Nachfrage nach Arbeit von seiner Heimat loslösen kann[4]). Dieser Grenzkulilohn ist nahezu mathematisch bestimmbar; hier ist Lassalles ehernes Lohngesetz furchtbarste Wirklichkeit; hier hat das Monopol das Einkommen des Landarbeiters bis ungefähr auf das physiologische und gewiß auf das soziale Minimum gepreßt.

Auf welche Weise bestimmt dieser Minimallohn des Grenzkuli den Lohn des weiter westlich sitzenden Landarbeiters? Durch seine Zuwanderung auf den ländlichen Arbeitsmarkt! Der Grundbesitzer des Westens zahlt seinem Landarbeiter nicht mehr für die gleiche Leistung, als ihn der Grenzkuli an Lohn und Transport-

---

[1]) Mein „Marx“; 11. Kapitel: „Skizze einer Lohntheorie“.

[2]) Ausführlich in meinem Vortrage: „Wesen und Entstehung des Kapitalismus“, der soeben in der „Rivista di Scienza“, Mailand 1908, erschienen ist.

[3]) Vgl. Dietzel, Theor. Sozialökonomik, Leipzig 1895, S. 254/5.

[4]) Die Grenzzone dieser Grenzkulis, der „Ort des höchsten sozialen Druckes“, liegt zurzeit weit östlich von Lemberg in Ruthenien. Dorther kamen 1907 die letzten Erntearbeiter nach Westdeutschland.

spesen kostet. Verlangt jener mehr, so wird dieser herangezogen [1]).

Nach dieser Theorie bestimmt sich also der Arbeitspreis auf jedem Punkte des Weltarbeitsmarktes ganz ebenso, wie nach der Ricardoschen Rentenlehre der Getreidepreis auf jedem Punkte des Weltgetreidemarktes: der nackte Selbstkostenpreis des „Grenzproduktes" vermehrt um die Kosten des Transportes bis zu diesem Punkte.

Das ist sozusagen die Statik der Lohnpyramide: den Nullpunkt der Skala bildet das Einkommen des Grenzkuli am Orte des höchsten sozialen Druckes. Der Landarbeiterlohn jedes Punktes im ganzen Weltarbeitsmarkt ist gleich diesem Lohn zuzüglich der Transportspesen — immer unter der Voraussetzung gleicher Leistung — und das ist immer wieder der Nullpunkt einer örtlichen Sonderskala der Löhne, über dem sich die Löhne der qualifizierten Arbeiter „je nach der relativen Seltenheit der Vorbedingungen" aufbauen.

Sehen wir von anderen Einflüssen ab, die diesen Gleichgewichtszustand stören, und zu immer neuer Anpassung an neu geschaffene Verhältnisse führen [2]), und betrachten wir nur den Einfluß, den die Ansaugung der Landarbeiter in die westeuropäischen und überseeischen Ackergebiete und die Industriebezirke ausübt: also die D y n a m i k der Lohnbewegung.

Der Anstoß braucht nicht immer vom überseeischen Ackerbezirk oder von der Industrie auszugehen, wie es im ersten Anfang weitaus überwiegend der Fall war: auch der westlicher sitzende kontinentale Unternehmer der Landwirtschaft kann, auch ohne daß ihm Leute wegwanderten, neuer Hände bedürfen, wenn er zu intensiverer Kultur übergeht (Rübenwirtschaft).

---

[1]) All das ist cum grano salis aufzufassen. Ich weiß natürlich, daß diese Darstellung nur eine „Tendenz" zeichnet, die sich nicht immer sofort durchsetzt. Andere Motive (Patriarchalbewußtsein, Nationalgefühl, Widerwille gegen fremde Sprache und Unart) können ihre Wirkung verzögern, vielleicht im einzelnen Falle verhindern. Aber im ganzen und auf die Dauer setzt sie sich eben doch in der Regel durch, wie die Erfahrung zeigt, und eine Theorie leistet alles, was man von ihr fordern kann, wenn sie die R e g e l entdeckt.

[2]) Vgl. meinen „Marx", S. 124.

Aber jedenfalls bedeutet jede erhöhte Nachfrage erhöhte Löhne. Denn jede neue Nachfrage schließt gerade so neue entferntere Produktionsstätten von Ackerkulis dem Arbeitsmarkt an, wie jede neue Nachfrage nach Korn neue entferntere Produktionsstätten von Getreide dem Getreidemarkt. Die Wanderbewegung ergreift eine neue Zone, das „Grenzgebiet des höchsten Druckes" ist ostwärts verschoben, die Transportkosten wachsen, und mit ihnen der Lohn jedes Punktes weiter westwärts.

Das ist die Lösung des Geheimnisses, warum der Lohn der industriellen Arbeiter überall steigt, obgleich der Arbeitsmarkt überall in der Regel „überfüllt" ist: ein für die industriezentrische Anschauung ganz unlösbares Rätsel! Denn wie kann der Preis einer Ware — und Arbeitskraft ist ja nichts als eine Ware! — steigen, wenn das Angebot die Nachfrage regelmäßig überwiegt [1]) ?!

Das ist die Dynamik der Lohnbewegung. Zwischen den ruthenischen Ackerknechten und dem höchstqualifizierten Mechaniker des Steeltrust besteht ein elastischer aber unzerreißbarer Zusammenhang der Löhne. Wenn dieser steigt, zieht er jenen mit; aber umgekehrt hängt auch der Grenzkuli als regulierendes Schwergewicht an den Füßen des emporstrebenden Westlers und läßt ihn nur langsam empor.

So ist also die Höhe jedes besonderen Arbeitslohnes zu gegebener Zeit und an gegebenem Ort bestimmt.

2. Das Problem der Verteilung.

Mit dieser Theorie des Lohnes haben wir die Grundlage gewonnen, auf der sich eine einigermaßen bestimmte Theorie der Verteilung aufbauen läßt, des Kernproblems der Volkswirtschaftslehre, dem sie seit dem Zusammenbruch der Lohnfondstheorie in fast hoffnungsloser Resignation gegenübersteht.

Zu dem Zwecke machen wir dieselbe Konstruktion einer „stationären", störungsfreien Volkswirtschaft, wie sie die klassische Schule für ihre analogen Entwicklungen gebrauchte [2]):

---

[1]) Vgl. meinen „Marx", S. 123.

[2]) „Der Leser weiß wohl, daß wir die zufälligen Veränderungen ganz außer Betracht lassen, welche von schlechten und guten Jahreszeiten oder vom Be-

Wir abstrahieren von allen Störungen durch das Wachstum der Bevölkerung, durch Krisen, durch Erntedifferenzen, durch falsche Berechnungen oder bewußt unwirtschaftliche Handlungen einzelner, durch politische Einflüsse (Zölle, Kriege usw.). Wir unterstellen eine kapitalistische Volkswirtschaft im Beharrungszustande, zusammengesetzt aus lauter Subjekten mit der Psychologie von Lombardstreet, die ihr Interesse kennen und verfolgen „wollen, können und dürfen“ [1]), ungehindert durch eine störende Rechtsordnung, unbeirrt durch Haß, Liebe oder Patriotismus.

Wir sind uns dabei durchaus bewußt, keine Formeln entwickeln zu können, die sich jemals an realen Größen des täglichen Wirtschaftslebens buchstäblich werden verifizieren lassen. Wir wollen nichts anderes, als was die klassische Theoretik wollte: die „Tendenz“ [2]) bestimmen, die gewisse Größen haben, einen bestimmten Gleichgewichtszustand zu erreichen. Wir bleiben uns ferner völlig der Tatsache bewußt, daß diese Tendenz fortwährend von unzähligen Störungen gekreuzt wird, die immer neue sekundäre Anpassungen erzwingen. Wir rechnen sozusagen mit dem luftleeren Raume [3]), wie ein Physiker, der die Parabel einer Geschoßbahn berechnet, ohne sich vorläufig um Luftwiderstand, Wind druck, Eigenschwingung des Geschützrohres zu kümmern. Wenn die Rechnung fertig ist, wird er die „Störungen“ in sie einführen [4]),

---

gehre herrühren, welcher zufolge plötzlicher Erscheinungen im Stande der Bevölkerung steigt oder fällt. Wir sprechen vom natürlichen und ständigen, nicht aber vom zufälligen und schwankenden Preise des Getreides“ (Ricardo, l. c. S. 87 Anmerkung).

[1]) Vgl. A. Wagner, Grundlegung, I., S. 174, und Dietzel, l. c. S. 68.

[2]) Vgl. A. Wagner, Grundlegung, I., S. 179.

[3]) Vgl. v. Thünen: „Isolierter Staat“. II. Aufl. Rostock 1842, I., S. 275. „Wie der Geometer mit Punkten ohne Ausdehnung, mit Linien ohne Breite rechnet, die doch beide in der Wirklichkeit nicht zu finden sind, so dürfen auch wir eine wirkende Kraft von allen Nebenumständen und allem Zufälligen entkleiden, und nur so können wir erkennen, welchen Anteil sie an den Erscheinungen hat, die uns vorliegen.“

[4]) Vgl. Rossi, Cours d'Economie politique. II. Aufl., Bd. I., p. 33, zit. nach Bergmann: „Geschichte der nationalökonomischen Krisentheorien. Stutt-

um berechnetes und beobachtetes Ergebnis möglichst einander anzunähern[1]). Ganz wird das nie gelingen, und trotzdem wird kein praktischer Artillerist sagen wollen, daß die Parabelrechnung überflüssig ist. Sie ist im Gegenteil die Grundlage seiner Praxis.

Unter diesen ausdrücklichen Vorbehalten werden wir jetzt den Versuch wagen dürfen, die Anteile zu bestimmen, die die drei Arten des Einkommens: Grundrente, Profit und Lohn, in der stationären kapitalistischen Wirtschaft aus dem Ertrage einer beliebigen Unternehmung zu beanspruchen haben. Als dieser Ertrag ist hier, wo die Löhne nicht als „Kosten" erscheinen, natürlich das Gesamtprodukt selbst oder sein (hier fester) Geldwert zu verstehen, vermindert lediglich um den Wert der sachlichen Produktionskosten: Roh- und Hilfsstoffe samt den korrekten Abschreibungen.

Der Anteil, den die Lohnarbeit zu erhalten hat, ist durch unsere soeben entwickelte Lohnformel bestimmt. Wir haben also nur noch entweder den Anteil des Grundeigentums, die Grundrente, oder denjenigen des Kapitaleigentums, den Profit, zu bestimmen, um das Problem der Verteilung für jede beliebige Einzelunternehmung, und das heißt für die Gesamtwirtschaft, gelöst zu haben.

Der Anteil der Grundrente ist, wie wir wissen, generell nicht bestimmbar, da sie, je nach Bodengüte und Marktnähe, für jeden einzelnen Betrieb verschieden hoch ist.

Dagegen ist der Anteil des Profits generell leicht zu bestimmen. Es ist jedoch erforderlich, zuvor den Begriff des Profits genau zu definieren.

---

gart 1895, S. 115 Anm. 4: „Mais ces déductions sont-elles parfaitement légitimes, ces conséquences toujours vraies? Il est incontestablement vrai qu'un projectile lancé sous un certain angle décrit une certaine courbe; c'est une vérité mathématique. Il est également vrai que la résistance opposée au projectile par le fluide qu'il traverse modifie plus ou moins en pratique la déduction spéculative; c'est une vérité d'observation. La déduction mathématique est-elle fausse? nullement; mais elle suppose le vide."

[1]) Vgl. Ad. Wagner, Grundlegung, I., S. 179.

In dem landläufigen, kaufmännischen Begriffe des Unternehmergewinns werden zwei Einkommensteile zusammengefaßt, die aus ganz verschiedenen Quellen stammen und daher wissenschaftlich streng geschieden werden müssen: der Lohn der qualifizierten Unternehmerarbeit, — und der Profit des investierten Kapitals. Der erstere bestimmt sich nach unserer allgemeinen Lohnformel: die Basis ist der ortsübliche Lohn der Landarbeiter am Platze; darüber staffelt sich die Pyramide sämtlicher Lohnstufen, auch die der Unternehmerlöhne, „je nach der relativen Seltenheit der Vorbedingungen“: und dazu rechnet z. B. auch die Neigung eines Unternehmers, sich in einer vom Zentrum der Zivilisation entfernten, weniger komfortablen und abwechslungsreichen Gegend niederzulassen. Je weniger Unternehmer zu solchem Verzicht bereit sind, um so geringer ist die Konkurrenz, um so höher der „Unternehmerlohn“.

Es wird heute vielfach versucht, allen Unternehmergewinn als Lohn qualifizierter Arbeit auszugeben[1]). Wir werden uns vor dieser Verwirrung, die jeder Blick auf den Zins von Obligationen, Hypotheken und Staatsschulden und die Dividende von Aktien ad absurdum führt, hüten, werden aber auch andererseits in dieser Betrachtung den reinen Profit des Kapitals streng von dem Lohn der Unternehmerarbeit trennen.

Die in irgendeinem landwirtschaftlichen, industriellen oder kommerziellen Unternehmen realisierte Profitmasse ist gleich der Profitrate multipliziert mit dem investierten Kapital. Wenn die Profitrate z. B. 10% ist, dann ist die Profitmasse eines mit einer Million Mark ausgestatteten Unternehmens 100 000 Mark. Was bestimmt nun die Profitrate?

In unserer realen, nicht-stationären, nicht-störungsfreien Volkswirtschaft ist die Profitrate nicht für alle Unternehmungen gleich. Denn die Anlage des gleichen Kapitals gewährt nicht

---

[1]) Vgl. z. B. K. Reinhold: „Der Weg des Geistes in den Gewerben“; I. Bd.: „Arbeit und Werkzeug“, Leipzig 1901, und R. Ehrenberg: „Sozialreformer und Unternehmer“. Jena 1904.

überall dieselbe Sicherheit, dieselbe soziale Achtung, dieselben Annehmlichkeiten, dieselbe Aussicht auf außergewöhnliche Konjunkturgewinne. Deshalb stuft sich jetzt die Pyramide der Profite „nach den relativen Nachteilen der Anlage" ähnlich ab, wie die Pyramide der Löhne „nach der relativen Seltenheit der Vorbedingungen".

Von alledem kann in der stationären, störungsfreien Volkswirtschaft keine Rede sein. Krisen, Konjunkturschwankungen usw. sind ausgeschlossen. Risiken werden durch Assekuranz auf die Gesamtheit verteilt, und es ist nicht abzusehen, aus welchen Gründen hier etwa der Erzeuger von Korn und Fleisch in höherer sozialer Achtung stehen soll, als der von Stiefelwichse. Hier ist also die Profitrate als überall m a t h e m a t i s c h g l e i c h anzunehmen, namentlich da die Vermehrung des Gesamtgewinns eines Unternehmers, die aus einem unangenehmen Wohnsitz usw. folgt, nach unserer Darlegung lediglich seinen „Lohn" beeinflußt.

Die Profitrate läßt sich nun folgendermaßen bestimmen:

Wir haben Betriebe, deren Gesamteinkommen sich lediglich in Arbeitslohn und Profit spaltet, während die Grundrente nichts erhält. Es sind das die „Grenzgrundstücke" mit der Rente Null. Wenn wir von ihrem „Ertrage" im obigen Sinne die nach unserer Lohnformel bestimmten Arbeitskosten absetzen, so stellt der Rest die Profitmasse dar. Dividiert man diese Summe in das investierte Kapital des Betriebes, so erhält man die Profitrate.

Damit ist das Problem der Verteilung aufgelöst, da von den drei Addenden zwei bestimmt sind. Man braucht nur für jede beliebige Unternehmung die Summe aller Arbeitslöhne nach unserer Lohnformel, und die Profitmasse durch Multiplikation der ein für alle Male gegebenen Profitrate mit dem investierten Kapital zu bestimmen: der Rest des Gesamtbetrages fällt der Grundrente zu. Sie zieht alles an sich, was den Ertrag aus Gründen der natürlichen Bonität oder der besseren Verkehrslage über das Mindestmaß steigert, bei dem Arbeit und Kapital sich noch betätigen können.

Die Basis aller Arbeitslöhne, und dadurch aller Grundrenten und Profite im ganzen internationalen Wirtschaftskreise ist also der Lohn des Grenzkuli.

Dieser Lohn des Grenzkuli aber ist Abzug vom „natürlichen Arbeitslohn", erpreßt durch das Rechtsmonopol des ehemals feudalen Großgrundeigentums im Grenzgebiete des sozialen Drucks.

Dieses Rechtsmonopol, dieser Feudalrest ist die Ursache der kapitalistischen Wirtschaft, die letzte Wurzel der „sozialen Frage".

* * *

Wie weit unsere Formel auf die „Tendenzen" auch der nichtstationären realen kapitalistischen Wirtschaft ein Licht zu werfen geeignet ist, soll hier nicht weiter untersucht werden; und ebensowenig, wie weit sie dem praktischen Staatsmanne Richtunglinien geben könnte. Sie stehe hier als letztes Ergebnis dieser Untersuchung, deren Quintessenz sie in kürzester Form darstellt. Vielleicht kann sie später einmal als Ausgangspunkt für einen Versuch zur Lösung des höchsten und letzten Problems unserer Wissenschaft, desjenigen des Wertes, dienen. Die Denker der alten Schule vermeinten diesen höchsten Begriff erfliegen zu können: aber man kann ihn nur gewinnen, wenn man die nächst untergeordneten Begriffe des Lohnes, des Profites und der Grundrente zuerst entwickelt und zueinander in die rechten Beziehungen stellt. Nur so läßt sich — vielleicht! — eine zureichende Wertlehre als letztes Ziel erreichen: aber als Prämisse, auch nur als vorläufige Arbeitshypothese, ist ein aus der Luft gegriffener Wertbegriff verderblich: dessen zum Zeichen seien nur Ricardo, Rodbertus und Marx genannt.

SCHLUSSWORT.

Die Wissenschaft hat mehr als ein halbes Jahrhundert die Ricardosche Formel für die Verteilung als ihr kostbarstes Besitztum angesehen: und diese Formel war nicht im mindesten exakter als die unsere. Auch sie hatte zwei feste Punkte, auf denen sie ruhte, das Grenzgrundstück mit der Rente Null, und den Minimallohn des Arbeiters, der gerade die Notdurft deckte. Daß dieser zweite Pfeiler zusammenstürzen mußte, haben wir mehrfach nachgewiesen: er ruhte auf der Lohnfondstheorie und dem Gesetz vom sinkenden Spielraum.

Unsere Formel ist hoffentlich solider fundiert. Zum wenigsten ruht sie auf einer Lohntheorie, die bisher nur Zustimmung, aber meines Wissens noch keine Gegnerschaft gefunden hat und in der Tat überaus einfach, einleuchtend und in Übereinstimmung mit den Tatsachen ist. Sollte unter diesen Umständen unsere Formel wirklich ganz ohne Wert für die wissenschaftliche Klärung sein?

Wir sind doch der Meinung, daß das nicht der Fall ist. So allgemeine „Gesetze"[1]) haben ihren gar nicht hoch genug zu schätzenden Wert darin, daß sie alle Einzelforschung orientieren. Niemand kann rein induktiv arbeiten: er braucht zum wenigsten Arbeitshypothesen, heuristische Prinzipien, die ihm andeuten, welche Materien für ihn von Wert sind. Ohne solche Prinzipien muß jeder Versuch einer wissenschaftlichen Beherrschung der Welt unter der ungeheueren Masse der Tatsachen verschüttet werden. So haben denn auch die exaktesten Forscher auf unserem

---

[1]) Im Sinne von Ad. Wagner, Grundlegung, I., S. 188 ff., und G. Schmoller, Grundriß, I., S. 109; vgl. auch Dietzel, l. c. S. 70.

Wissensgebiete immer wenigstens einige der deduktiv gewonnenen Gesetze festgehalten und als Mittel der Orientierung benutzt [1]), leider allerdings häufig die unsolidesten, wie das Gesetz vom sinkenden Spielraum.

Niemand wird heute mehr daran denken, die Gesetze der Nationalökonomie allein aus gewissen a priori erlangten Prinzipien abzuleiten: vestigia terrent. Jedes Resultat muß auf das sorgfältigste durch die Quaestio facti an den historischen und statistischen Tatsachen geprüft werden, ehe es akzeptiert werden darf. Aber darum ist die Deduktion noch nicht entbehrlich. Sie ist der einzige Kompaß durch den unendlichen Ozean der Tatsachen, ein Kompaß, der selbst immer wieder kontrolliert werden muß, ohne den aber das Fahrzeug der Induktion nie zum Ziele gelangen kann, ohne den es an verborgenen Klippen scheitern muß. Induktion und Deduktion sind rechtes und linkes Bein der Wissenschaft; nur ihr Zusammenwirken sichert den Fortschritt [2]).

„Kurz, nicht Deduktion oder Induktion, sondern Deduktion und Induktion ..." [3]), sagt Ad. Wagner, dem in diesem Ergebnis wie auch in seiner Begründung durchaus beizustimmen sein wird:

---

[1]) Vgl. Ad. Wagner, Grundlegung, I., S. 17 und 167.

[2]) Vgl. Carey, „Grundlagen der Sozialwissenschaft". Deutsch von Adler München 1863, S. 32/3. „Goethe hat die zwei Methoden schön bezeichnet, indem er sagt, daß die Synthese und Analyse „die Systole und Diastole des menschlichen Gedankens und für diesen gleichsam ein zweiter Respirationsprozeß seien, niemals getrennt, immer pulsierend." „Der Fehler der a priori-Methode", sagt der Schriftsteller, dem wir diesen Satz entlehnen, „wenn sie sich von dem rechten Weg verirrt, liegt nicht darin, daß sie den Tatsachen vorausschreitet und die langsameren Schlüsse der Erfahrung antizipiert, sondern darin, daß sie sich mit ihren eigenen Aussprüchen begnügt, oder nur eine teilweise, hastige Vergleichung mit Tatsachen anstellt, was Bacon „notiones temere a rebus abstractas" genannt hat. — Wenn die Wissenschaft eins und unteilbar ist, muß auch die Forschungsmethode ebenso sein." ...

[3]) Vgl. Ad. Wagner, Grundlegung, I., S. 18 und S. 166 ff., 193. Und Schmoller sagt ganz das gleiche: „Was wir erreicht haben, ist ebenso sehr Folge deduktiver als induktiver Schlüsse. Wer sich überhaupt über die zwei Arten des Schlußverfahrens ... ganz klar ist, wird nie behaupten, es gebe die Wirklichkeit erklärende Wissenschaften, die ausschließlich auf der einen Art ruhen" (Grundriß, I., S. 109). Vgl. auch Dietzel, l. c. S. 73: „Es heißt nicht aut-aut,

Die „Krisis“, die die britische Ökonomik, die Theorie des ökonomischen Individualismus und Liberalismus, durchzumachen hat, und „die ihre Grundlagen erschüttert“, ist in der Tat nicht durch ihre Methode an sich verschuldet, sondern durch „Fehler in und bei der Anwendung der Methode“ [1]).

Ich glaube dieses Urteil bekräftigt zu haben, indem ich die Fehler in den Prämissen und im Schließverfahren aufdeckte, die die britische Ökonomik abgelenkt haben.

Ihren beiden Schulen ist gemeinsam die falsche Prämisse von der Entstehung des Kapital- und Grundeigentums durch „previous accumulation“ ohne Dazwischentreten der außerökonomischen Gewalt, des „politischen Mittels.“

Die jüngere, bourgeois-ökonomische Schule hat dann noch die Prämisse des Gesetzes vom sinkenden Spielraum dazu gewählt. Es kann kein Zweifel mehr daran bestehen, daß auch dieses Gesetz falsch ist. Und in der Tat ist auch seine wichtigste Ableitung, das „Bevölkerungsgesetz“, die tragende Säule aller Bourgeois-Ökonomik, von allen ernst zu nehmenden Theoretikern in seinem eigentlichen Sinne, als Erklärung der Vergangenheit und Gegenwart des Kapitalismus, aufgegeben worden. In dem Sinne, wie ein Adolf Wagner es noch anerkennt, als eine Zukunftsmöglichkeit oder Wahrscheinlichkeit [2]) mag es vielleicht gelten: aber in diesem Sinne ist es hier auch gar nicht strittig, sondern nur in dem ersten. Und hierin stimmt auch Wagner mit uns überein: denn, was morgen sein wird, kann unmöglich die Ursache sein dessen, was gestern war und heute ist.

Ich habe in drei „logischen Obduktionsprotokollen“ an den drei wichtigsten Theorien von Malthus, Marx und jetzt von Ricardo

---

sondern et—et. Wirtschaftshistoriker und Wirtschaftstheoretiker dürfen sich nicht feindlich gegenüber stehen, sondern sollten begreifen, daß sie aufeinander angewiesen sind.“

[1]) Vgl. Ad. Wagner, Grundlegung, I., S. 190 ff.

[2]) Theor. Sozialökonomik, S. 55: „Dieser Hinweis auf die Gefahr ... ist der unumstößliche Kern in der Malthusschen Lehre.“ Eine Gefahr ist aber etwas Künftiges.

die Fehlschlüsse, Erschleichungen usw. genau nachgewiesen, mit denen sich jene Denker weiterhelfen mußten, um eine notdürftige Übereinstimmung der aus ihren falschen Prämissen gewonnenen Schlüsse mit den Tatsachen herbeizuführen.

Und ich habe schließlich, indem ich von der historisch beglaubigten wahren Prämisse der durch das politische Mittel gesetzten Klassen- und Vermögensunterschiede ausging, durch ein bisher nicht bestrittenes Beweisverfahren Ergebnisse erhalten, die mit der Wirklichkeit so weit, in der Tat überraschend genau, übereinstimmen, wie man das in irgend einer Wissenschaft beanspruchen kann. Wenn mein Verfahren als logisch richtig anerkannt werden muß, dann ist die deduktive Methode in ihren Grenzen völlig rehabilitiert.

In ihren Grenzen! Man hat mich einen „rein deduktiven“ Kopf genannt, vielleicht gescholten: vor fünfzig Jahren haben Arbeiter von meinem Schlage die Induktion in den Vordergrund gestellt[1]), als die Deduktion unumschränkt herrschte und beinahe Orgien feierte. Heute aber, in einer Zeit der Verachtung der Deduktion, war es umgekehrt die Aufgabe, die alte Deduktion gerade mit deduktiven Mitteln anzugreifen, um die Fabel zu zerstören, daß die Methode an sich nichts leisten könne. So wurde ich zur vorwiegend deduktiven Arbeit durch die Zeit gezwungen, hoffe aber, mich da, wo ich sie brauchte, der Induktion ausreichend bedient zu haben. Jedenfalls bekenne ich freudig, der induktiven Forschung Anderer Ungeheures zu danken.

Die ersten Konzeptionen, die mich zu meinen Studien anregten, verdanke ich der „exakten“ historischen und statistischen Forschung. Ich nenne nur einige der wichtigsten: die Zusammenhänge zwischen Grundbesitzverteilung und Wanderbewegung danke ich v. d. Goltz und namentlich Sering, die Tatsachen der primitiven Staatsbildung der soziologisch-geographischen Schule, namentlich Ratzel und Gumplowicz, die Tatsachen der mittelalterlichen Wirtschaftsentwicklung, die vielleicht die stärkste Stütze meiner Gesamt-

[1]) „Nur zeitweise, nach dem jeweiligen Stande der Erkenntnis, kann das eine Verfahren etwas mehr in den Vordergrund der einzelnen Wissenschaft rücken“ (Schmoller, l. c. I., S. 109).

auffassung darstellen, neben Lamprecht vor allem G. Schmoller. Kein noch so genialer Mensch würde derartige Regelmäßigkeiten aus der Psychologie des „economical man“ „deduzieren“ können, wenn die Induktion sie nicht vorher aufgefunden hätte; erst dann vermag der deduktiv begabte Kopf sie für das System zu verwerten. Kein besserer Beweis dafür ist zu finden, als das Faktum, daß die drei ähnlichen Theorien der Grundrente von West, Malthus und Ricardo fast gleichzeitig erschienen: sie beruhten sämtlich, wie Em. Leser bemerkt[1]), auf den massenhaften Tatsachen, die die Parlamentsenquête von 1814 über die englische Agrarkrise ans Licht geführt hatten.

Schopenhauer zeigt meisterhaft, daß all unser vernunftmäßiges Denken immer in letzter Linie auf eine klare Anschauung, auf eine Tatsache also, zurückgehen muß, um Wert zu haben. Die Volkswirtschaftslehre macht darin keine Ausnahme. Von Tatsachen muß die Deduktion ausgehen, zu Tatsachen muß sie zurückkehren. Ohne die verdienten Männer, die die Tatsachen ans Licht fördern, sichten, ordnen und zusammenstellen, bliebe alle Deduktion ein Kompaß ohne Schiff, wie alle Induktion ohne deduktive Leitung ein Schiff ohne Kompaß ist.

Es gibt keine guten und schlechten Methoden, es gibt nur gute und schlechte Denker und Forscher. War Ad. Smith deduktiver oder induktiver Denker? Keines von beiden, weil er beides war [2]). Wo er Tatsachen brauchte, stellte er sie induktiv fest, z. B. überall da, wo er fremde Prämissen untersuchte oder sich selbst neue schuf; wo er ein fremdes Schließverfahren untersuchte, brauchte er natürlich die hier einzig mögliche Deduktion; und wo er induktiv zu Ergebnissen kam, da suchte er sie deduktiv, um im umgekehrten Falle induktiv zu verifizieren. Er ging mit beiden Füßen!

Zwei Schulen haben das letzte Menschenalter der Nationalökonomie beherrscht: die materialistische Geschichtsauffassung des

---

[1]) l. c. S. 86 ff. Dieser Zusammenhang ist übrigens schon Eugen Dühring aufgefallen. Vgl. seine krit. Gesch. d. Nat.-Ökon. 3. Aufl. Leipz. 1879. S. 198.

[2]) Vgl. Ad. Wagner, Grundlegung, I., S. 17.

Marxismus, die die Geschichte aus der Wirtschaft, und die historische Schule der Ökonomik, die die Wirtschaft aus der Geschichte begreifen will. Die erstere ist einseitig deduktiv, die letztere einseitig induktiv. Und es ist meine feste Überzeugung, daß der Bau der Wissenschaft, daß d a s S y s t e m der Volkswirtschaftslehre nur an dem Punkt errichtet werden kann, wo die beiden Richtungen sich kreuzen [1]).

Es war mein Bestreben, mich diesem Punkte, so weit es mir vergönnt war, zu nähern, indem ich aus induktiv gewonnenen Prämissen deduktiv folgerte und die Resultate an der Induktion verifizierte. Die Übereinstimmung war überraschend genau. Wenn mein Verfahren anerkannt werden muß, hat der unfruchtbare Streit um die Methode keinen Boden mehr.

---

[1]) Vgl. meine Anzeige von Sombarts „Moderner Kapitalismus", Sep.-Abz. aus der „Kultur", Halbmonatsschrift, Heft 17, Köln 1903. S. 1 ff.

SACHREGISTER.

AUTORENREGISTER.

Kolibri 360 GmbH
Ferdinand-Jühlke-Straße 7
99095 Erfurt, Deutschland
produktsicherheit@kolibri360.de